Cordialmente,

Péris Ribeiro

# DIDI

## O GÊNIO DA FOLHA-SECA

Capa
*Rafael Barros*

Editoração eletrônica
*Rejane Megale Figueiredo*

Revisão
*Vera Villar*


Adequado ao novo acordo ortográfico da língua portuguesa

CIP - Brasil. Catalogação-na-fonte.
Sindicato Nacional dos Editores de Livros, RJ.

R369d
3. ed.
Ribeiro, Péris, 1944 -
Didi: o gênio da folha-seca / Péris Ribeiro - 3. ed. - Rio de Janeiro: Gryphus, 2014.
302 p. : il. ; 23 cm.

Inclui bibliografia
fotos
ISBN 978-85-8311-017-0

1. Didi, 1928-2001. 2. Jogadores de futebol - Brasil - Biografia. I. Título.

14-11089 CDD: 927.96334
CDU: 929:796.332


GRYPHUS EDITORA
Rua Major Rubens Vaz, 456 — Gávea — 22470-070
Rio de Janeiro — RJ — Tel.: (0XX21) 2533-2508
www.gryphus.com.br — e-mail: gryphus@gryphus.com.br

**PÉRIS RIBEIRO**

# DIDI
## O GÊNIO DA FOLHA-SECA

GRYPHUS

*Aos meus pais, Elita e Peres,*
*in memoriam.*

*À minha mulher, Graça, pelo carinho, estímulo determinação.*
*Ontem, hoje e sempre!*

# O DIDI DO PÉRIS

* João Máximo

Muitos já escreveram sobre Didi. Em prosa e em verso. Escritores de estilo e jornalistas mais comprometidos com os fatos. Nenhum craque brasileiro, nem Pelé nem Garrincha, teve ou tem personalidade tão envolta em mistérios e, por isso, tão sedutora aos olhos dos escribas que se ocupam do futebol. Mas posso garantir que ninguém dedicou ao mestre trabalho tão completo e abrangente como este que o leitor tem em mãos.

Amigo, admirador e biógrafo de Didi, Péris Ribeiro nos dá, nesta terceira edição, exatamente isto: uma obra de amigo, admirador e biógrafo. Quer dizer, soma admiração de fã à amizade que lhe franqueou a intimidade com seu personagem para, dessa soma, chegar à biografia que Didi merece.

Os mistérios? Péris Ribeiro não tenta desvendá-los. Limita-se, com informações detalhadas – desde a infância do craque em sua Campos natal, até a morte no Rio em que se consagrou –, a fornecer ao leitor (e aos eventuais estudiosos da psicologia e da sociologia) dados para que cada um entenda o homem Didi à sua maneira. Os fatos, e também algumas lendas, estão nas páginas que se seguem, com extensos e esclarecedores depoimentos do próprio Didi sobre a bola e a vida. Outros que tentem, a partir dessa preciosa matéria-prima, desvendar-lhe os mistérios.

Eu, honrado com o convite para este prefácio, me incluo entre os que jamais ousaram penetrar no complexo mundo interior de Didi. Estou mais para Péris Ribeiro do que para esses filósofos de esquina que acreditam pensar, com sabedoria e inteligência, todas as verdades do futebol. Eles, os filósofos de esquina, acreditam saber tudo sobre tudo, mesmo sem nunca terem visto Didi jogar, ao passo que nós, biógrafos e jornalistas, nos contentamos a passar adiante o que sabemos. O que é mais importante, uma tela de Van Gogh ou decifrar seus pensamentos no momento em que a pintou?

Péris Ribeiro, a quem conheci na casa de Didi, na lha do Governador, desde então (lá se vão pelo menos 20 anos) tinha por objetivo contar a história deste soberbo craque brasileiro. Um objetivo que já cumpriu – e volta a cumprir – com toda autoridade de amigo, admirador e biógrafo. Graças a ele, Didi realmente tem uma biografia à altura de sua grandeza.

---

* (Com "O Futebol Brasileiro – o longo caminho da fome à fama" (Jornal do Brasil, 1967), João Máximo foi o primeiro a ganhar o cobiçado Prêmio Esso de Jornalismo com uma reportagem esportiva. Mas isso foi apenas o início de uma carreira singular, marcada por trabalhos de rara qualidade. A imortalidade veio alguns anos depois, com obras como "Maracanã – Meio Século de Paixão", "Gigantes do Futebol Brasileiro", com Marcos de Castro e "Brasil: um Século de Futebol – Arte e Magia", com Leonel Kaz.

# SUMÁRIO

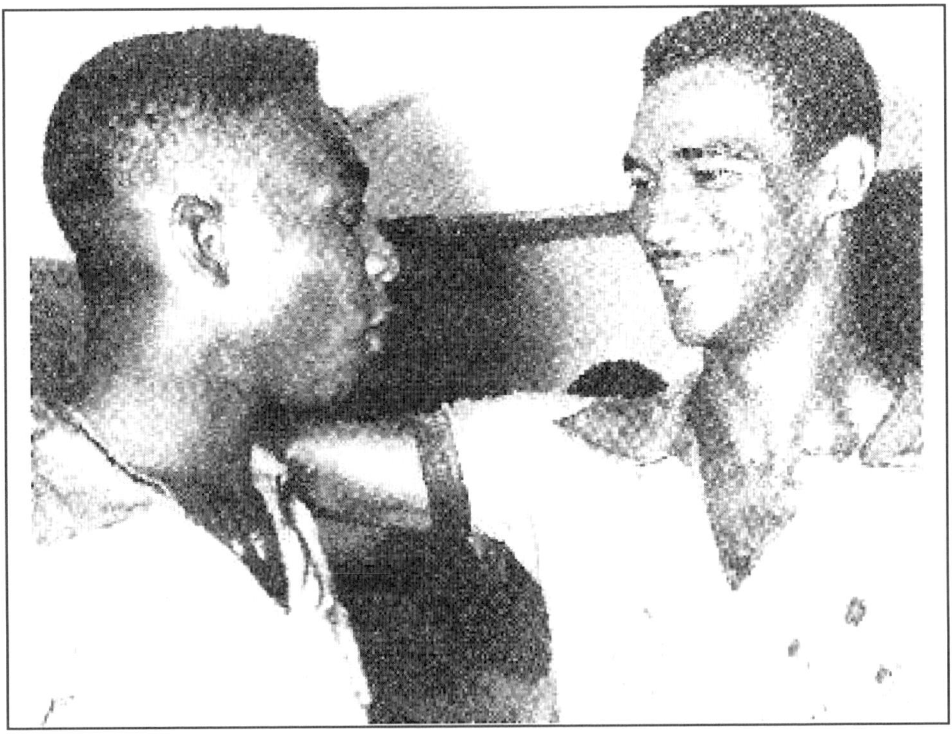

1958 – Já consagrado como o "Maior Jogador" da Copa da Suécia, Didi abençoa a chegada do menino Pelé à Seleção. Ali, o Brasil acabava de se sagrar campeão do mundo pela primeira vez (Foto: Arquivo Didi)

# DE CAMPOS PARA O MUNDO

O negro esguio, de gestos elegantes e andar empinado, caminha para o fundo das redes e pega a bola. Depois, coloca-a debaixo do braço e, determinado, diz para o resto do time:

– Acabou a sopa deles. Agora é a nossa vez. Vamos encher a caçapa desses gringos de gols!

Didi falou, estava falado! E a maior prova disso é que, 86 minutos depois, o placar do Estádio Rasunda, encravado no Vale de Solna, em Estocolmo, apontava em números imponentes, definitivos: Brasil 5 x Suécia 2.

Ao apito final do juiz, o francês Maurice Guigue, o campo é invadido por uma legião de fãs que querem abraçar a "Enciclopédia" Nílton Santos. E, também, a Gilmar, Bellini, Zito, Djalma Santos, o desconcertante Mané Garrincha e o então menino Pelé. Só Didi é que procura se manter distante, aparentemente alheio à grande festa, como se já previsse aquele final feliz para o futebol brasileiro.

Cumprimentado pelo Rei Gustavo Adolfo, o genial camisa 8 ouve do monarca sueco elogios como os de "Oitava Maravilha do Mundo" e "Mr. Football". Só que, para a extasiada imprensa europeia, ele havia se transformado simplesmente no "Napoleão Negro" dos campos. Uma espécie de comandante irretocável daquela extraordinária conquista.

Com o Brasil finalmente festejado como o grande campeão, eis que Didi acaba de se consagrar, por sua vez, como o "Maior Jogador" da VI Copa do Mundo. Corria o ano de 1958, e o meia- armador do Botafogo do Rio de Janeiro (pelo qual havia sido campeão estadual no ano anterior) chegava ao auge da fama – e da glória suprema, afinal.

– Era como se tudo ainda parecesse um sonho. Ao qual a gente tinha de ir se acostumando aos poucos, bem devagarinho, para acreditar mesmo que era verdade – lembraria ele, comovido, anos depois.

Criador da infernal "Folha-Seca" – um chute mortal por ele executado, que fazia a bola ganhar uma trajetória imprevísivel para o goleiro –, Didi ainda era capaz de lançamentos perfeitos, de mais de 40 metros. Ou de executar dribles desmoralizantes sobre qualquer adversário. Mas era como um perfeito maestro que se sentia, de longe, o poder do seu jogo.

Científico, soube, como poucos, unir a arte refinada a um estilo eminentemente cerebral.

E foi por isso mesmo, certamente, que acabou consagrado como o "Craque Número 1" da primeira Copa ganha pelo Brasil. Onde desfilavam em campo, simplesmente, Garrincha e Pelé. E ainda os franceses Kopa e Fontaine, o sueco Skoglund, o húngaro Boszik, o argentino Labruna, o inglês Billy Wright, o russo Lev Yashin e o alemão Fritz Walter.

Como se vê, gênios para ninguém botar defeito!

Péris Ribeiro

# A FICHA DO GÊNIO: PARA LER E RELEMBRAR

Desde a histórica noite de 24 de janeiro do ano 2000, Didi faz parte do *Hall* da Fama da FIFA. Na realidade um clube seleto, superfechado, no qual ingressaram até agora pouco mais de 20 craques da elite do futebol mundial. Gente como Pelé, Garrincha e Zico, do Brasil. Como o argentino naturalizado espanhol Alfredo Di Stefano. Ou como o húngaro Puskas, os holandeses Johan Cruyff e Marco Van Basten, o irlandês George Best e o inglês Bobby Charlton.

Para chegar até lá, no entanto, o garoto Waldir Pereira, nascido em Campos (Estado do Rio de Janeiro), em 8 de outubro de 1928, teve primeiro de aparecer no Industrial e no Rio Branco de sua terra e, até, se aventurar no Lençoence de Lençóis, interior de São Paulo. Só aí, já transformado em Didi, é que conseguiu se destacar no Madureira carioca. E pôde, então, ter o seu passe adquirido pelo tricolor da Zona Sul, o aristocrático Fluminense, do bairro das Laranjeiras.

Foi no Fluminense, sob as ordens diretas de Zezé Moreira, que o talento de Didi realmente começou a luzir. Primeiro, sagrando-se campeão carioca em 1951. E, logo em seguida, transformando-se no maior destaque de um time que entrou para a história. Aquele inesquecível Fluminense de 1952, campeão da II Copa Rio Internacional, competição disputada nos moldes do atual Mundial de Clubes da FIFA.

Estreando na Seleção Brasileira no mesmo ano de 1952, e logo no I Pan-Americano de Futebol – por sinal, tendo Zezé Moreira mais uma vez como técnico –, Didi não poderia ter tido um começo mais feliz. O Brasil venceu com juros do Uruguai de Máspoli, Julio Perez, Gigghia, Miguez e Schiaffino, o mais que temido campeão do mundo, que nos humilhara em 1950, no Maracanã. E foi naqueles célebres 4 a 2 que o extraordinário meia-armador aproveitou para deixar a sua marca, assinalando o primeiro gol com a camisa da Seleção.

Com o Brasil campeão invicto do Pan-Americano, aí mesmo é que a fama de craque de Didi se cristalizou. Nem a campanha discreta na Copa de 1954, na Suíça, abalou o seu prestígio. E foi um gol de *folha-seca* de sua autoria, que nos classificou para a Copa de 1958, na Suécia, no 1 a 0 contra o Peru no Maracanã, pelas Eliminatórias de 1957.

Em gramados suecos, e já no auge da maturidade – tinha sido, inclusive, campeão carioca mais uma vez um ano antes, já pelo Botafogo, para o qual havia se transferido em 1956 –, eis que Didi exibe toda a magia do seu jogo e encanta a Europa definitivamente. O Brasil é campeão mundial pela primeira vez, ganhando na decisão da Suécia por 5 a 2. Mas Didi vai mais longe, consagrando-se, por maioria absoluta de votos da crítica internacional, como o *Maior Jogador* da competição.

Fascinado, como qualquer europeu que se prezasse, pela imensa arte do "Napoleao Negro" dos campos, o milionário presidente do Real Madrid da Espanha, Don Santiago Bernabeau, paga o que o Botafogo pede pelo seu passe: 80 mil dólares. Caminho aberto para que, no Real, ele forme em um ataque espetacular, ao lado de Canário (brasileiro), Di Stefano (argentino naturalizado espanhol), Puskas (húngaro) e Gento (espanhol).

Mesmo não ganhando o título nacional, conquistado pelo Barcelona, Didi brilha como nenhum outro na disputa do famoso Torneio Ramon de Carranza, do qual o Real é bicampeão, graças ao seu futebol de exceção. Mas é justamente após a glória no Carranza que começam os seus problemas na Espanha. É que, enciumado com o meteórico sucesso do craque brasileiro, Don Alfredo Di Stefano começa a boicotá-lo. E, como "dono" do time, não demora a fazer com que Didi deixe de ser escalado.

Fora do Real, seu desejo passa a ser um só: retornar a General Severiano. E na sua volta ao Botafogo, eis que o *Gênio da Folha-Seca* acaba formando em outro ataque sensacional: Garrincha, Didi, Quarentinha, Amarildo e Zagalo. Praticamente, o ataque da Seleção Brasileira.

Com o time embalado, os títulos vêm em fila. E aquele Botafogo de sonhos é logo campeão do Torneio Pentagonal da Cidade do México. Em seguida, ganha o Torneio Rio-São Paulo pela primeira vez. E, em dezembro, levanta o bicampeonato carioca. Tudo isso na temporada de 1962.

Como 1962 parecia ser mesmo o seu ano de glórias definitivas, Didi não faz por menos, sagrando-se bicampeão mundial com o Brasil no Chile. Com aquele bi, ele somaria nada menos de 11 conquistas em 10 anos de Seleção. E se transformaria, também, num dos 11 jogadores – nove brasileiros e dois italianos – a se consagrarem com a láurea de um bicampeonato mundial.

- Apenas quatro jogadores participaram de toda a campanha do bi mundial: Didi, Nílton Santos, Gilmar e Zagalo. Ao todo, foram 12 jogos disputados – seis na Suécia; e outros seis no Chile –, com o Brasil sagrando-se bicampeão mundial invicto.
- Como repetiu em 1962 a mesma base de quatro anos antes, o Brasil tornou-se o único time verdadeiramente bicampeão na história das Copas. Em 1962, a grande novidade foi Amarildo, que entrou no lugar de Pelé, contundido.
- O primeiro gol do Maracanã foi marcado por Didi. A Seleção de Novos do Rio acabou perdendo para a de São Paulo por 3 a 1, mas coube ao meia-armador do time carioca a honra do primeiro gol no mais famoso estádio do mundo. Era 16 de junho de 1950, e mais de 120 mil convidados presenciaram naquela tarde o gol histórico.

*Pioneiro e Vencedor* – Vivendo uma longa carreira como técnico, Didi foi o primeiro a se destacar em lugares distantes, até então praticamente desconhecidos. No Fenerbahçe de Istambul, por exemplo, o seu brilho foi intenso, ganhando nada menos de seis títulos em três temporadas.

Bicampeão nacional em 1974 e 1975, venceu por duas vezes a Copa do Presidente, em 1973 e 1975. E levantou também a Copa do Chanceler, em 1973. Mas a grande façanha do já venerado Mestre Didi foi o *double* obtido na temporada de 1974, quando levou o Fenerbahçe aos títulos de campeão nacional e da Copa da Turquia.

No Oriente Médio o seu brilho não foi menor, já que fez do Al Ahli, de Jeddah, uma força respeitável. Mostrando um futebol vistoso e altamente envolvente, o Al Ahli sempre se impôs com grande facilidade, sagrando-se bicampeão da Arábia Saudita nos anos de 1978 e 1979. E ainda fez mais, faturando outro bicampeonato nas mesmas temporadas: o da ambicionada Copa do Rei.

Em sua passagem pelas Laranjeiras, Didi não ganhou o Campeonato Nacional. Mas, antes de partir, fez questão de deixar rastros de sua passagem. No início de 1976, em uma excursão ao Chile, voltaria de lá festejado. Era o Mestre Didi dos velhos tempos, campeão com o Fluminense do Torneio Internacional de Viña del Mar, e não com um time qualquer, mas com a famosa "Máquina" de Rivelino, Doval, Edinho e Paulo César Caju.

O maior dos seus feitos, porém, foi mesmo com o Peru. No país inca sempre teve *status* de grande estrela, tornando-se campeão nacional com o Sporting Cristal em 1968 e 1970. Até que, derrotando a Argentina nas Eliminatórias de 1969, teve a chance de ouro de ir à Copa do Mundo de 1970.

No México, o Peru de Didi, Cubillas, Gallardo e Perico León virou logo a grande sensação. E avançou na competição, chegando a ficar entre os oito finalistas. Mas, a caminho das semifinais, acabou não resistindo ao futuro campeão. Por ironia, foi o Brasil de Tostão, Gérson, Pelé e Jairzinho que derrotou os peruanos por 4 a 2, em um jogo tão dramático quanto eletrizante.

Nos seus quase 30 anos como técnico – na verdade, foram 26 temporadas ao redor do mundo –, Didi ainda dirigiu o River Plate, da Argentina, o Alianza, do Peru e o Vera Cruz, do México. Mas também comandou mais três clubes brasileiros: o Botafogo e o Bangu, do Rio de Janeiro e o Cruzeiro, de Belo Horizonte.

E, como legado, deixou a alegria de um futebol praticado com arte e inteligência. E pela busca incessante do gol.

# OS TÍTULOS DE DIDI (CLUBES)

**Como Jogador**

Fluminense (1949 a 1956)
Jogos: 298; gols: 91

- Campeão Carioca (1951)
- Campeão da II Copa Rio Internacional (1952)
- Campeão do Torneio Início do Rio de Janeiro (1954)

Botafogo (1956 a 1959 / 1960 a 1962)
Jogos: 312; gols:114

- Campeão Carioca (1957)
- Campeão do Torneio Rio-São Paulo (1962)
- Campeão do Pentagonal da Cidade do México (1962)
- Bicampeão Carioca (1961/ 1962)

Real Madrid (1959 a 1960)
Jogos: 31; gols:9

- Campeão do Torneio Ramon de Carranza (1959)

**Como Técnico**

Sporting Cristal ( Peru)
- Campeão Nacional (1968/1970)

Fluminense (Brasil)
- Campeão do Torneio Internacional de Viña del Mar, no Chile (1976)

Fenerbahçe (Turquia)
- Bicampeão Nacional (1974/1975)
- Campeão da Copa da Turquia (1974)

- Campeão da Copa do Chanceler (1973)
- Bicampeão da Copa do Presidente (1973/1975)

Al Ahli de Jeddah ( Arábia Saudita )

- Bicampeão Nacional (1978/1979)
- Bicampeão da Copa do Rei (1978/1979)

# NA SELEÇÃO BRASILEIRA: QUASE SEMPRE, UM TEMPO DE FESTA

Foram 18 anos como jogador. E, em 10 deles, Didi teve o orgulho de vestir a camisa da Seleção Brasileira. Na verdade, em 10 anos ininterruptos (1952 a 1962), o *Gênio da Folha-Seca* defendeu o Brasil 73 vezes, marcando 21 gols e conquistando 11 títulos de campeão. Foi uma década, portanto, em ritmo de festa, apesar de alguns resultados imprevistos.

Mas o fato real é que, com os 11 títulos obtidos, a média de aproveitamento do extraordinário meia-armador chegou a 0,28, transformando-o em um dos 15 gigantes da vida e glória da Seleção. E Didi foi tão bem-sucedido que já estreou com uma façanha histórica, inesquecível. Em 1952, em Santiago do Chile, o Brasil do próprio Didi, de Nílton Santos, Julinho Botelho, Djalma Santos, Castilho e Pinheiro, sagrava-se campeão do I Pan-Americano de Futebol. Simplesmente, a primeira grande conquista do nosso país no Exterior.

Nos 73 jogos por ele disputados, ocorreram 12 empates e apenas 9 derrotas. E, em 52 deles, a Seleção venceu. Dos 21 gols assinalados pelo famoso camisa 8, três, pelo menos, foram de fundamental importância. Como o que nos classificou nas Eliminatórias de 1957: Brasil 1 x Peru 0. Ou o que liquidou o consagrado Máspoli: Brasil 4 x Uruguai 2, no Pan-Americano de 1952. Ou, ainda, o que nocauteou o francês Abbes: Brasil 5 x França 2, nas semifinais da Copa do Mundo de 1958.

Quanto aos títulos, a média também é de impressionar: 11 conquistas em 10 anos, em 15 competições de que participou. Uma média de mais de um título a cada temporada. E inclua-se aí a inédita conquista de um bicampeonato mundial!

Por ordem cronológica, Didi foi campeão com o Brasil desde a estreia até o derradeiro jogo. Senão vejamos:

- I Campeonato Pan-Americano (1952)
- Taça Bernardo O'Higgins (1955)
- Taça Oswaldo Cruz (1955)
- Copa do Atlântico (1956)
- Taça Presidente Craveiro Lopes (1957)
- Taça Oswaldo Cruz (1958)
- Copa do Mundo (1958)
- Taça Bernardo O'Higgins (1961)
- Taça Oswaldo Cruz (1961)
- Taça Oswaldo Cruz (1962)
- Copa do Mundo (1962)

No total, foram quatro Taças Oswaldo Cruz, duas Taças Bernardo O'Higgins, uma Copa do Atlântico, uma Taça Presidente Craveiro Lopes e as três principais conquistas: o Pan-Americano de 1952 e o Bicampeonato Mundial, em 1958 e 1962.

Já os 21 gols marcados estão assim definidos:

1952 – Brasil 4 x Uruguai 2 / Pan-Americano (1 gol)
1954 – Brasil 5 x México 0 / Copa do Mundo (1 gol)
1954 – Brasil 1 x Iugoslávia 1 / Copa do Mundo (1 gol)
1956 – Brasil 2 x Seleção de Pernambuco 0 / Amistoso (1 gol)
1956 – Brasil 3 x Áustria 2 / Amistoso (1 gol)
1956 – Brasil 2 x Inglaterra 4 / Amistoso (1 gol)
1957 – Brasil 4 x Chile 2 / Sul-Americano (3 gols)
1957 – Brasil 9 x Colômbia 0 / Sul-Americano (2 gols)
1957 – Brasil 2 x Uruguai 3 / Sul-Americano (1 gol)
1957 – Brasil 1 x Peru 0 / Sul-Americano (1 gol)
1957 – Brasil 1 x Peru 0 / Eliminatórias da Copa do Mundo (1 gol)
1957 – Brasil 2 x Portugal 1 / Taça Presidente Craveiro Lopes (1 gol)
1958 – Brasil 5 x França 2 / Copa do Mundo (1 gol)
1959 – Brasil 2 x Peru 2 / Sul-Americano (1 gol)
1959 – Brasil 3 x Chile 0 / Sul-Americano (1 gol)
1959 – Brasil 4 x Bolívia 2 / Sul-Americano (1 gol)
1961 – Brasil 2 x Chile 1 / Taça Bernardo O'Higgins (1 gol)
1962 – Brasil 6 x Paraguai 0 / Taça Oswaldo Cruz (1 gol)

---

• Dos 73 jogos de Didi com a Seleção Brasileira, 67 foram contra Seleções Nacionais e 6 contra Seleções Estaduais, Combinados e Clubes. Já os jogos reconhecidos oficialmente pela Fifa chegaram a 43 (32 vitórias, 6 empates e 5 derrotas, com 15 gols marcados). E o total de competições disputadas em 10 anos foi de 15, com 11 títulos conquistados.

• Estreando no Estádio Nacional de Santiago do Chile, Didi encerrou justamente ali a sua fantástica história na Seleção Brasileira. Começou como vencedor – Brasil, campeão do I Pan-Americano de Futebol, em 1952. E fechou o seu ciclo consagrado de vez – Brasil, bicampeão mundial, em 1962.

---

## AS TRÊS MAIORES CONQUISTAS

**Brasil 3 x Chile 0**
(Domingo, 20 de abril de 1952)
Local: Estádio Nacional (Santiago, Chile)
Público: 69 mil 850 pessoas

Juiz: Charles Dean (inglês)
Gols: Ademir Menezes (2) e Pinga

**Brasil:** Castilho; Pinheiro e Nilton Santos; Djalma Santos, Ely e Brandãozinho; Julinho Botelho, Didi, Baltazar, Ademir Menezes (Pinga) e Rodrigues. Técnico: Zezé Moreyra.

**Chile:** Livingstone; Yori e Arturo Farias; Roldan, Cortés (Rojas) e Osvaldo Saez; Hormazabal, Atílio Cremaschi, Lorca (Melendez), Muñoz e Guillermo Diaz (Pedro Lopez). Técnico: Luiz Tirado.

Brasil, Campeão Pan-Americano

**Brasil 5 x Suécia 2**
(Domingo, 29 de junho de 1958)
Local: Estádio Rasunda (Estocolmo, Suécia)
Público: 49 mil 737 pessoas
Juiz: Maurice Guigue (francês)
Gols: Vavá (2), Pelé (2) e Zagalo (Brasil); Liedholm e Simonson (Suécia)

**Brasil:** Gilmar; Djalma Santos, Bellini, Orlando e Nilton Santos; Zito e Didi; Garrincha, Vavá, Pelé e Zagalo. Técnico: Vicente Feola.

**Suécia:** Svenson; Bergmark e Gustavson; Borjesson, Parling e Axbom; Gunnar Gren, Hamrim, Simonsson, Liedholm e Skoglund. Técnico: George Raynor.

Brasil, Campeão Mundial

**Brasil 3 x Tchecoslováquia 1**
(Domingo, 17 de junho de 1962)
Local: Estádio Nacional (Santiago, Chile)
Público: 69 mil 68 pessoas
Juiz: Nikolay Latichev (russo)
Gols: Amarildo, Zito e Vavá (Brasil); Masopoust (Tchecoslováquia)

**Brasil:** Gilmar; Djalma Santos, Mauro, Zózimo e Nilton Santos; Zito, Didi e Zagalo; Garrincha, Vavá e Amarildo. Técnico: Aymoré Moreyra.

**Tchecoslováquia:** Schroif; Tichy, Popluhar, Pluskal e Novak; Masopoust, Pospichal e Kavasnak; Scherer, Kadabra e Jelinek. Técnico: Rudolf Vytlacil.

Brasil, Bicampeão Mundial

## CAPÍTULO UM

# UM REI SE EXTASIA. É O BRASIL QUE DÁ SHOW – E É CAMPEÃO INVICTO!

"O Brasil é campeão. Com uma goleada histórica, a maior na decisão de uma Copa. E com Didi eleito o melhor. O maioral da Copa. Então, o locutor enlouquece: 'O Rei da Suécia entra em campo. Cumprimenta a Didi...' É um instante sublime. Apoteótico! Logo imagino: dois Reis! Que se pode querer mais?"

*(Nosso maior dramaturgo, Nelson Rodrigues, transbordando de emoção ao pé do rádio.)*

A grossa lágrima não rola apenas por aquele rosto suado e cansado. Não! Mergulha docemente pelo peito coberto por aquela camisa azul empapada de suor. E acaba por invadir-lhe a alma também. Abraçado ao amigo Nilton Santos de tantos sonhos, tantas lutas, Didi sequer tenta enxugá-la. Ao contrário, faz questão de exibi-la orgulhosamente. E só então se prepara para receber os cumprimentos do Rei Gustavo Adolfo VI, da Suécia, por tudo o que havia acabado de realizar, minutos antes. Bem ali, em pleno gramado do Estádio Rasunda, no belo vale de Solna, em Estocolmo.

É, decididamente, um momento inigualável o que aquelas 48 mil pessoas estão vendo. Algo que soa até mesmo como eterno. E quando o Rei se aproxima do camisa número 6 do time do Brasil se curva um pouco também, como que prestando uma agradecida reverência a tudo o quanto aquele negro esguio, de fala mansa e elegância nos gestos, tinha acabado de escrever com os pés em campos escandinavos.

Nada menos que verdadeiras obras de arte. Retocadas pelo mais refinado acabamento. O que fez com que o grande Didi passasse a merecer, simplesmente, definições como as de "Napoleão Negro" para uns, "Oitava Maravilha do Universo" para outros. E, principalmente, o título de "Maior Jogador" da VI Copa do Mundo, por maioria absoluta dos votos de toda a imprensa internacional presente ao grande evento.

– Para ser sincero, tudo ali me parecia um sonho. Um grande e maravilhoso sonho. Uma realidade à qual a gente tinha de ir se acostumando devagarinho, para acreditar mesmo que tinha acontecido. Que a gente, enfim, tinha chegado lá. Que o Brasil, finalmente, era campeão do mundo de verdade – lembraria tempos depois, ainda comovido, um já saudoso Didi.

E o que ele, Didi, mais Nilton Santos, Gilmar, Pelé, Garrincha e um punhado de jogadores notáveis, craques extraordinários, haviam realizado em gramados suecos, naquele mês de junho de 1958, que não fosse um futebol de deuses? "O maior espetáculo da terra, uma coisa como jamais poderá haver outra igual", tal qual se apressaria em sentenciar o papa da crônica esportiva europeia, o francês Gabriel Hanot, de *L'Equipe* e *France Football.*

Campeão do mundo, o sempre discutido futebol brasileiro resgatava, na tão distante Suécia, uma injustiça que já tinha perseguido gênios da bola do porte de um Leônidas da Silva, um Domingos da Guia, um Zizinho, um Jair Rosa Pinto, um Ademir Menezes. E provava, dentre outras coisas, que o estilo daqueles artistas do mais alto quilate, autênticos malabaristas dos campos, não era só de firulas para agradar às mais exigentes arquibancadas. Tinha o poder da objetividade, também. E conhecia como poucos o caminho do gol.

"Daí ter virado um jogo de sonhos, que faz a gente esfregar os olhos seguidamente, para ver se o que está acontecendo lá embaixo, no campo, é mesmo coisa deste planeta", como diria, maravilhado, um outro antigo admirador do futebol brasileiro, o conceituado Willy Meisl, do *World Sports* de Londres.

Tomando conta das manchetes dos jornais em toda a Europa, homenageados onde quer que passassem, os campeões do mundo acabaram sendo recebidos em pleno Aeroporto do Galeão, na tão ansiada volta ao Brasil, por uma multidão em transe. E por mais que o cidadão Waldir Pereira desejasse beijar e abraçar a mulher Guiomar, sentir de novo no colo a filha Rebeca, no fundo sabia muito bem que esse momento ainda iria demorar um pouco mais. Tão-somente porque o grande Didi teria de cair nos braços do seu povo – tão encantado e agradecido, que aquela festa, pelas ruas do Rio, parecia ao extraordinário jogador um outro momento de sonho.

Aliás, o Rio de Janeiro, do alto da sua beleza exuberante – beleza que fazia com que ingleses, alemães, suecos, franceses e americanos, extasiados, a considerassem, sem exceção, "a mais linda cidade do mundo" –, havia se preparado como nunca para receber os campeões. Das sacadas dos prédios, bandeiras tremulavam, choviam confetes, serpentinas, papéis picados. Era como se fosse um novo Carnaval, no início do mês de julho. Ainda mais com o povo enlouquecido, festejando o dia inteiro nas ruas. Na verdade, um mar de gente se estendia do Aeroporto do Galeão ao Palácio do Catete.

Havia de tudo. Gente pendurada nas árvores, em postes, morros, janelas... Só para acompanhar, do jeito que desse, o espetacular desfile da vitória. O trajeto por onde passaria o carro especial do Corpo de Bombeiros, conduzindo o capitão Bellini com a Taça Jules Rimet. E Garrincha, Nilton Santos, Pelé, Vavá, Djalma Santos, Didi... Uma festa como só o Rio seria capaz de proporcionar, a ponto de emocionar aos heróis campeões. No final, tudo aquilo havia se transformado numa loucura geral. Um delírio só!

Para coroar toda aquela apoteose, um palanque foi armado em frente ao Palácio do Catete. E, nele, os campeões acabaram sendo calorosamente recebidos pelo Presidente da República, Juscelino Kubitschek. O JK do milagre brasileiro dos "50 Anos em 5". O "Nonô do Sorriso Aberto", o "Presidente Bossa-Nova" da música de sucesso de Juca Chaves. E foi um momento para a posteridade o abraço de JK em Didi, antes de colocar-lhe a medalha de ouro no peito e entregar-lhe em seguida uma réplica em miniatura da Taça Jules Rimet. A copa de ouro tão brilhantemente conquistada em campos suecos.

– Eu queria, em meu nome e em nome de todo o povo brasileiro, agradecer comovidamente a você, Didi, e aos demais jogadores. Foi uma façanha memorável. Uma conquista inesquecível – disse-lhe JK.

– Ora, Presidente, apenas jogamos lá na Suécia o nosso melhor futebol. E, como brasileiros, não cumprimos mais do que com a nossa obrigação – respondeu-lhe Didi.

Radiante ao extremo, sorridente como nunca, Juscelino repetiria o clássico abraço em Didi mil vezes, se preciso fosse. Estava realmente orgulhoso. Sabia que, naquele cumprimento carinhoso, não exaltava apenas o Didi magistral. O "Maior da Copa", como haviam registrado os jornais do mundo inteiro. A cena daquele abraço tinha um alcance muito mais profundo. De mil megatons.

Ao exaltar a estrela mais reluzente do grupo, sabia – e como! – o que transpareceria da conquista de um título tão desejado. O povo estava louco de alegria. Invadira as ruas e praças de todo país, para viver uma comemoração sem fim. Uma justa explosão de euforia, após tantos anos de frustrações, seguidas decepções. Com o grito sempre sufocado, preso na garganta. Há quase trinta anos!

Mas o que JK antevia de pronto era o rescaldo que adviria de toda a glorificação daquele Brasil campeão. Afinal, a mídia internacional – em especial, a da Europa – ainda falaria muito das diabruras de Garrincha. Dos gols majestosos do menino Pelé. Da classe inigualável da Enciclopédia Nilton Santos. Sobre Didi, então, aí é que gastariam o dobro dos elogios feitos até agora. Mas, e da terra dos campeões?

Era aí que chegariam aonde ele, realmente, queria. Pois, que país era aquele que produzia jogadores tão excepcionais? Tão artistas da bola? E, ao mesmo tempo, tão capazes de decidir jogos impossíveis. E ainda ganhar um título com aquela facilidade, goleando os próprios donos da casa por 5 a 2!

Ora, aquele era um Brasil novo, moderno. Porém, até então desconhecido. Um país de dimensões continentais, com uma força gigantesca, mas adormecida. E que ele, o Presidente da República Juscelino Kubitschek de Oliveira, prometera transformar em uma nova potência. A maior da América Latina, para começar. Seu plano de metas – "50 Anos em 5" – era um desafio e tanto. Mas o seu otimismo e coragem vinham derrubando tudo o que aparecia pela frente. Obstáculo após obstáculo.

Ousadia, aliás, era uma marca registrada em JK. Tanto quanto o otimismo, o sorriso constante. Foi numa decisão tida como intempestiva – porém, bem pensada –, que resolveu romper com o FMI (Fundo Monetário Internacional), acabando com os desmandos de uma entidade que, presunçosamente, se julgava acima do bem e do mal.

Ao mesmo tempo, deu a Oscar Niemeyer e Lúcio Costa – dois gênios inquietos – o que eles mais pediam. Boa régua; ótimo compasso. A futurista Brasília estava a caminho. Nas fábricas, havia fumaça no ar. Lá em São Paulo, o primeiro Fusca também estava a caminho, enquanto o barulhento DKW-Vemag – com 50% das peças feitas aqui – tomava conta das ruas.

O mundo estava precisando saber – e já! – daquelas estranhas novidades. Estava passando da hora de falarmos, por aí, das nossas coisas. Mas, como? "Ora, ora, ora! Este é o momento certo. O mais propício!", raciocinou Juscelino. Aquele Brasil campeão, tão imantado nos campos lá da Suécia, era a afirmação ideal de uma nova gente. De um país com cara de nação. Um Brasil vencedor. De olho voltado para o futuro.

Na verdade, o Brasil de JK.

Por isso mesmo, seria aquele momento para a posteridade que, nunca mais, deixaria de ser lembrado pelo grande meia-armador. Certamente, como um dos mais comoventes – senão o mais comovente – de toda a sua agitada e atribulada carreira. A ponto de ele chegar a confessar certa vez, alguns anos depois, enquanto acariciava os cacheados cabelos de Rebeca e sob o olhar cúmplice de Guiomar, que "daria tudo, mas tudo mesmo, para viver aquele mágico instante de novo. Os dias de sonho daquela Copa sem igual, outra vez. Por segundos que fossem".

O que Didi certamente estaria tentando projetar, em meio àquela discreta e prolongada confissão, é que a conquista de uma Copa – ainda mais como a da Suécia – seria a justificativa para tudo o que de incerteza se abateu sobre o futebol brasileiro, nos últimos anos. Mais precisamente: desde a desclassificação na Copa de 1954, na Suíça, para a Hungria.

Não uma Hungria qualquer. Mas a lendária Hungria de Puskas, Kocsis, Bozsik, Grosics, Hidegkuti e Czibor. Campeã Olímpica de 1952, em Helsinque, na Finlândia. E que chegava àquela Copa em pleno apogeu. Com as honras de a maior campeã da história dos Jogos Olímpicos. E mais: ostentando a incrível marca de 32 jogos oficiais sem derrota, um recorde que permanece imbatível até hoje.

Na realidade, desde aquela fatídica derrota de 4 a 2 para os húngaros, no tradicional Estádio de Berna, muita coisa começou a mudar, tanto dentro de campo como nos atapetados gabinetes dos cartolas. Tanto assim que a CBD, pela primeira vez, enviou à Europa uma Seleção para jogos de laboratório, visando ao próximo Mundial.

E foi aquela equipe dirigida por Flávio Costa que, no ano de 1956, acabou por determinar, ao balanço de três vitórias, dois empates e duas derrotas em sete jogos, o que o Brasil poderia alcançar dois anos depois, lá na Suécia.

Em 1957, já sob o comando de Oswaldo Brandão, veio a difícil classificação nas Eliminatórias, diante do Peru, com um empate de 1 a 1 em Lima e uma vitória de 1 a 0 no Maracanã, gol dele, Didi, de *folha-seca*. E daí em diante começaria todo um angustiante e apaixonante processo, que desembocaria no jogo de estreia na Copa, no pequeno Estádio de Udevalla. Um jogo tenso diante da clássica Áustria, um ano depois.

Nesse meio-tempo, não foram poucas as Seleções que se formaram no país e, muito menos, o número de jogadores e técnicos que por elas passaram. De 1954 até o encontro com os austríacos, a Seleção Brasileira entrou em campo nada menos de 42 vezes, apresentando um balanço de 24 vitórias, nove empates e igual número de derrotas.

Segundo Didi, de prático mesmo o que ficou foi a sequência das experiências contra os mais diferentes adversários, e nos mais variados estádios do mundo. "Uma atitude até então inédita, e que a CBD, presidida pelo Dr. Silvio Pacheco, teve a ousadia de assumir".

A bem da verdade, o Brasil podia se gabar em reunir, até mesmo na véspera, grupos de jogadores os mais diversos para enfrentar argentinos, chilenos, paraguaios, uruguaios, italianos, tchecos e portugueses. Sem dúvida, uma demonstração de pujança que nenhum outro país se daria ao luxo de exibir. E os resultados práticos não poderiam ser mais animadores, como acabaram comprovando aquelas 24 vitórias, além de uma sequência de conquistas das mais significativas.

É que, naquele período, foi um Brasil quase sempre vitorioso que sagrou-se bicampeão da tradicional Taça Oswaldo Cruz, na qual vencemos o aguerrido Paraguai, tanto lá como aqui. E chegamos, também, ao bicampeonato do Pan-Americano do México, no qual fomos representados por uma heroica Seleção Gaúcha. Mas houve mais, com as conquistas da Taça Presidente Craveiro Lopes, diante de Portugal; da Copa Bernardo O'Higgins, contra o Chile; e da famosa Copa Rocca, vencendo da arquiinimiga Argentina.

No total, foram nada menos de seis títulos em dois anos e meio. Um recorde, certamente! Mas o mais incrível é que, para certas disputas, formávamos uma Seleção só de cariocas com a camisa do Brasil. Ou de paulistas, se o jogo fosse em São Paulo. E dava certo!

– O mais incrível é que, para cada posição, apareciam seis ou sete jogadores de alto nível. E todo mundo desejava como nunca vestir a camisa da Seleção. Acho que o embrião de tudo o que aconteceu na Suécia estava ali, naquela sequência de experiências até meio atabalhoadas, mas que logo adiante acabaram provando ser de uma utilidade sem igual. Até porque, Pelé estreou vencendo uma Copa Rocca. E Garrincha, ganhando a Copa O'Higgins – revelaria um atento Didi.

– E tanto isso era verdade, que basta que se lembrem os times-base campeões das disputas realizadas naqueles anos. Como o da Copa Rocca, por exemplo, que, dirigido por Sílvio Pirilo – o mesmo técnico que levara o Brasil, semanas antes, à conquista da Taça Presidente Craveiro Lopes, contra Portugal –, teve o mérito de lançar Pelé com a camisa da Seleção.

A rigor, Pelé estreou com uma derrota no primeiro jogo, em pleno Maracanã, ao lado de outro crioulinho arisco, Moacir, do Flamengo, mas acabou marcando o gol de honra brasileiro. Já no segundo encontro, realizado em São Paulo, no Pacaembu, o Brasil não fez por menos. Venceu a temível Argentina por 2 a 0, com um show inesquecível de Luisinho, o Pequeno Polegar. Ídolo e campeoníssimo pelo Corinthians Paulista. Ali, o Brasil sagrou-se, mais uma vez, campeão da Copa General Julio Rocca. Mazzola fez 1 a 0, mas coube a Pelé marcar o segundo gol, sacramentando de vez a importante conquista.

Por sinal, foi naqueles dois jogos que Pirilo pôde aproveitar para realizar uma nova – e proveitosa – série de experiências. Tanto que, já tendo definido a defesa e o meio-campo desde a partida do Maracanã, só encontrou a formação ideal para o ataque na revanche do Pacaembu. Foi a partir dali que Mazzola e Pelé passaram a formar a dupla de área, com Maurinho e Pepe fixos nas extremas.

Gilmar (Castilho); Djalma Santos, Bellini, Jadir e Oreco; Zito e Luisinho; Maurinho, Mazzola (Moacir), Pelé (Del Vecchio) e Pepe (Tite) foi a formação-base escalada por Pirilo. Que venceu – e convenceu – dos tão temidos argentinos, levantando a badalada Copa Rocca pela quarta vez. Até então, um recorde absoluto na história da mais famosa competição entre os dois países.

Mas o fato de o Brasil ter se sagrado, mais uma vez, campeão da Copa Rocca, de bem pouco iria valer ao competente Sílvio Pirilo. Um jovem treinador cheio de ideias, que acabaria, no entanto, ficando de fora da lista final da CBD. Justamente quando da escolha do treinador para a Copa do Mundo, no ano seguinte.

Outros times-base importantes, naquele período de muitas experiências, foram o formado por Flávio Costa, para a excursão à Europa e o que teve apenas jogadores gaúchos, para o Pan do México, ambos no ano de 1956. Mas também tiveram a sua parcela de importância as equipes que ganharam as duas Taças Oswaldo Cruz e a Copa Bernardo O'Higgins.

Na Copa O'Higgins, por sinal, foi que aconteceu a estreia de Garrincha, tendo o Brasil ficado com o troféu, após um empate no Maracanã em 1 a 1 e uma vitória no Pacaembu por 2 a 1. Para aquela disputa, formaram-se equipes diferentes. E futuros campeões do mundo, como Gilmar, Mauro, Nilton Santos, Didi e o próprio Garrincha, entraram em campo para enfrentar os chilenos.

Já na conquista das duas Taças Oswaldo Cruz, formaram-se três Seleções inteiramente diferentes: uma para a disputa em Assunção, em 1956 e outras duas para os jogos realizados no Brasil, um ano antes. A equipe que ganhou dos guaranis, lá no acanhado Estádio Puerto Sajonia, era dirigida por Flávio Costa e tinha como base os times do América, vice-campeão carioca e do Bangu. Seu comandante natural dentro de campo era o inigualável Zizinho, o Mestre Ziza. E ainda havia os reforços de Veludo (na época, emprestado pelo Fluminense ao Canto do Rio) para o gol, Djalma Santos (da Portuguesa de Desportos) para a lateral-direita e Formiga (campeão paulista pelo Santos) para a posição de médio-volante.

Ao contrário do que muita gente esperava, o resultado foi extremamente positivo, com o Brasil ficando com o título, além de realizar grandes exibições na capital paraguaia. E tal foi o impacto da vitória brasileira, que a base daquela equipe (Veludo; Djalma Santos, Edson, Zózimo e Hélio; Formiga e Zizinho; Canário, Leônidas, Romeiro (Hilton Vaccari) e Ferreira) foi mantida por Flávio para os jogos seguintes, contra italianos, uruguaios e argentinos.

Por outro lado, na conquista da Taça Oswaldo Cruz de 1955, tivemos uma Seleção Paulista no segundo encontro, no Pacaembu e uma Seleção Carioca para a estreia, no Maracanã. Jogo que acabou virando uma festa toda especial, já que marcava o retorno de Zizinho e Flávio Costa à Seleção Brasileira.

No empate em 2 a 2, no Pacaembu, os gols foram marcados por Maurinho e Canhoteiro, tendo a equipe sido esta: Gilmar; Djalma Santos, Olavo, Formiga e Alfredo Ramos; Roberto Belangero (Zito) e Luisinho; Maurinho, Edmur (Humberto Tozzi), Ipojucan (Vasconcelos) e Canhoteiro. Já no Rio, houve uma categórica vitória por 3 a 0 (gols de Zizinho (2) e Sabará), tendo o Brasil formado com Veludo; Paulinho de Almeida, Pavão, Zózimo e Nilton Santos; Dequinha e Didi; Sabará, Vavá (Válter Marciano), Pinga (Zizinho) e Escurinho.

Por último, vale lembrar que na Seleção Brasileira que fez a primeira excursão à Europa, em 1956, começaram a se firmar futuros campeões na Suécia, como Gilmar, Zózimo e De Sordi. Isso enquanto valores consagrados, como Didi e os dois Santos, Nilton e Djalma, passavam a preparar o caminho para a inesquecível glória de um bi mundial.

Como conclusão do giro de um mês pelo Velho Mundo, o resultado apresentado foi o de três vitórias (1 a 0 contra Portugal, 3 a 2 contra a Áustria e 1 a 0 contra a Turquia), dois empates (1 a 1 com a Suíça e 0 a 0 com a Tchecoslováquia) e duas derrotas (3 a 0 para a Itália e 4 a 2 diante da Inglaterra). Nesses sete jogos, Flávio Costa – que, por uma série de dificuldades relacionadas às excursões dos clubes ao Exterior, não pôde levar a força máxima – acabou utilizando 19 jogadores.

O time que iniciou a excursão era formado por Gilmar; Djalma Santos, De Sordi, Zózimo e Nilton Santos; Roberto Belangero e Didi; Sabará, Gino, Válter Marciano e Canhoteiro. Já o que realizou os últimos jogos estava escalado com Gilmar; Djalma Santos, Pavão, Zózimo e Nílton Santos; Dequinha e Didi; Paulinho Almeida, Álvaro, Evaristo e Escurinho, se bem que ainda tenham atuado os campeões pan-americanos Larry e Oreco.

E por falar em Larry e Oreco, não se pode esquecer o feito que eles e seus companheiros obtiveram na Cidade do México, naquele mês de março de 1956. Tanto assim que saíram de lá consagrados, fazendo do Brasil campeão invicto. Ou melhor: bicampeão invicto das Américas. Sem dúvida, a grande façanha do futebol brasileiro, naquele período de seguidas e tortuosas experiências. Tão incertas e inseguras quanto da maior importância.

Para chegar àquele feito histórico, a equipe gaúcha, comandada por Francisco Duarte Júnior, o popular Tete – e que teve o Internacional de Porto Alegre, campeoníssimo do Rio Grande do Sul, como base –, venceu quatro jogos e empatou apenas o último, diante da Argentina, em 2 a 2. Foram 14 os gols marcados, além de terem sido também brasileiros os artilheiros da competição: Larry e Chinesinho, com quatro gols cada.

Na estreia, quem caiu foi o Chile, por 2 a 1 – gols de Luisinho e Raul Klein –, chegando em seguida a hora do Peru, que perdeu por 1 a 0, gol de Larry. No terceiro compromisso, foi a vez de os donos da casa, os mexicanos, conhecerem a força dos sulinos, saindo derrotados por 2 a 1, gols de Bodinho. A vitória mais contundente acabou ocorrendo logo em seguida, diante da Costa Rica, que acabou sendo goleada inapelavelmente por 7 a 1, gols de Larry (3), Chinesinho (3) e Bodinho. Até que veio o empate final contra os argentinos, em 2 a 2 – gols de Ênio Andrade e Chinesinho – e a conquista do título.

No retorno, enquanto os valiosos troféus obtidos no México eram exibidos nas mais variadas capitais – particularmente Porto Alegre –, o Presidente Juscelino Kubitschek fazia questão de receber a delegação vencedora em pleno Palácio do Catete e homenageá-la com um churrasco à gaúcha. Algo digno, aliás, do peso do feito obtido por Valdir (Sérgio); Oreco, Florindo, Duarte (Figueiró) e Ênio Rodrigues; Odorico e Ênio Andrade; Luisinho, Bodinho, Larry e Chinesinho (Raul Klein) em gramados astecas.

Concluído, exatamente um ano depois, aquele período de muitos jogos, muitas Seleções e outros tantos treinadores, eis que finalmente chegou a tão esperada temporada de 1958. E, após um Torneio Rio-São Paulo puramente de observações – cujo campeão, por sinal, foi o Vasco da Gama de Barbosa, Bellini, Vavá, Orlando e Almir Pernambuquinho –, acabou saindo a lista definitiva de convocações, com 33 jogadores. Um número que o técnico Vicente Feola – já que Zezé Moreyra, Flávio Costa e o paraguaio Fleitas Solich, depois de muita discussão, recusaram o convite para o cargo – limitou a 22, às vésperas do embarque para a Europa.

Mas o fundamental naquele início de 1958, para Didi, foi a eleição de João Havelange para a presidência da CBD. Com a vitalidade, a organização e a inteligência de suas ideias, Havelange tomou não só o Marechal das Vitórias, Paulo Machado de Carvalho, para seu vice, como ampliou, em tudo e por tudo, o horizonte de suas ousadas experiências. A ponto de o Brasil ser o primeiro país a enviar um médico – o Dr. Hilton Gosling – para a escolha de uma concentração na Suécia.

– Analisando bem, a imagem que me fica é a de que o futebol brasileiro pode, definitivamente, ser dividido em antes e depois do surgimento de Havelange. Com ele, atingimos a maioridade em todos os sentidos, até mesmo chegando a campeões do mundo. E sua força e carisma provaram ser tão grandes, que todos os outros esportes também se beneficiaram, passando as galerias da CBD a ostentar troféus e mais troféus conquistados pelo vôlei, natação, remo, judô, ciclismo, atletismo e até mesmo pelo halterofilismo – compararia Didi.

Com o elenco definido, depois de mais de dois meses de intensos treinamentos, e com o time-base começando a ganhar contornos que nos davam esperanças, a delegação brasileira partiu no mês de maio para um estágio na Itália, antes de aportar de vez em terras escandinavas. E não poderia ter sido melhor a ideia, pois as vitórias diante da Fiorentina e da Internazionale, pelo mesmo marcador de 4 a 0, só fizeram aumentar a confiança do grupo. Que se instalou no Hindas Tourist Hotel certo de que, pelo menos desta vez, o Brasil não voltaria para casa antes de brigar pela sua presença entre os finalistas da competição.

Aliás, nos dias que antecederam a estreia, ninguém pensava em outra coisa, segundo Didi, senão em começar com uma grande vitória sobre a Áustria. "Tanto assim que o Dida e o Zagalo, que formavam a ala esquerda tricampeã do Flamengo, viviam a bolar mil e uma jogadas, que acabariam no fundo das redes dos gringos. Isso, enquanto os demais jogadores procuravam o *seu* Feola para trocar sempre alguma ideia a mais. Naquela hora, todo mundo só pensava em fazer do Brasil uma força compacta. Capaz do possível – e até do impossível – dentro de campo".

Com efeito, aqueles 3 a 0 logo de cara, em cima dos austríacos, só tiveram um pouco do seu impacto refreado pelo angustiante 0 a 0 contra os ingleses. Mas toda a confiança voltou com a histórica vitória de 2 a 0 sobre os russos – jogo em que Garrincha e Pelé, mais Zito, estrearam – e o 1 a 0 sobre o País de Gales. Entao vieram os sensacionais 5 a 2 sobre os temidos franceses, na semifinal – o segundo gol marcado por Didi, mais uma vez de *folha-seca* –, e o Brasil partiu para a grande decisão com os donos da casa, os suecos, cada vez mais confiante na sua força.

Na véspera, Didi arquitetou todos os planos possíveis sobre como liquidar o jogo logo de saída. Só que a chuva que caiu a noite inteira acabou por provocar a sua inquietude e, em decorrência, uma grande insônia.

Mas, depois do inesperado gol de Liedholm, logo aos quatro minutos, foi ele quem foi buscar a bola no fundo das redes. Para, em seguida, enfatizar:

– A sopa deles acabou. Agora é a nossa vez! Vamos encher a caçapa desses gringos de gols. Aqui dentro da casa deles mesmo!

O resultado, como ninguém desconhece, não foi outro. E se Didi, alguns anos depois, dizia "dar tudo, mas tudo mesmo, por segundos que fossem, para viver aquele instante mágico outra vez", era porque sabia muito bem que nunca mais apagaria da retina da memória uma conquista tão extraordinária.

Afinal, aqueles 5 a 2 sobre a Suécia, no mesmo Estádio Rasunda do jogo com os franceses, eram a confirmação de todas as nossas esperanças. E a definitiva pulverização dos fantasmas que afligiam o craque nacional, desde aquela desclassificação para os húngaros, quatro anos atrás. E mais: provavam que futebol mesmo era o do Brasil.

Um Brasil que chegava a campeão do mundo com raro brilho. Encantando de vez o planeta! E que podia se dar ao luxo, ainda, de ser o primeiro país a vencer uma Copa em Continente adversário. E por goleada, já que aqueles 5 a 2 foram algo nunca visto, antes, em uma finalíssima. Um recorde que permanece imbatível até hoje, na história das Copas.

Chamados de mágicos da bola e mil outros adjetivos mais, Nilton Santos, Zito, Gilmar, Djalma Santos, Orlando, Zagalo, Garrincha, Vavá, Dino Sani, De Sordi, Joel, Mazzola e Dida contemplavam, os olhos marejados pela emoção indescritível, o heróico capitão Bellini a erguer a Jules Rimet sobre a cabeça. Um gesto que nada mais era do que a afirmação inconteste de toda a superioridade de um estilo inconfundível.

Por sua vez, perfilado diante do pódio da vitória, era um Didi mostrando a aparente frieza de sempre que procurava amparar o então menino Pelé nos ombros, enquanto confortava-lhe o choro incontido. Só que ele mesmo acabou por não poder evitar aquela furtiva lágrima grossa a rolar-lhe teimosamente pelo rosto. Mergulhando em seguida pelo seu peito coberto por aquele manto azul, empapado de suor e talento.

Talento tão raro que o levou a ser admirado pelo próprio Rei Gustavo Adolfo, no seu cumprimento reverente. E que fez o mundo, por fim, render-se especialmente aos seus pés, naquele instante em que acabava consagrado, pela maioria esmagadora dos jornalistas de todos os países, como o "Maior Jogador", o "Craque Número 1" daquela Copa. Uma Copa bem brasileira, convém não esquecer. E, mais do que de todos, a sua grande Copa.

## CAPÍTULO DOIS

# UM ASSOMBRO! O MAIOR DA COPA! DE GRANDE CRAQUE, A "MR. FOOTBALL"

Dois dias antes, véspera da semifinal:
- O Garrincha, o Pelé e o Vavá nos preocupam. Mas, e o Kopa? E o Fontaine, o Piantoni? Não tiram o sono deles também?
Uma semana depois, com o Brasil já campeão:
- O Didi? Ele é tudo! O maior dentre tantos. Foi ele que desequilibrou esta Copa!

*(Albert Batteux, técnico da França. Ainda incrédulo.)*

Chamado em toda a Europa de "Mr. Football" (Sr. Futebol) e consagrado de vez como o "Maior Jogador" do VI Campeonato Mundial, eis que Didi se viu, de uma hora para outra, transformado em personagem dos mais destacados jornais e revistas do Velho Mundo e da América do Sul. No mínimo, o que se dizia dele era que, além de o *Maior da Copa*, havia sido o inspirado maestro daquele Brasil campeão.

Até mesmo a televisão europeia não cansava de exibir toda a magia de sua arte. A ponto de os canais estatais da França e da Suécia, em particular, encerrarem as suas programações diárias com uma série de lances de efeito do excepcional craque. Como os seus certeiros passes de curva, o incrível gol de *folha-seca* no goleiro francês Abbes e aqueles milimétricos dribles de efeito. Jogadas que se transformavam na tônica de encantamento para os telespectadores, cada vez mais surpresos ante o talento inigualável do "Napoleão Negro" do futebol.

Literalmente na boca do mundo, Didi acabou definido pelo jornal italiano *Corriere dello Sport* como "um artista de trejeitos inigualáveis. E, acima de tudo, o grande maestro da afinadíssima orquestra do Brasil. Um senhor todo-poderoso, dono absoluto do meio de campo, mas capaz de encontrar tempo e fôlego também para enviar seus chutes infalíveis e venenosos à meta adversária". E o *Corriere* terminava o seu comentário jocosamente, lembrando que "um jogador completo como ele teria de ser, forçosamente, *oriundi...*"

Por sua vez, o técnico da Alemanha Ocidental, Sepp Herberger, consagrado como campeão mundial em 1954, não se continha. Conhecido como "A Raposa" – e respeitado internacionalmente pelos seus largos conhecimentos táticos –, chegou até mesmo a afirmar categoricamente:

– Olha, se tenho um jogador como ele no time seríamos bicampeões aqui em Estocolmo. Ainda mais que o Didi seria o cérebro que faria o meu onze funcionar de maneira organizada, sim. Mas também sei que, graças a ele, teria o dom da criatividade em campo. Aí, eu poderia liberar mais o Fritz Walter e o Rhan de suas responsabilidades de polos condutores da Alemanha. Eles seriam livres para ajudá-lo a criar as nossas principais jogadas.

Já o legendário cronista esportivo Pedro Escartin – que viria a classificar, três anos depois, a Espanha para a Copa de 1962, no Chile – afirmava que havia caído de queixos ante o que apresentou o futebol brasileiro em campos suecos. "E muito mais ainda pelo que vi Didi jogar".

Escartin se entusiasmou a tal ponto que, menos de um mês depois, escreveu um livro de sucesso intitulado "A Glória dos Campeões do Mundo", onde, além de destacar Didi como o cérebro da vitória brasileira, chamava-o de "um maravilhoso artesão, como poucos nos quais pus os olhos até hoje. Ele é, sem dúvida, o maior jogador que existe na atualidade, para alegria dos verdadeiros apaixonados pelo futebol da arte e da alegria dos gols".

Apontado como a grande figura do certame, desde a fase das oitavas-de-final, Didi, tão logo o Brasil se sagrou campeão, se viu definitivamente aclamado como o "Maior Jogador" da VI Copa do Mundo por uma margem extraordinária de votos. Seu rival direto, o francês Raymond Kopa, acabou ficando em um distante segundo lugar, mesmo sendo o gênio que levou aquela empolgante França ao terceiro lugar na competição.

A enquete, realizada pelo "Press Club" da Copa, contou com a participação de jornalistas e cronistas esportivos de todos os Continentes, presentes ao grande evento. E Didi, para ser apontado como o "Número 1", teve nada menos de 1.350 votos, enquanto Kopa recebeu 456, ficando o sueco Naka Skoglund em terceiro lugar, com 436.

Logo que terminou a apuração, quem não perdeu tempo foi o *Svenska Dagen*, de Estocolmo, a ponto de ter publicado no dia seguinte, debaixo de uma enorme foto sua, o resultado completo da enquete e o seguinte texto:

"Qualquer *tíquete*, por mais caro que fosse, valeu a pena ser pago, só para que pudéssemos ver Didi jogar. Afinal, não sabemos quando virá à Suécia, outra vez, um craque de tamanho valor".

E o papa da crônica esportiva europeia, o francês Gabriel Hanot, do jornal *L'Equipe* e da revista *France Football*, fez coro de maneira incisiva, proclamando:

"Este homem é, na verdade, uma pérola negra muito rara e valiosa, que todo amante do bom futebol deve procurar ver e relembrar para todo o sempre. Afinal, não é muito comum aparecer um jogador com tais virtudes, em qualquer parte que seja. E Didi é a um só tempo artista, malabarista e jogador de futebol. Um passe seu de 50 metros equivale a meio gol. E, quando chuta, suas bolas fazem como o próprio mundo: giram, giram, giram... E traçam, irremediavelmente, uma parábola fatídica para o melhor dos arqueiros..."

Aliás, não foi outro, senão Hanot, quem anotou especificamente as manobras de Didi, na decisão com a Suécia, exclamando ao final do jogo:

"É fantástico! Este homem executou 52 passes em 90 minutos, curtos ou longos, e fez todos eles chegarem ao destino. Além do mais, foi quem ditou o ritmo do time o tempo inteiro. Didi merece, como ninguém, ser o "Número 1", o "Maior" desta Copa, pois é, inquestionavelmente, o melhor jogador do mundo!"

Com a medalha de campeão no peito e a fama de "Número 1" definitivamente sacramentada, aí mesmo é que os fartos elogios ao meio-armador brasileiro se tornaram lugar-comum na imprensa internacional. Tanto assim que a revista argentina *El Gráfico*, ao mesmo tempo em que lembrava ter sido "a primeira vez que um país da América do Sul levantou, em plena Europa, uma Copa do Mundo do mais apaixonante de todos os esportes", não deixava de fazer menção ao talento de Didi de "grande condutor da majestosa vitória do Brasil. Uma vitória irretocável. De ponta a ponta. Como bem convém, aliás, aos campeões de um Mundial nobre sobre todos os aspectos".

Ainda por conta de toda essa chuva de elogios foi que o crítico português Cândido de Oliveira, redator-chefe de *A Bola*, não se conteve, passando a considerar que "o futebol apresentado pelo Brasil é mesmo coisa do outro planeta. E esse Didi, o máximo em tudo. O mais genial dos craques. Como nunca vi outro igual. Nem mesmo em Zizinho, em 1950, ou em Puskas e Kocsis, em 1954. E digo mais: com o que presenciei em termos de futebol, saído dos seus pés e dos de seus companheiros, não preciso ver mais nada. Estejam certos disso".

Velho amigo do futebol brasileiro, o consagrado Willy Meisl, do *World Sports* de Londres, lembrava, por outro lado, que já havia se encantado com Zizinho, Bauer, Ademir Menezes e Companhia nas memoráveis batalhas de 1950, no Maracanã. Mas não descartava que, em plena Copa de 1958, é que estava vendo as mais completas exibições proporcionadas por um time de futebol.

– Eu só queria agradecer a todos, de Gilmar a Zagalo, por terem feito, naquele jogo com a Rússia, com que prevalecesse o futebol da magia, da inspiração, diante de um estilo frio, baseado na pura ciência. Mas o que pude observar depois foi mais, muito mais, de tudo o que poderia almejar. Como o Brasil se tornou imbatível! E em meio a tantos artistas fantásticos, como não me curvar ante Didi, o mais luminoso de todos? – Empolgava-se Meisl, minutos depois dos 5 a 2 sobre a Suécia, no jogo decisivo.

Fazendo coro com ele, Bill Holden, enviado especial do mais popular dos jornais ingleses, o *Daily Mirror*, lembrava que o que os brasileiros fizeram com os suecos na decisão havia sido uma perfeita humilhação. E enfatizava:

– O que vi em campo foi um bando de rapazes desconcertados, diante de 11 autênticos mestres do seu ofício. Na realidade, os brilhantes e imprevisíveis craques do Brasil hipnotizaram os suecos a tal ponto que os levaram a uma submissão abjeta. Tudo sob o comando daquele fantástico Didi, que se transformou no maior jogador deste Mundial, sem favor algum.

Já a imprensa espanhola, de uma maneira geral, preferia dar ênfase ao fato de que um país de sangue latino é que havia, mais uma vez, levantado uma Copa. E o mais prestigioso dos seus periódicos, o jornal *Marca*, chegava a fazer o retrospecto dos certames anteriores, se alongando nas campanhas vitoriosas dos uruguaios, em 1930 e 1950 e dos italianos, em 1934 e 1938.

Porém, quando chegou a vez de penetrar a fundo nos méritos do recente feito brasileiro, o jornal madrilenho não poupou elogios a tudo o que foi mostrado em gramados escandinavos:

– A melhor equipe do Campeonato ficou com a palma da vitória. E isso é justiça. Além do mais, pela primeira vez um país de um Continente foi obter tal façanha em Continente adversário. E isso também acabou sendo justiça. Mas estavam tão à vontade os esplendorosos artistas do Brasil que se deram ao luxo de esmagar a dona da casa, a Suécia, com uma contundente goleada de 5 a 2, o que é outro fato nunca acontecido na história das decisões.

E concluía *Marca*:

– Feito de 11 autênticos craques, o Brasil parece uma orquestra afinada, a exibir sem perturbações os seus dotes em campo. Esse menino Pelé, por exemplo, chega a parecer distante em muitos momentos do jogo, para surgir de repente e decidir, numa única jogada, o destino de uma partida. Mas quem está por de trás de tudo, como um filtrador de qualidade, é Didi. Astuto, artístico, capaz de inventar soluções para certas ocasiões em fração de segundos, é ele o mais brilhante de todos. O grandioso maestro dessa orquestra que encantou a todos nós.

Pouco mais de um mês depois da decisão daquele Mundial – que os mais exigentes críticos afirmavam ter sido *o maior de todos os tempos* –, a imprensa europeia em peso ainda continuava tecendo os mais rasgados elogios ao time brasileiro, particularmente a Didi. Agora, além das retrospectivas extensas, muitos ensaios começavam a ser publicados. Assim como livros, incluindo-se aí o *best-seller* de Pedro Escartin.

Nessa sucessão de análises, opiniões e revelações, uma que se destacou das demais foi a do técnico francês Albert Batteux, que, às vésperas da semifinal entre o seu time e o do Brasil, dizia aos jornalistas do seu país que já havia encontrado a fórmula exata da vitória: marcar Didi e Garrincha.

– Aquele ponta-direita arisco, o Garrincha, vai ter alguém em cima dele o tempo todo, pois suas jogadas realmente nos preocupam. Mas, por acaso, Kopa, Fontaine e Piantoni não estão tirando o sono deles também? O meu grande problema, na verdade, chama-se Didi. Ele é o homem-chave, a razão de tudo. Temos de anulá-lo de qualquer maneira! Será de vital importância para nós que ele não produza um terço do seu normal. Só assim poderemos pensar na vitória – ponderava Batteux.

– Passados 10 dias, e com o Brasil já campeão, um Albert Batteux mais realista do que nunca procurava os mesmos jornalistas para explicar o porquê do insucesso francês: Pelé, Zito, Vavá, Garrincha... e Didi. E se apressava em concluir, sem meios-termos, o seu raciocínio:

– Ele não é só o homem-chave, é também a inspiração de toda aquela equipe de malabaristas sensacionais. A França foi forte, heróica, destemida. Jogou uma grande partida. Mas Didi, uma vez mais, desequilibrou tudo.

Aquele seu gol, para ser mais exato, tirou o nosso ritmo. E foi ali também que ele começou a ganhar o duelo com Kopa no meio-campo.

Eleito como o segundo "Maior Jogador" do Mundial, Raymond Kopa foi mais um que se perdeu em elogios ao time brasileiro e, em especial, a Didi. Em sua opinião, Brasil e França protagonizaram a decisão antecipada do certame, pela força e brilho das duas equipes. E foi nesta semifinal que também acabou acontecendo o tão esperado duelo entre as táticas mais bem elaboradas, os craques mais inspirados.

– No início do jogo, eu diria que a balança tanto poderia pender para um lado como para o outro. Mas, depois do segundo gol brasileiro, aí as coisas começaram a se definir de vez, o que acabou se consumando com a contusão do nosso zagueiro Jonquet. Mesmo assim, o Brasil já tinha as rédeas da partida nas mãos, graças a uma excepcional atuação de todos os seus setores – revelou Kopa. Que ainda enfatizou:

– Quanto a Didi, tudo o que disseram e disserem dele é pouco. Naquele time, Pelé e Garrincha impressionam logo de saída pelas suas habilidades com a bola, a plasticidade das suas jogadas. Mas é Didi quem comanda tudo, dá a dimensão exata do ritmo que o Brasil precisa. Neste Mundial, ele sobrou. Foi o maior jogador. O craque dos craques de uma competição que o Brasil ganhou com todos os méritos.

Cantado em prosa e verso, Didi, como não poderia deixar de ser, também foi exaltado calorosamente pelos próprios companheiros de time. O velho amigo e parceiro Nilton Santos não pensou duas vezes, ao afirmar que "o Crioulo chegou ao máximo da perfeição". Para Nilton – que, por sua vez, acabou chamado de "Enciclopédia do Futebol" e foi considerado o maior jogador de defesa do mundo –, o que Didi realizou na Copa da Suécia foi excepcional sob todos os aspectos:

– Na realidade, nunca o vi jogar tanto. Nos treinos e na concentração, ele parecia estar sempre a calcular o nosso poder de fogo e o dos adversários. E, no campo, usava todo o seu futebol e tudo o que havia planejado para fazer o nosso time impor o seu ritmo e chegar com determinação à vitória. Não há mais o que dizer: o Crioulo foi o máximo nessa Copa.

Pelé, mesmo vivendo as emoções de ser o mais jovem dos campeões, com apenas 17 anos, não escondia que devia em grande parte a Didi a sua entrada a partir do terceiro jogo, contra a Rússia. E agradecia:

– Devo a ele e a outros jogadores mais experientes a solicitação ao *seu* Feola para que eu fosse testado naquela manhã, na véspera, e garantisse a minha presença diante dos russos, no dia seguinte. Entrei com gana, mas um pouco nervoso. E foi o Didi quem mais me incentivou e me deu força em campo. Principalmente nos primeiros 15 minutos. Depois daquela grande vitória me soltei, mas devo muito a ele, ao Nilton Santos, ao Bellini e ao Gilmar.

Pelé chegou a lembrar que, em Didi, a vontade de ganhar a Copa era tanta que ele estava em todas as partes do campo. E procurou citar o seu gol contra o País de Gales, onde, antes de tentar o lençol no zagueiro Mel Charles para o chute fatal, executou uma tabela, em que o meia-armador usou a cabeça dentro da área:

– Foi uma das raras vezes em que vi o Didi cabecear uma bola. O seu toque foi bem ali, na medida. E aí só me coube me livrar do Mel Charles e concluir para o gol. Como o *Maior Jogador da Copa*, meu voto é para ele, é claro!

Barrado mais tarde pelo próprio Pelé, Dida, que começou a Copa como titular, já havia jogado com Didi em um Combinado Flamengo-Botafogo. Combinado este que ficou famoso, pois goleou o lendário tetracampeão húngaro, o Honved de Puskas, Kocsis, Bozsik e Companhia, por 6 a 2, em 1957, no Maracanã. Por isso, era outro que não escondia a admiração pelo meia-armador.

– Apesar das dificuldades que encontrei contra a Áustria, nunca me faltou uma palavra de incentivo dele. O campo de Udevalla era pequeno para eu me movimentar. E, além do mais, estava encharcado. Mas o Didi me animava sempre a tentar as minhas jogadas. A partir para cima dos beques. Aí procurei abrir espaços lá na frente, e os nossos três gols saíram assim. Dois em bolas enfiadas por ele, que acabou sendo a grande figura do nosso time naquela partida de estreia. E, depois, a maior figura de todo o Mundial.

– Por sua vez, Gilmar, considerado um dos melhores goleiros da Copa e companheiro de Didi na Seleção desde 1953, não media palavras para definir o que havia sido a performance do velho amigo em toda a competição:

– Um monstro! Um portento! Didi fez coisas em campo de que até Deus duvidou. Foi ele o equilíbrio do time em todos os momentos. E, sem dúvida, o *Jogador Número 1* da competição. Do começo ao fim!

Mas o mais emocionado elogio mesmo foi o que partiu do capitão Bellini, que já nas primeiras comemorações do título, ainda no vestiário do

Estádio Rasunda, saudava os companheiros com muito carinho, mas tecia comentários especiais a Didi, "um craque completo. Que jogou aqui como eu nunca havia visto antes. Nem mesmo no Maracanã".

E na série infindável de recepções aos campeões na volta, não foi outro, senão o mesmo Bellini, quem se apressou em fazer outra oportuna observação. Sempre tomado por uma profunda emoção:

– Nosso time era tão bom, que saía um *cobrão* e entrava outro. Um Dida e um Mazzola, por exemplo, deram vez a um Pelé, um Vavá. O Dino, que vinha mostrando um grande futebol, saiu para a entrada do Zito e o ritmo do time acabou até subindo. E houve a entrada arrasadora do Garrincha contra a Rússia, o que liquidou psicologicamente com eles em apenas dois minutos de jogo. Mas o grande jogador da Copa, sem medo de errar, foi o Didi. Ele foi o "Número 1". Um cracaço! Em tudo e por tudo!

Fazendo coro com os jogadores, o técnico Vicente Feola e o chefe da delegação, Paulo Machado de Carvalho, apenas olhavam todas aquelas manifestações de admiração em torno de Didi com um indisfarçável orgulho. Queriam que os elogios, as loas, caíssem sobre todo o elenco. Mas reconheciam, em uma ou outra declaração que deixavam escapar, tudo o que Didi havia jogado em gramados escandinavos.

– Ele foi escolhido como o mais destacado das oitavas-de-final? Que bom! É um grande prêmio para ele e todos nós – se regozijava Feola, após o encerramento da primeira etapa da competição.

– Didi, o "Número 1" do Mundial? Então estamos com tudo! Ele merece como ninguém! – Deixou escapar um eufórico Paulo Machado, na recepção aos campeões na Embaixada Brasileira, na noite da conquista do título.

Entre a crônica esportiva nacional, o entusiasmo pelas atuações de Didi não poderia ser diferente. A ponto de um Armando Nogueira – considerado *o maior dos estilistas* do gênero – ter revelado ser ele o melhor exemplo de um raro tipo de craque, "que aprendeu como disciplinar a sua técnica apurada. Jogando hoje, com o mais brilhante rendimento, um futebol que vem do instinto e da reflexão".

E prosseguiria Armando:

– Didi sabe como poucos, bem poucos, mobilizar todas as suas potencialidades. Seja no exato instante de um drible de corpo. Ou de uma perfeita tabelinha, como as que costuma realizar com Pelé. Aliás, o nosso Didi é maravilhosamente medular na execução de um passe longo. E se porta, ainda, como um jogador admiravelmente cerebral, científico. Foi assim em toda a campanha da Suécia, quando fez do Brasil um campeão aplaudido por todos. E ele, Didi, saiu de lá com as honras de o melhor jogador da Copa. Já então, um Didi majestoso. O mais ilustre, dentre todos os craques presentes àquele Mundial.

Por fim, ainda diria Mestre Armando Nogueira:

– Com uma perfeita noção espacial, o exuberante Didi também é capaz de, com o seu o profundo conhecimento do jogo, criar uma excepcional situação de gol. Onde, antes, ela aparentemente não existia. E esta é, sem dúvida, a grande virtude que distingue o gênio do simples talento do futebol: a capacidade de antever a jogada. Coisa que Didi faz e refaz de maneira tão extraordinária, que chega a transformar o futebol numa espécie de jogo irreal.

Por sua vez, Nelson Rodrigues, apaixonadamente brilhante, preferiu não usar de meias-medidas. Ao contrário, foi fundo em seu arrebatamento:

– Com uma clarividência excepcional, e a sua marcante calma lúcida, foi Didi quem nos deu equilíbrio na nervosa estreia contra a Áustria. E depois, quando deslanchamos rumo ao título, passou a ser o comandante de todos os nossos grandes momentos, com suas gingas maravilhosas, seu futebol inigualável.

– Apontado pelos mais exigentes críticos europeus como o "Maior" da Copa, Didi foi, acima de tudo, um jogador diferente, que molhou sempre a camisa em campo de maneira guerreira. E que melhor imagem me poderia vir à mente senão a do ato final da decisão! O Brasil já campeão, e o Rei Gustavo Adolfo, da Suécia, a apertar-lhe a mão! Na mesma hora, imaginei: dois Reis!

Já o papa dos cronistas esportivos brasileiros, Mário Filho, procurou tão-somente fazer uma análise histórica do fenômeno Didi:

– Seu nascimento para valer se deu em 1951, quando foi campeão carioca pelo Fluminense. E, de lá para cá, Didi não parou mais de nos surpreender. Como agora, em que sai consagrado como o mais destacado jogador do grande triunfo brasileiro na Suécia. Aliás, foi sempre jogando ereto, com a graça de uma foca empinando uma bola na cabeça, que ele traçou o seu próprio caminho para a glória.

E completou Mário, com arte e sabedoria:

– Esse caminho diferente, por sinal, sempre foi feito de dribles curtos e desconcertantes, *folhas-secas* fatais e um jeito nada natural de como passar ou enfiar uma bola. Nada de empurrá-la ou fazê-la rolar. Mas de dar-lhe uma espécie de chicotada com o pé direito, para que ela sempre tome um efeito tremendo, caindo onde bem designe a sua vontade.

Por fim, enquanto o próprio Didi fazia questão de comentar que "o importante em si não foi o fato de terem me escolhido como o 'Número 1' da Copa, mas sim o de termos sido campeões", era o ponta-esquerda sueco Naka Skoglund – apontado como o terceiro "Maior Jogador" da competição – quem conjecturava se o craque brasileiro não passava de "um bruxo, um feiticeiro do futebol. Desses que têm o dom de mudar os destinos de uma partida no momento em que assim decidem".

E que coroamento maior poderia haver ao talento extra-classe do meia-armador brasileiro que a vinda, à América do Sul, de ninguém menos que "A Raposa" Sepp Herberger, seis meses depois da sua consagração definitiva, para melhor avaliar o poder do seu jogo?

– Esse toque na bola meio de lado, estaria aí o segredo de tudo? – Perguntou-lhe um ansioso Herberger, entre intrigado e maravilhado mais uma vez.

Ao que Didi, sorriso maroto nos lábios, apenas procurou responder:

– Sabe que nem sei mais, *sêo* Herberger... Acho que tudo acontece é na hora do lance, quando a gente decide que rumo a jogada deve tomar...

E lá se foi ele direto para o centro do campo, a exibir matreiramente ao treinador alemão alguns dos muitos segredos de um futebol que, bem pouco tempo antes, havia encantado o mundo inteiro.

## CAPÍTULO TRÊS

# EM CAMPOS, O COMEÇO DA HISTÓRIA. GRANDES SONHOS; ALGUMAS DESILUSÕES...

para ser franco, o Didi sempre teve aquela estranha mania de prever as coisas. Dizia que era um dom. Uma coisa especial. Conversas dele com Deus. E foi assim, quando me disse: 'Um dia, ainda vou ser o maior do mundo, Milton!' E foi mesmo! Lá na Suécia, 16 anos depois."

*(O amigo Milton Barreto, relembrando a histórica profecia de Didi. Na época, Milton tinha 16 anos e Didi apenas 14.)*

– Ainda vou ser o maior jogador do mundo um dia, Milton. Você vai ver!

– Tomara, Crioulo, tomara! Afinal, você nasceu mesmo pra jogar bola, sabia?

Entre um chute e outro no ângulo, quase sempre impossíveis de serem defendidos pelo goleiro, não foi outro o diálogo travado entre um garoto determinado, chamado Waldir Pereira – mais conhecido como Didi –, e seu amigo de fé, um mulato espigado de nome Milton Barreto. Exatamente o goleiro da história.

Corria o ano de 1942, e o cenário era um conhecido campinho de chão batido da Rua Aquidaban. A Aquidaban era, na verdade, uma das ruas badaladas do Centro de Campos, a chamada capital do Norte do Estado do Rio de Janeiro. E era lá que os dois batiam bola, enquanto aguardavam o início de mais uma daquelas concorridas peladas de fim de tarde. Motivo certo para aparecerem olheiros de todo os cantos da cidade.

Aquele era o início do mês de agosto. E tanto Didi como Milton, depois de provarem reiteradas vezes o seu valor, posavam, inclusive, como astros do bairro. Ainda mais porque já faziam parte da famosa escolinha do São Cristóvão.

Dirigida pelo temido *seu* Derengo, a escolinha são-cristovense se habituara a sair campeã em quase todos os torneios de que participava. E, por isso mesmo, os seus jovens craques viviam sendo visados constantemente pelos dirigentes dos poderosos Goytacaz, Americano, Rio Branco e Aliança – que caminhava, por sua vez, para a conquista de um inédito tricampeonato da Primeira Divisão do futebol campista. A de adultos.

Mesmo assim, o prazer de toda aquela garotada era jogar sempre debaixo das instruções do *seu* Derengo, para quem só servia quem era realmente bom de bola, capaz de conhecer dela os muitos segredos. E era certamente devido a essa união, e ao talento inegável da maioria deles, que aquele time do São Cristóvão praticamente havia se tornado imbatível.

Caminhando para completar 14 anos, e, talvez, o mais assediado de todo o grupo, o garoto Waldir bem que tentou ficar por ali o quanto pôde, mas não resistiu a uma proposta do Industrial – que iria disputar com chances o Campeonato Juvenil – e acabou trocando de camisa, logo no início da temporada de 1943. Com ele acabaram indo o amigo de fé Milton e mais alguns destaques são-cristovenses, o que significaria, pouco depois, a conquista de vários títulos em torneios preparatórios e o vice-campeonato da categoria.

Nesse meio-tempo, porém, eis que um grave acidente quase desfaz os sonhos daquele garoto determinado, que entre os treinos no Industrial e as aulas no Colégio Aprendiz Artífice adorava jogar as suas peladas. Na realidade, tudo aconteceu de repente. E justamente numa pelada em um terreno baldio, perto do campo do São Cristóvão.

Irritado com os seus seguidos dribles descadeirantes, um beque grandalhão não se conteve e resolveu pegá-lo de jeito, dando-lhe uma pregada que o fez cair de imediato ao chão, gritando de pavor e chorando sem parar, tamanha era a dor. Milton Barreto largou o gol e correu em seu socorro, fechando o tempo de vez e encerrando a pelada antes da hora. Mas nada disso fazia com que a dor cessasse ou os gritos e o choro de Didi diminuíssem.

Carregado para casa, o estado da sua perna direita causou o maior pânico em *dona* Maria, sua mãe. Ao mesmo tempo em que provocava uma tremenda revolta no pai, *seu* Arthur, o que o fazia dizer em altos brados, para quem quisesse ouvir, que iria até o terreno baldio onde ficava o campinho, "para acertar as contas com o criminoso que fez isso com o meu filho".

Cuidado por dois médicos nas semanas seguintes, as melhoras de Didi, contudo, praticamente eram mínimas. O joelho mostrava a mesma enorme bola arroxeada, que não dava chance de ser tocada, a não ser pelos dois especialistas. E, pelos comentários surgidos na vizinhança, ouvia-se até mesmo que um deles havia aconselhado que se amputasse a perna, ante a suspeita de grangrena.

Em meio a todo aquele clima pesado, de quase consternação geral pelo que de pior pudesse vir a acontecer, um Milton Barreto com os olhos marejados de lágrimas ainda lembrou do que dizia sempre, sabiamente, o velho *seu* Derengo. Que previa, sim, um grande futuro para Didi, mas temia pelo pior numa daquelas peladas, "ainda mais que esse moleque tem o dom de provocar aqueles sujeitos grandalhões, que não estão a fim de levar drible e ficar de traseiro no chão, servindo de pagode pros outros".

– É, ele não errou em nada do que falou. Até mesmo em pegarem, um dia, o moleque de jeito – balbuciava, cada vez mais nervoso, o amigo Milton.

A salvação para todo aquele desespero, porém, estava ali mesmo, dentro de casa. E na figura da avó materna, *dona* Creusolina, rezadeira das boas. Porém, até então pouco ouvida, quando dizia que "não há ciência que possa mais que a força de Deus". Então, com um quê de grande descrença tomando conta de todos, foi que resolveram dar atenção às suas rezas e aos seus preparados de sebo de rim de carneiro, que acabaram sendo, na verdade, a grande tábua de salvação para evitar que o futuro craque da Rua Aquidaban tivesse os seus sonhos podados de forma tão cruel.

A partir dos cuidados especiais de *vovó* Creusolina, Didi se viu livre até mesmo da presença dos dois médicos, que de pouco ou nada tinham adiantado. E mais: começou a ver o seu joelho direito desinchar a olhos vistos, quase que milagrosamente. Em pouco tempo, já caminhava com o auxílio de muletas. E, depois, ainda que mancando um pouco, já sem elas.

Até que, por fim, conseguia andar normalmente. Restando como sequela de todo aquele drama apenas o fato de a perna direita ter ficado um centímetro mais curta que a outra. Pouco depois, as suas chuteiras chegariam ao número 41. Mas, no pé direito, Didi passaria a ter preferência por chuteiras mais justas e macias. Curiosamente, com o número 40.

De volta aos campos, pouco tempo depois, o crioulinho de andar e cabeça empinados não só tratou de aperfeiçoar a sua arte, como passou também a ser mais cerebral. De agora em diante, raciocinava, o negócio era decidir o destino de um jogo ali pela zona do meio-campo mesmo, com seus passes longos e perfeitos, seus chutes certeiros e já então venenosos e os dribles curtos e maliciosos.

A pregada no joelho direito, além de ter feito passar por sua cabeça o drama de ficar inutilizado para sempre, havia influenciado a partir de então, isso sim, uma nova postura em campo de sua parte. Fato que o levou, por outro lado, a descobrir novos caminhos sobre como se defender da sanha dos beques com pouco ou nenhum talento. *Pau-puro*, apenas.

Aluno aplicado do Aprendiz Artífice, e vendo surgirem os primeiros indícios de notoriedade, devido ao seu estilo técnico e ao mesmo tempo cadenciado, o garoto Waldir sentia, aos poucos, que o apelido de Didi – dado carinhosamente pela avó Creusolina – se adaptava muito mais facilmente ao ambiente futebolístico que o seu próprio nome de batismo. E decidiu que, dali para a frente, iria adotá-lo oficialmente.

E foi como Didi que começou a integrar o Goytacaz e o Americano nos amistosos que os dois realizavam contra equipes do Rio, particularmente Madureira, Olaria e São Cristóvão. Que contavam com jogadores de grande futuro e vinham a Campos com regularidade.

Isso, por sinal, motivou um grande protesto dos dirigentes do Industrial, onde jogava, àquela altura, no time principal. Mas Didi já andava de olho fixo em um dos grandes clubes da cidade. O que, se o faria receber uma substancial ajuda de custo, caso fosse promovido logo ao time titular, também o deixaria em condição bem mais confortável para lutar por sua ida para o futebol carioca.

Ainda jogando pelo Industrial, não foi sem demora que o coração do jovem meia-armador começou a bater mais forte que de costume por uma mocinha que era apontada como das mais bonitas do bairro da Lapa. Seu nome era Maria Luíza, mas todos só a chamavam de Jóinha, devido ao seu charme e beleza. E, por causa dela, foi que o futuroso craque arrumou até mesmo um emprego na Fábrica de Tecidos, à qual pertencia o próprio Industrial.

Cada vez jogando mais e passando a pensar, inclusive, em casamento, eis que os sonhos que povoavam mais e mais a cabeça do jovem Didi só abriam espaço para as grandes plateias do Rio. O Vasco da Gama de Barbosa, Danilo Alvim e do temível artilheiro Ademir Menezes, campeoníssimo carioca e mais conhecido como o "Expresso da Vitória", parecia ser a ambição maior de qualquer jogador que estava começando a pintar como grande promessa. E com o garoto da Rua Aquidaban não podia ser diferente, evidentemente.

– É bem verdade que eu nutria mais simpatia, na época, pelo América, que também tinha grandes jogadores. Mas quando aquele timaço do Vasco começou a engrenar e a ganhar títulos, todo mundo – e não apenas eu – sonhava até acordado em vestir a camisa cruzmaltina – relembraria Didi, numa de suas doces viagens ao passado.

O seu destino imediato, porém, acabou sendo o Rio Branco, que havia feito uma oferta mais tentadora e, com isso, conseguido tirá-lo do Industrial. E foi no clube da Avenida 7 de Setembro, um dos grandes da cidade, que o seu futebol pôde desabrochar finalmente com toda a intensidade, transformando-o no maior meia-armador campista na sua faixa de idade e em uma das sensações do Campeonato que acabara de começar.

Formando em uma linha de ataque que tinha os irmãos Antoninho e Fernando Falcão na ala direita, mais o seu próprio irmão, Dodô, na ponta-esquerda, Didi fazia e acontecia no meio-campo. E após sair campeão de um dos tradicionais torneios preparatórios, visando ao principal certame do município – torneio onde os seus infernais garotos acabaram fazendo o que bem entenderam contra as defesas adversárias –, aí mesmo é que o Rio Branco passou a ser considerado como o novo grande favorito ao título.

Confirmando a qualidade do time, desde as primeiras rodadas se fazia notória a força rio-branquense. E Antoninho, Fernando, Didi e Dodô não deixavam por menos, enchendo de gols quem tivessem pela frente.

Foi isso que acabou provocando a vinda de vários observadores do Rio, sendo que o mais assíduo era Benedito Rosa, diretor do Madureira, que também fazia as vezes de empresário. Maneiroso, bom de conversa, Benedito tinha como grande meta – pelo menos, em princípio – levar Dodô para o seu clube. E tanto fez que arranjou uma maneira, inclusive, de se aproximar de *seu* Arthur.

Ouvindo a conversa macia e as promessas do diretor-empresário, no fundo bem que *seu* Arthur desejava que aquilo tudo fosse verdade e Dodô acabasse indo realmente para o futebol carioca, se bem que *dona* Maria temesse como nunca os chamados "perigos da cidade grande". Só que, para levar Dodô, Benedito também teria de levar Didi.

Dono de um drible rápido e incisivo, sempre voltado para a linha de fundo, Dodô era o tipo do ponta-esquerda que cruzava com enorme facilidade para a boca do gol. Mas seu futebol vivia tão grande momento que, não raro, era possível observá-lo invadindo a área em diagonal e marcando os seus gols, quase sempre em chutes violentos e rasteiros, sem defesa para os goleiros.

Mesmo assim, para ir para o Madureira e enfrentar os tais "perigos e tentações" de que tanto falava a sua mãe, também procurou ser direto com Benedito Rosa:

– Só vou se o Didi for junto. Além de ser meu irmão e de me servir como companhia, conhece muito de bola. Quem sabe ele não explode por lá também?

Pressionado por todos os lados, Benedito, então, resolveu pedir um tempo para pensar, retornando em seguida ao Rio. E foi isso que acabou provocando, de uma hora para outra, uma decisão intempestiva da parte de Didi. É que a comichão de ir mostrar o seu jogo em outro lugar era tão grande que o fez sair praticamente fugido de Campos, juntamente com os amigos Sula e Irmo, que com ele chegaram a jogar no Industrial e também vestiam agora a camisa róseo-negra.

O destino dos três foi mais distante ainda do que se poderia imaginar. E, duas semanas depois, a notícia que chegava era a de que Didi, Sula e Irmo estavam radicados em Lençóis, interior de São Paulo, jogando por um clube da Segunda Divisão: o Lençoense local.

Mais notícias sobre o sucesso de Didi e Companhia continuaram filtrando nas duas semanas seguintes, até que o Rio Branco, magoado com a atitude dos três e correndo o risco de deixar escapar a grande chance de ser campeão, entrou na justiça esportiva com uma denúncia sobre a atitude de abandono dos seus jogadores. Uma decisão que provocou, um mês depois, o retorno de Didi, Sula e Irmo, impossibilitados de jogar por outro clube que não fosse aquele ao qual estavam oficialmente ligados.

O remédio, pelo menos por ora, era voltar a disputar o Campeonato Campista com a camisa rio-branquense, ainda mais porque o clube da Avenida 7 de Setembro continuava na briga pelo título. Mas o desgaste do seu jovem time, que corria no mesmo ritmo partida após partida, sem a preocupação de dosar as energias, mais o desentrosamento provocado pela volta dos três, acabou fazendo com que o título fosse parar, sem maiores problemas, nas mãos do Goytacaz.

Sentindo-se, a partir de então, sem ambiente no clube – ainda mais que tanto ele, como Sula e Irmo, eram apontados como "profissionais", desde que voltaram de Lençóis –, aí mesmo é que o desejo de Didi passou a ser, definitivamente, o de ir embora. Só que, agora, os seus pensamentos tinham se voltado por completo para a promessa de Benedito Rosa, que deveria aparecer na praça a qualquer momento.

Por outro lado, cada vez mais apaixonado por Jóinha, o jeito encontrado por ele para aumentar o faturamento foi o de trabalhar na oficina mecânica do *seu* Zé Amaro, velho amigo do seu pai. E, mesmo que não rendessem muito, os conhecimentos que tinha em relação a carros já davam para criar coragem e pedir em casamento a mão da irmã do consagrado Waldir Negrinhão – ídolo e campeão pelo grande rival, o Goytacaz –, consumando assim o tão esperado noivado.

Indo diariamente à oficina pela manhã e treinando à tarde no estadinho da Avenida 7, Didi via, contudo, uma nova série de competições envolvendo o Rio Branco se aproximar, sem que os sintomas de algum grande acontecimento, que pudesse realmente mudar o rumo de sua vida, pairassem no ar. Quando muito, ouvia o irmão Dodô lembrar que, àquela altura, poderiam muito bem estar vestindo a camisa do Madureira, "caso o *seu* Benedito não desse para trás na hora exata. Só porque insisti em levar você comigo".

Um tanto ou quanto conformado momentaneamente com o seu destino, mas mostrando, por outro lado, que não perdia a fé em que, de repente, alguma coisa de importante viesse mesmo a acontecer, tirando-o daquele marasmo que não mais lhe convinha em hipótese alguma, eis que o santo de Didi acabou sendo realmente mais forte. A ponto de provocar, de uma hora para outra, uma nova vinda de Benedito Rosa a Campos. Desta vez, decidido a fechar a questão com *seu* Arthur.

Inicialmente, como era de se esperar, Benedito voltou a insistir na ida apenas de Dodô, "ainda mais que o Madureira está sem um bom ponta-esquerda no momento". Mas tanto *seu* Arthur como *dona* Maria já tinham definido os seus planos: ou Didi iria junto ou nada feito. E foi sem outra saída que Benedito, afinal, concordou:

"Está bem, o Didi vai. Mas não garanto nada em relação ao futuro dele por lá".

Satisfeito, como não podia deixar de ser, com o resultado final das conversações, mas reservado como sempre no momento das grandes decisões, Didi apenas notificou à noiva Maria Luíza que estava tudo certo quanto à sua ida para o Madureira, junto com Dodô. Garantiu, inclusive, entre confiante e determinado, que venceria no futebol carioca. E fez mais, ainda: pediu a Jóinha que apressasse logo o enxoval, "já que, em muito menos tempo que você pensa, estaremos casando lá na igreja da Lapa".

Saindo à noite, meio às escondidas, para não provocar a ira da torcida rio-branquense, Benedito, Dodô e Didi alugaram inicialmente um carro de praça – denominação dos táxis da época –, que os levou até Macaé. E de lá foi que embarcaram em um trem rumo ao Rio, chegando na Estação Barão de Mauá ao amanhecer do dia seguinte.

Com a papelada em dia – o clube carioca pagara devidamente a taxa de liberação dos dois ao Rio Branco, via Liga Campista de Desportos – e, pelo menos, já um tanto ambientados com os novos companheiros, finalmente Dodô e Didi realizaram os primeiros jogos pelo Madureira, numa excursão ao interior paulista. O desempenho do primeiro agradou realmente, como era de se esperar, mas a grande surpresa acabou sendo o crioulinho esguio e elegante que jogava na meia-direita, aquele mesmo que, logo nos primeiros dias de Conselheiro Galvão, acabou sendo desdenhosamente chamado de *contrapeso*.

Com o passar dos meses, e já com o Campeonato Carioca de 1947 em pleno andamento, os pretensos titulares da meia-direita foram, aos poucos, cedendo a vez para o campista Didi, que terminou como titular absoluto e transformado em grande esperança para a temporada seguinte. O mesmo, porém, infelizmente não valeu para Dodô, cuja estrela deixou de brilhar a tal ponto que, nas rodadas finais, já havia cedido a ponta-esquerda ao reserva Lupércio.

O ano de 1948, como muitos acreditavam, veio apenas ratificar o talento emergente de Didi, que em poucos meses levava pequenas multidões aos estádios dos subúrbios cariocas, especialmente para vê-lo em ação. Como consequência lógica disso, o Madureira começou a receber seguidas e tentadoras propostas para vendê-lo. Mas, aí, foi a vez de o esperto presidente Aniceto Moscoso passar a observar o princípio de que, regateando um pouco, faria, mais adiante, um negócio bem melhor ainda do que pensara com a sua jovem promessa.

Nesse meio-tempo, porém, um Didi saudoso e cada vez mais apaixonado veio a Campos exclusivamente para cumprir o que havia prometido, quase dois anos antes, à noiva Maria Luíza: casar com ela na popular igreja da Lapa. E foi, realmente, uma festa em alto estilo, a que se realizou naquele tradicional bairro à margem do rio Paraíba. E Didi, a nova grande sensação madureirense, escolheu para padrinho o próprio irmão Dodô, recém-sagrado campeão campista pelo Goytacaz. E transformado, definitivamente, em um dos grandes ídolos do futebol local.

De volta ao Rio, após a lua de mel, e certo de que teria agora, mais do que nunca, de justificar a conversa tida com o amigo Milton Barreto, sete anos atrás, naquele campinho de terra batida da rua Aquidaban – "Ainda vou ser o maior jogador do mundo um dia, Milton. Você vai ver!" –, Didi parecia se multiplicar em campo por todo o time. Jogo a jogo do Madureira. Com isso, veio como prêmio uma bonita campanha do tricolor suburbano no Campeonato Carioca, o que só acabou por favorecer, por tabela, a sua meteórica ascensão ao estrelato.

No final da temporada, com o nascimento do filho Adilson, eis que o presidente Moscoso resolveu de estalo aumentar-lhe o ordenado. Mas, entre um abraço e outro – e, junto com eles, os conselhos para que fugisse da *máscara*, "um inimigo mortal na carreira de qualquer jogador" –, ainda encontrou tempo para colocá-lo a par de que, "dentro em breve, Conselheiro Galvão será apenas saudade na sua imaginação".

Só que Didi, entre a esperança da ida para um grande clube e uma certa tristeza antecipada em deixar os bons amigos que havia feito no Madureira, preferia mesmo era ficar num precavido compasso de espera.

Afinal, acabaria no Flamengo de Zizinho, o Mestre Ziza? Ou no Botafogo de Nilton Santos, campeão carioca? Ou, quem sabe, iria fazer companhia a Ademir Menezes, Barbosa, Friaça, Danilo Alvim e outros *cobras* mais, no quase imbatível "Expresso da Vitória" do Vasco sagrado, há pouco, Campeão dos Campeões da América do Sul, lá em Santiago do Chile?

## CAPÍTULO QUATRO

# NO FLUMINENSE, DOIS TÍTULOS HISTÓRICOS. COM O TOQUE DE GÊNIO DE DIDI

"Conheci-o ainda no Madureira. Craque! Pouco depois, o Didi me dá uma grande alegria. É campeão carioca com o Fluminense. Com o desacreditado 'Timinho' do Zezé Moreyra. Mas, de repente, eis que me vendem o maior craque deste país. Ora, craque não se vende! Me senti apunhalado! Então jurei: 'Não ponho mais os pés em um estádio'. Até hoje, acho que estou cumprindo parte dessa jura."

*(O tricolor Carlos Heitor Cony, Prêmio Jabuti de Literatura de 1997, com "A Casa dos Poetas trágicos". E uma mágoa que teima em permanecer com ele, desde 1956.)*

Já inteiramente ambientado em Conselheiro Galvão, Didi acabou transformando-se definitivamente na grande estrela, na maior atração daquele surpreendente Madureira. Um time certinho e determinado, que mostrava um futebol veloz, capaz de tirar o sossego de muita gente de nome. E era por isso, exatamente por isso, que sabia que não levaria muito tempo mais vestindo a camisa do tricolor suburbano.

Seu passe, porém, acabou sendo adquirido não pelo Vasco de Ademir Menezes, o Ademir Queixada. Ou o Flamengo de Zizinho. Ou o Botafogo de Nilton Santos. Mas, sim, pelo tricolor da Zona Sul, o rico e aristocrático Fluminense, que pagou 500 mil cruzeiros pelo seu atestado liberatório, no início da temporada de 1949. Um preço mais do que justo, para quem despontava como uma das mais gratas esperanças do futebol carioca.

Realizando, no entanto, uma campanha apenas razoável naquela temporada, o time das Laranjeiras se viu fora da disputa pelo título desde cedo. Ainda mais que o Vasco de Ademir Menezes, Danilo Alvim, Barbosa, Heleno de Freitas, Maneca, Ipojucan e outros craques consagrados partira, de goleada em goleada, para a conquista de mais uma façanha. A ponto de, sem a menor dificuldade, sagrar-se campeão carioca. Por sinal, invicto. De maneira brilhante. E por antecipação!

Mesmo assim, entre um clássico e outro, quem lucrava era Didi. Que podia ir se amoldando de vez à camisa 10 tricolor, alargando os horizontes do seu mais que promissor estilo de jogo. Um estilo marcadamente clássico, elegante. Onde predominavam as jogadas refinadas, de puro efeito. Mas dotadas, num repente, de improvisos desconcertantes. Que encantavam a torcida nos estádios e deixavam atônitos os marcadores adversários.

No ano seguinte, reservado à Copa do Mundo – que dominava, como era de se esperar, as atenções de todo o país –, eis que um Didi com a cotação em alta se viu convocado para a Seleção Carioca de Novos. Esta enfrentaria uma equipe paulista de igual categoria. E este jogo serviria para marcar a inauguração festiva do Estádio do Maracanã.

A festa terminou com a vitória dos Paulistas por 3 a 1. Mas, foi nela que coube a Didi a honra de marcar o primeiro gol do "maior do mundo", fazendo 1 a 0 para os Cariocas. Aliás, bem ao seu jeito, desferindo um chute de curva, da entrada da área. Um tirambaço no canto direito, à meia altura. Que pegou inteiramente desprevenido ao goleiro Oswaldo, aos 23 minutos do primeiro tempo.

Logo depois, já de volta ao Fluminense, o meia-armador nascido em Campos (RJ) continuou a realizar, com uma constância cada vez maior, partidas de alto nível. Ainda mais que estava embalado por aquela primeira experiência em Seleções. Só que o que não colaborava era a campanha tricolor. Tanto assim que, ao final do Campeonato, o time dirigido por Oto Vieira não conseguiu mais do que um sexto lugar, uma das piores colocações do clube em todos os tempos, em competições estaduais.

Tudo começou a mudar, porém, com a chegada do ano de 1951. De repente, eis que novos ares passaram a soprar pelas bandas do Estádio Álvaro Chaves. E, com Benício Ferreira Filho na vice-presidência de futebol, veio a contratação, para técnico, de Zezé Moreyra, campeão em 1948 pelo Botafogo e um jovem estudioso das novas concepções do futebol.

Então, com Zezé, aí mesmo é que Didi começou definitivamente a deslanchar. E se na época corria muito em campo, podia, já, se dar ao luxo de executar as suas jogadas cerebrais e os temíveis passes de 40 metros, lá do meio do campo. Aliás, aqueles mortais lançamentos longos, sempre em forma de curva, serviam à feição para as entradas fulminantes do centroavante Carlyle, que acabaria como o artilheiro do Campeonato daquele ano, com 23 gols.

Também eram aproveitados com extrema eficiência pelo experiente meia-esquerda Orlando, o Orlando "Pingo de Ouro", único remanescente do Fluminense supercampeão de 1946. Orlando era um jogador rápido. E mais do que isso: era astuto e habilidoso. O tipo do parceiro ideal, com quem Didi se entendia às mil maravilhas. Ora em desconcertantes trocas de passes. Ou, então, quando dos contra-ataques de surpresa, habilmente planejados pelo matreiro Zezé na boca do túnel.

Como resultado de tudo o que ocorria de novo nas Laranjeiras, não foi surpresa o Fluminense começar a brigar pelas primeiras posições. Tanto assim que, em pouco tempo, passou a fazer frente ao poderoso Vasco do *professor* Flávio Costa e de Ademir Menezes e ao novo grande do Rio, o Bangu do rico empresário Guilherme da Silveira Filho, o Silveirinha. Alguém que havia tido a coragem de arrancar Zizinho do Flamengo, pagando nada menos que 800 mil cruzeiros à vista – na época, a maior transação do futebol brasileiro.

Apesar de ter virado o Campeonato na ponta da tabela – muitas vezes, cumprindo atuações convincentes –, mesmo assim havia muita gente que não acreditava ainda nas concepções de Zezé Moreyra. Muito menos, no seu time, composto por pouquíssimos jogadores de nome – uns muito jovens, como o próprio Didi, o zagueiro Pinheiro e Telê Santana; outros em final de carreira, como Orlando "Pingo de Ouro". Com isso, o que era, na verdade, um bom time, passou a ser apenas o "Timinho", como a imprensa, de uma maneira geral, tratava com desdém a equipe tricolor.

Com toda aquela campanha contra, e sofrendo o descrédito, até, de parte de sua própria torcida, quem ficou com o título no final não foi outro, senão aquele desacreditado Fluminense. Na série "melhor de três" decisiva, o "Timinho" acabou se impondo ao Bangu, com méritos indiscutíveis. No primeiro jogo, realizado no dia 13 de janeiro de 1952, a vitória foi por 1 a 0, gol de Orlando "Pingo de Ouro". Mas, no segundo encontro, logo no domingo seguinte, dia 20 de janeiro, sob um sol causticante de mais de 40 graus, em pleno Estádio do Maracanã, o placar foi mais categórico: Fluminense 2 a 0, gols de Telê Santana.

Depois do título conquistado, e ainda vibrando muito no vestiário, Benício Ferreira Filho dizia, para quem quisesse ouvir, que "ter um 'Timinho' e ser campeão é o que todo mundo, no fundo, quer". E, entre um abraço e outro em Zezé Moreyra, procurava abrir espaço para acarinhar e exaltar os seus jogadores, em especial os artilheiros Carlyle, Orlando e Telê. Também o zagueirão Pinheiro. E o extraordinário goleiro Castilho.

Mas era no temperamento, aparentemente frio, de Didi, que Benício mais identificava traços da tão propalada nobreza tricolor. Era aí, então, que ia ao auge, a ponto de afirmar:

– Ele parece transpirar arte e dignidade o tempo todo. E joga de cabeça em pé, como se fosse o dono do campo. Ou uma espécie de rei africano.

Já Didi preferia ressaltar um fato atípico. Marcado pelo misticismo. Para ele, de suma importância:

– No primeiro turno, quando vencemos o Bangu por 5 a 3, tive um pressentimento estranho. Uma forte premonição! Foi logo depois de eu marcar o nosso terceiro gol, em um chute que deixou o Oswaldo Topete inteiramente zonzo, pois peguei na bola meio de lado, de chicotada, dando-lhe um efeito tremendo. Não sei, não. Mas, na hora, olhei pro Telê e disse: "Este jogo está ganho. Mas sei que vamos decidir o Campeonato com eles". Dito e feito!

E Didi ainda lembraria que, dali em diante, os dois times cresceram demais na competição. A ponto de, na reta final, chegarem em totais condições de igualdade, decidindo o título numa "melhor de três":

– O Fluminense foi o campeão. Mas aquele Bangu, comandado por um jogador excepcional como o Zizinho, o Mestre Ziza, foi um adversário e tanto. E lembrar que, naquela época, só se falava do Ademir, do Barbosa, do Danilo Alvim, do Tesourinha... Afinal, o Vasco era bi. Possuía um timaço, não?

Saindo do vestiário em clima de total apoteose, debaixo do delírio de uma grande festa e o infindável espocar de champanhes, Didi exibia a sua faixa de campeão carioca para quem quisesse ver. Agora, sim, sabia que a sua fama de craque estava mais que reconhecida. Cristalizada! Mas o que parecia importar-lhe, ainda mais, era o fato de ter passado por cima de todas as adversidades. Afinal, jogava em um grande clube. E acabara de ser campeão. Era o Didi, campeão com o Fluminense!

Certo de haver firmado definitivamente o seu conceito de craque, enxergava ainda mais longe. Sentia que acabava de cravar uma imagem que pesava demais na balança. A de um craque vencedor. Por isso mesmo, punha fé em um novo sonho. O Pan-Americano, a ser realizado em Santiago do Chile, se aproximava. E ele sabia bem que, caso fosse confirmado como técnico, Zezé Moreira não deixaria de chamá-lo.

Confirmadíssimo pelo doutor Rivadávia Corrêa Meyer, todo-poderoso presidente da CBD (Confederação Brasileira de Desportos), como o novo treinador da Seleção, Zezé atendeu de imediato a uma recomendação expressa do doutor Riva. Partiu resolutamente para uma grande reformulação do time, agora cheio de caras novas. O que batia plenamente com os seus planos revolucionários. Com as suas ideias renovadoras sobre o futebol. E, sobretudo, com o que pensava sobre a Seleção Brasileira.

Mantendo alguns craques da Copa de 1950, que julgava fundamentais – como titulares, apenas dois deles permaneceram: o centro-médio Bauer e o artilheiro Ademir Menezes –, Zezé cercou-se de jovens talentos, que começavam a ganhar brilho próprio. Julinho Botelho, Djalma Santos, Pinga e Brandãozinho – sagrados, há pouco, campeões do prestigiado Torneio Rio-São Paulo, pela Portuguesa de Desportos –, eram quatro das novas estrelas que haviam despontado. E Zezé levava muita fé neles. Mas a sua aposta fundamental era Didi, o novo cérebro do time. Para um convicto e desafiador Zezé Moreyra, o maior meia-armador do Brasil. "Superior, inclusive, a Zizinho".

O resultado, para surpresa de muita gente, acabou sendo pra lá de positivo. Zezé escalou, desde o início, um time-base: Castilho; Pinheiro e Nilton Santos; Djalma Santos, Brandãozinho e Bauer; Julinho Botelho, Didi, Baltazar, Ademir Menezes e Rodrigues. Com poucas alterações, foi esse time que chegou aonde ninguém podia esperar. Acabou conquistando um título inédito. E invicto! Enfim, o Brasil era campeão além-fronteiras. Pela primeira vez! Campeão do I Pan-Americano de Futebol, em Santiago do Chile. Uma façanha que teve muita festa, no retorno triunfal. E recepção de gala do Presidente Getúlio Vargas, no Palácio do Catete.

Encerrado, finalmente, o ciclo das grandes homenagens aos campeões, com todos eles voltando aos treinos em seus clubes, eis que o Fluminense, em especial, começou a se preparar com o maior esmero. E Zezé Moreyra, como era bem do seu estilo, passou a exigir o máximo dos jogadores. É que, pouco tempo depois, o tricolor teria uma verdadeira prova de fogo pela frente: a Copa Rio!

Na verdade, esta competição, já em sua segunda edição, faria da Cidade Maravilhosa a capital internacional do futebol. Com o Maracanã se transformando no maior palco, onde grandes equipes da América do Sul e da Europa estariam correndo atrás de uma conquista especial. Uma façanha que teria o sabor de um título mundial interclubes.

Por ser o campeão carioca, o Fluminense adquiriu o direito de jogar todas as partidas do seu grupo classificatório no Rio. Então, como tinha quatro campeões pan-americanos – Didi, Castilho, Pinheiro e Bigode –, além de Zezé Moreyra, o técnico que se transformou no grande comandante da histórica façanha de Santiago do Chile, passou a esperar, confiante, que os seus jogos apresentassem grandes públicos. E, consequentemente, generosas bilheterias no Maracanã.

A estreia na tão aguardada competição acabou ocorrendo em um domingo, dia 13 de julho de 1952. Logo diante do Sporting, campeão português. Mas nesse dia, mesmo pressionando o tempo inteiro, o Fluminense não conseguiu mais do que um incômodo 0 a 0. Já contra o campeão suíço, o Grashopers, a vitória acabou surgindo finalmente por 1 a 0, gol de Marinho, mas o famoso "ferrolho" adversário só permitiu que o placar fosse movimentado aos 36 minutos do segundo tempo.

Tendo como terceiro adversário o temível campeão uruguaio, o famoso Peñarol de Montevidéu, recheado de campeões mundiais como Schiaffino, Máspoli, Miguez, Rodrigues Andrade e Gigghia, muito se temeu pela sorte tricolor. Só que foi naquele jogo que o "Timinho" de Zezé Moreyra deslanchou. Venceu categoricamente por 3 a 0, gols de Marinho (2) e Orlando "Pingo de Ouro". E realizou uma exibição que acabou empolgando o enorme público presente ao Maracanã.

Primeiro em sua chave, o Fluminense continuou no Rio, recebendo o campeão austríaco, o Áustria de Viena, segundo da chave paulista na competição, para os dois jogos de uma das semifinais. A vitória no primeiro encontro, realizado no dia 23 de julho, num domingo de sol bem carioca, acabou vindo com grande dificuldade. E, sem ela, o tão ambicionado título poderia acabar virando apenas uma distante miragem.

O gol só surgiu a 15 minutos do final. Exatamente quando a torcida começava a se desesperar nas arquibancadas. Tudo graças a uma falta na entrada da área. Magistralmente cobrada por Didi, a bola ganhou um tremendo efeito, enganando ao goleiro Szanwald e penetrando bem no seu ângulo direito. Só aí foi morrer no fundo das redes austríacas, para delírio da massa tricolor.

Este difícil triunfo, porém, só facilitou as coisas para o jogo seguinte. É que, entrando decidido a liquidar rapidamente a fatura, o Fluminense aplicou, desta vez, uma categórica goleada sobre os austríacos. No final, o placar marcava, fácil, 5 a 2, gols de Orlando "Pingo de Ouro" (3), Telê e Quincas. Estava consumada a classificação para a grande decisão da II Copa Rio.

Cabendo-lhe ter pela frente o Corinthians de Gilmar, Cláudio, Baltazar, Carbone e Luisinho "Pequeno Polegar" – festejado campeão paulista, e apontado como a maior sensação da competição –, a equipe de Didi, Castilho, Pinheiro e Companhia foi para a primeira partida decisiva certa de que a vitória era fundamental.

E ela finalmente acabou ocorrendo. O Fluminense venceu por 2 a 0, no dia 26 de julho, com o Maracanã vivendo mais uma tarde de gala. Os gols foram de Orlando "Pingo de Ouro" e Marinho. Com o tricolor realizando, naquela aguardada partida, uma exibição tão empolgante quanto a dos 3 a 0 diante do Peñarol. O Corinthians não aguentara o tranco.

Já no segundo encontro, realizado no dia 2 de agosto, com o Maracanã novamente superlotado, bem que o campeão paulista partiu em busca da forra. Souza e Jackson marcaram logo dois gols para o Corinthians, mas Didi e Marinho igualaram para o campeão carioca. Aquele empate, em 2 a 2, era o bastante. O suficiente para que o Tricolor das Laranjeiras ficasse de posse da bela e valiosíssima Copa Rio. Que foi erguida em triunfo, numa cena histórica, pelo capitão da equipe: o lateral-direito Píndaro.

A volta olímpica, com o Maracanã inteiro aplaudindo, acabou sendo o ponto de partida para uma espécie de loucura geral. Na verdade, uma festa de grandes proporções. Que começou ainda no gramado, invadiu de vez os vestiários e foi acabar, como era de praxe nas comemorações do Fluminense, em brindes e mais brindes de champanhe. Para variar, no impecável salão nobre da elegante sede da rua Álvaro Chaves.

Durante toda a competição, o time-base utilizado por Zezé Moreyra pouco mudou. Quase sempre, ele começava as partidas com Castilho; Píndaro e Pinheiro; Jair Santana, Édson e Bigode; Telê, Didi, Marinho, Orlando "Pingo de Ouro" e Quincas. Um time certinho. Afinado, objetivo.

Mas também acabaram atuando com destaque: Robson, Villalobos, Carlyle, Simões, Lino e Nestor.

Um elenco que foi, praticamente, o mesmo que chegou ao título carioca, meses antes. E que, em menos de um ano – final da temporada de 1951 e início da temporada de 1952 –, fez o clube carioca ser campeão em duas competições da maior importância. Dois títulos que se transformaram em um marco histórico, na vida do tradicional *Tricolor das Laranjeiras*.

Pesando bem as duas conquistas, um dos destaques – senão o maior de todos – daquele Fluminense vencedor era, sem favor algum, Didi. Ainda mais porque ele não havia sido só o grande maestro de um Fluminense campeão. Por sinal, campeão de um torneio internacional da maior importância. Com repercussão na Europa e na América do Sul.

É que Didi acabara de ser apontado como "O Maior Craque" da II Copa Rio. Justamente a grande façanha, a grande conquista do Flu, no ano do seu cinquentenário. Foi exatamente por isso – não há como negar – que o clube aceitou renovar o seu contrato em bases altamente vantajosas. O que simplesmente transformou-o no maior salário das Laranjeiras.

– Fico muito feliz com tudo isso. Feliz demais. Na verdade, o título carioca marcou o início de tudo. Depois, veio a estreia na Seleção. E ser campeão com o Brasil foi a maior das emoções. Mas ainda havia mais. Por isso, essa Copa Rio acabou sendo o tipo do presente inesperado. Sou novamente campeão com o Fluminense! Não há como controlar toda essa alegria! – extravasava um sorridente Didi. Poucas vezes tão descontraído, contrariando o seu temperamento reservado.

O problema, porém, é que o seu nome não era mais manchete nos jornais apenas pelo grande futebol que praticava. Ao contrário. Começava a ganhar um espaço diferente, cada vez mais destacado nos noticiários. Tudo por conta de um conturbado início de romance, com uma bonita – e geniosa – cantora de rádio e atriz de televisão: a baiana Guiomar Baptista.

E mais ainda: pelos seguidos protestos que fazia em relação aos descontos que começavam a ocorrer em seus ordenados para a pensão do filho Adilson, solicitados pelo advogado da, a essa altura, ex-mulher Maria Luíza. De quem, por sinal, se separara há pouco, depois de um rosário de brigas e desencontros.

Inclusive, chegara a correr a alarmante notícia de uma tentativa por parte dela de atear-lhe fogo em pleno sono, ao derramar querosene no seu corpo. Ato que só não se consumou pelo fato de Didi ter acordado na hora exata. Segundo se disse, motivado pelo cheiro ativo do combustível. No momento em que a ex-mulher, avidamente, procurava por uma caixa de fósforos na cozinha.

Sempre elegantemente vestido, e fazendo questão de entrar solenemente pelo portão de frente da sede tricolor – os jogadores eram obrigados a usar o portão lateral –, aos poucos Didi foi somando uma série de incidentes que só desgastavam a sua posição dentro do clube. Jogando um futebol cada vez mais reluzente, mas continuando nas manchetes muito mais por causa do seu romance com Guiomar e da recusa em aceitar os descontos feitos pelo Fluminense para pagar a pensão do filho, em sua mente foi começando a se formar, aos poucos, uma ideia fixa: mudar de clube.

Tendo disputado, nesse meio tempo, o Sul-Americano de 1953, no Peru – o Brasil foi vice –, além de ter participado com destaque das Eliminatórias contra paraguaios e chilenos – que classificaram o Brasil para a Copa do Mundo de 54 –, eis que Didi embarcou para a Suíça. Mais uma vez como titular.

Altamente confiante, levando fé na Seleção, o grande craque determinou-se, até, por uma trégua nas suas brigas extracampo. No fundo, a esperança realmente era grande, não só porque Zezé Moreyra voltara ao comando técnico – no Peru, seu irmão, Aymoré Moreyra, ocupara o cargo –, como também porque o grupo era o mesmo que fizera do Brasil campeão do Pan-Americano do Chile.

Em Berna, apesar do bom começo contra o México, com uma goleada de 5 a 0 – gols de Pinga (2), Didi, Baltazar e Rodrigues – e de um empate no segundo jogo, diante da Iugoslávia, em 1 a 1 – gol de Didi –, o Brasil acabou tendo pela frente, logo em seguida, a temida Hungria de Puskas, Kocsis, Bozsik e Czibor. A mesma Hungria de tanta fama, que havia se sagrado campeã olímpica em Helsinque, em 1952. Que estava invicta há quatro anos. Foi aí então que o caos aconteceu.

Jogando fácil como sempre, os magiares não tiveram dificuldades em fazer 2 a 0 em 10 minutos, diante de um apavorado time brasileiro. Facilidade que os fez chegarem aos 4 a 2 sem forçar o ritmo, se candidatando, assim, como os grandes favoritos ao título. Um título que, por ironia do destino, acabou indo parar nas mãos – ou pés – da Alemanha Ocidental, a quem eles haviam goleado impiedosamente na fase classificatória por 8 a 3.

Sem ver, sequer, a decisão da Copa e retornando arrasados, os jogadores brasileiros foram, aos poucos, entrando na rotina dos jogos e treinos em seus respectivos clubes. Só que essa rotina, para Didi, ia se transformando, isso sim, num estado de coisas cada vez mais insuportável, à medida em que seus problemas só se agravavam dentro e fora das Laranjeiras.

Começando a forçar a sua saída, andou até mesmo se recusando a viajar com o Fluminense em algumas excursões, inclusive à Europa. Foi esse o estopim para a grande crise, da qual soube se aproveitar magistralmente o Botafogo, para, finalmente, comprar o seu passe no início de março de 1956. A quantia foi a maior paga, até então, por um jogador de futebol na América do Sul: 1 milhão e 850 mil cruzeiros antigos.

Reza a lenda, que a transação recorde obrigou o tesoureiro-administrador tricolor José de Almeida, e toda a sua equipe, a varar a madrugada contando notas e mais notas de 100, 50, 20, 10 e 5 cruzeiros, além de uma infinidade de moedas. Certamente, uma doce molecagem de vários botafoguenses irreverentes, já que alguns dos mais notórios, como João Saldanha, Renato Estelita, Maneco Muller e Sandro Moreyra, comemoraram a estrondosa contratação, em uma badalada boate de Copacabana, até o sol raiar.

Sentindo-se leve, enfim de alma nova, para se reencontrar com todo o seu jogo, Didi, no mesmo ano de 1956, realizou grandes atuações pelo alvinegro de General Severiano. Além do mais, participou de vários jogos da Seleção Brasileira, brilhando com o maior destaque. Tudo isso era muito alvissareiro. Parecia um sério prenúncio de que, em breve, Didi não só seria o mesmo dos primeiros anos de Fluminense, como atingiria o máximo de sua carreira.

Veio o ano de 1957 e, com ele, o início da verdadeira explosão do genial jogador. Primeiro, foi a classificação do Brasil para a Copa da Suécia, no ano seguinte, com um gol seu de *folha-seca* – Brasil 1 x Peru 0, no Maracanã. Depois, a conquista do título de campeão carioca pelo Botafogo, após um jejum de nove anos do alvinegro de General Severiano. Com ele, evidentemente, como o grande maestro do time.

Eleito o maior jogador do Rio e recebendo nada menos de 120 mil cruzeiros antigos por mês – 70 mil pagos pelo clube; os outros 50 mil, doados por alvinegros abastados –, Didi era, ao mesmo tempo, o mais caro e famoso jogador do país. Ganhava, até, mais do que o Presidente da República, Juscelino Kubitschek. Além do mais, havia se transformado na grande esperança para que, depois de 30 anos de expectativa e sofrimento, o Brasil pudesse voltar da Suécia como campeão do mundo.

Alegre como de há muito não se via, ao lado de Guiomar e da filha Rebeca – então com dois anos de idade –, mostrava-se cada vez mais agradecido aos homens do Botafogo por tudo o que haviam feito por ele – inclusive, a pensão do filho Adilson era entregue com a sua permissão ao advogado da ex-mulher, e não retirada à revelia do seu ordenado, como nos tempos do Fluminense –, o que Didi mais prometia era um 1958 positivo. Particularmente, com uma série de grandes atuações em gramados escandinavos.

Relembrando o que havia passado nos últimos anos, suas entrevistas, agora, falavam não só do Botafogo, mas da gratidão que sentia pela força que sempre lhe dera Zezé Moreyra. Primeiro, firmando-o naquele jovem e desacreditado time do Fluminense, que acabaria dando o troco à altura, sagrando-se campeão carioca e da Copa Rio. Em seguida, levando-o para ser o titular daquela renovada Seleção que daria ao Brasil o seu primeiro título no Exterior, com a conquista do Pan-Americano de 1952, no Chile.

Em compensação, evitava comentários sobre a separação da primeira mulher, Maria Luíza, e da eterna briga pela pensão do filho de ambos, Adílson. Não gostava de lembrar, também, dos comentários maldosos sobre o seu tumultuado início de romance com Guiomar – houve até discriminação de parte da imprensa, por ele ser negro e famoso e ela branca e atriz de televisão, além de cantora de rádio. E muito menos admitia falar do inferno astral em que viveu, meses antes de conseguir trocar as Laranjeiras por General Severiano.

Pois é. Bom mesmo é sentir o carinho da torcida botafoguense por esse título de campeão. Gostoso é saber que o pessoal da imprensa especializada acaba de me considerar "O Craque do Ano". Mas, melhor ainda, é poder sonhar em brilhar lá na Suécia, livre das perseguições e das injustiças – era o que vivia a comentar um Didi cada vez mais otimista, às vésperas do Natal de 1957.

A caminho da Copa, que ele acreditava ser a última de sua vida e passando pelo melhor momento da carreira, o sonho da glória maior só podia ser mesmo mais ambicioso. Só que ele evitava comentar. Mas, naquelas noites felizes com Guiomar, não se esquivava de se abrir com ela. E refletia:

quem sabe, junto com a faixa de campeão, não viria também a consagração como o “melhor” lá na Suécia?

No fundo, bem lá dentro do seu íntimo, o que Didi mais sabia era que a promessa feita ao amigo de infância Milton Barreto, naquele campinho de terra batida da rua Aquidaban, lá em Campos, tinha ares de profecia. E sentia uma força estranha por dentro, a dizer-lhe, cada vez mais, que estava na hora daquela promessa/profecia ser cumprida. Por isso mesmo, gostava de se embalar ao som da velha frase, pronunciando-a sempre pausadamente. Letra por letra. Palavra por palavra.

– Ainda vou ser o maior jogador do mundo um dia, Milton. Você vai ver! Ah, você vai ver!

## CAPÍTULO CINCO

# EM PLENA SUÉCIA, A MAIOR DAS EMOÇÕES! "A TAÇA DO MUNDO É NOSSA..."

"Didi é, a um só tempo, artista, malabarista e jogador de futebol. Seus passes equivalem a meio gol. E quando chuta, suas bolas fazem como o mundo: giram, giram, giram... Foi ele quem ditou o ritmo desse Brasil campeão. É o "Maior" da Copa. Pois, inquestionavelmente, é o melhor jogador do mundo!"

*(O francês Gabriel Hanot, maior nome da crônica esportiva europeia. De L'Equipe e France Football, de Paris.)*

– Treino é treino. Jogo é jogo.

Incisiva, direta, eis bem uma frase que encarna tipicamente uma das mais consagradas filosofias do universo do futebol. E que dita, em 1958, de uma maneira tão especial por Didi, passou a fazer parte do próprio folclore esportivo do país. Até mesmo das nossas conversas, do bate-papo do dia-a-dia.

Na época em que acabou sendo proferida, porém, ela apenas externava diferentes razões que iam na alma do camisa 8 da Seleção Brasileira. E essas razões, na realidade, desaguavam na evidência de um misto de desabafo e ironia.

O desabafo tinha endereço certo. Era dirigido àqueles que, mal começados os treinos da Seleção para a Copa da Suécia, procuravam esquecer todo o seu glorioso passado. Principalmente, a grande forma que ostentava no momento. Aqueles tinham olhos apenas para Moacir, do Flamengo, querendo-o de um jeito ou de outro em seu lugar. A qualquer preço.

Já a ironia seria uma forma de defesa contra todo mundo. Ainda mais porque o próprio Didi sentia que comparar o seu futebol de exceção, de há muito reconhecido internacionalmente, ao do garoto rubro-negro, era, no mínimo, um desrespeito. No fundo, uma heresia.

Na verdade, Moacir havia surgido de uma hora para outra, da noite para o dia. E crescera com a força da torcida flamenguista. Campeão nas divisões de base, fora promovido rapidamente por Don Fleitas Solich ao time principal. E, nele, só fizera ganhar personalidade, acabando por firmar-se de vez em 1957.

Foi então que passou a formar em um ataque habilidoso e velocíssimo, ao lado de Joel, Henrique, Dida e Zagalo (ou Babá). Um ataque tão estonteante que levou o Flamengo a sagrar-se campeão do empolgante Torneio Hexagonal de Lima, no Peru, além de outras façanhas internacionais. Incluindo-se aí o tremendo estrago feito em cima do Boca Juniors – vitória por 4 a 2, no temido *caldeirão* de La Bombonera. Lá em Buenos Aires mesmo.

Já na Seleção, Moacir estreara junto com Pelé, também no ano de 1957. E foi, em parte, devido às artes daqueles dois crioulinhos bons de bola, que o Brasil pôde superar a Argentina. Com um importante detalhe: ao vencer os platinos por 2 a 0 no Pacaembu (gols de Pelé e Mazzola), acabou ficando de posse, pela quarta vez, da tradicional Copa Rocca. Uma grande façanha. Uma marca recorde na época.

Agora, convocado novamente – e com todos os méritos –, eis que o que vemos é um Moacir se matando nos treinos. Mas ele ia além: brilhava. Tanto que muitos o queriam, porque o queriam, no time de cima. Só que, em contraposição, Didi tinha um passado de vitórias na própria Seleção. E mais: estava no auge da carreira.

Lembrando, tanto tempo depois, tudo aquilo, Mestre Didi procurou, inclusive, sair em defesa de Moacir. Atentando para o detalhe de que, se estivesse no seu lugar, faria exatamente o mesmo. Mas não deixou de partir para uma ressalva:

– O Moacir era um bom garoto, além de bom de bola. Tinha uma grande noção de jogo. E era elétrico, correndo o campo todo. Acontece que quiseram fazer a sua cabeça, procurando jogá-lo contra mim. Ainda bem que ele percebeu tudo a tempo, e nos tornamos bons amigos. Dessa maneira, ficamos todos em paz. E o grupo pôde seguir para a Suécia em um clima de perfeita união.

Numa avaliação mais profunda, no entanto, o que o velho craque captou naquele momento de grande polêmica, envolvendo o seu nome e o de Moacir, foi que a eterna rivalidade entre paulistas e cariocas é que havia extrapolado as medidas. A ponto de acirrar os ânimos, até, entre as torcidas de uma mesma cidade.

– No caso do Nilton Santos e do Oreco, era o Rio (via Botafogo) defendendo o Nilton e São Paulo (via Corinthians) defendendo o Oreco. Mas no nosso caso, não. Quem era Flamengo queria impor o Moacir no peito. E olha que eu jogava em um clube vizinho, o Botafogo – ponderava.

Mesmo assim, toda aquela bulha inicial acabou tendo o seu lado positivo, ainda na avaliação de Didi. Tanto que os jogadores e a comissão técnica procuraram se unir desde o princípio. E esse espírito de amizade e solidariedade seria de fundamental importância para o grupo. A ponto de a Seleção acabar rendendo sempre tudo o que podia e sabia alguma coisa mais.

Ele mesmo, que vinha sendo apontado como um jogador frio e, paradoxalmente, dotado de certo desequilíbrio emocional – diziam que só jogava bem se estivesse em paz com a mulher, Guiomar –, foi dos mais compreendidos e apoiados desde que se apresentou ao técnico Vicente Feola. Assim como outros jogadores também tidos como problemáticos: Garrincha e Moacir, inclusive.

– O caso do Mané era até engraçado. Todo mundo já estava cansado de ouvir dizer que ele era desligado. Ora, eu e o Nilton Santos, que o conhecíamos a fundo do Botafogo, mais o resto do pessoal do Rio, sabíamos de sobra que o Mané jogava pra burro. E o que a gente queria era que lá na Europa, contra os gringos, ele continuasse desligado, como diziam, brincalhão e criançola, como a gente o conhecia. Mas que acabasse como o jogo, como sempre fazia – rememoraria Didi.

O certo é que, tão logo se concluiu o Torneio Rio-São Paulo de 1958 – que serviu de vitrine para as convocações –, 33 jogadores foram chamados. Em abril, os preparativos para a Copa se iniciaram, com detalhados exames médicos e odontológicos. Para, em seguida, chegar a vez da ida para um período de repouso nas estâncias hidrominerais de Poços de Caldas e Araxá. E lá é que foram realizados os primeiros treinamentos com bola, além de uma esmerada preparação física, com o rigoroso professor Paulo Amaral.

A volta ao Rio acabou sendo determinada pelos dois jogos marcados com o Paraguai, no mês de maio, valendo pela disputa da valiosa Taça Oswaldo Cruz. Só que, junto com a delegação, viajou também a primeira grande polêmica da Seleção. Justamente aquela que envolvia Moacir e Didi.

Pelo que apresentou nos coletivos e jogos-treinos em Poços de Caldas e Araxá, Moacir incendiou não só a paixão dos torcedores rubro-negros – particularmente, a daqueles que também eram jornalistas –, como fez mais, muito mais. Suas atuações chegaram até mesmo a criar uma espécie de dúvida nacional. Foi então que Didi rompeu o silêncio, ao responder a uma pergunta sobre como via toda aquela situação. Saindo-se, aí, com a colocação perfeita. A definição que se tornou famosa:

– Treino é treino. Jogo é jogo.

Com efeito, quando o time pisou o gramado do Maracanã, lá estava Gilmar no gol. De Sordi, o capitão Bellini, Zózimo e Oreco compunham a defesa. Joel, Vavá, Dida e Zagalo eram os homens de ataque. E ao lado de Dino Sani, no meio-campo... Didi. Um Didi, por si só, insuperável. Que serviu passes com açúcar para os gols de Zagalo, Vavá e Dida – que, por sua vez, ainda se deu ao luxo de, de costas, tocar a bola para as redes de *letra*. Um Didi, enfim, que ditou, como o mais inspirado dos maestros, o ritmo do Brasil do princípio ao fim.

No segundo tempo, com Pelé e Zagalo definindo a goleada sobre o Paraguai em 5 a 1, era Didi quem saía aclamado pela torcida como a maior figura em campo. E não perdia a oportunidade de, na primeira entrevista que um repórter de rádio lhe pediu, alfinetar de imediato:

– Era o que eu dizia: treino é treino; jogo é jogo.

Para o segundo encontro com os paraguaios, já em São Paulo, a ideia fixa de todos era a de repetir a grande exibição do Rio. Mas o primeiro obstáculo encontrado foi o gramado do Pacaembu, inteiramente esburacado. Depois, chegou a vez de a violência dos guaranis tomar conta do espetáculo. E Didi, ao dividir uma jogada com o zagueiro Lezcano, acabou levando uma cotovelada à altura do peito, saindo com suspeita de fratura em duas costelas.

Chamado às pressas a entrar em seu lugar, Moacir bem que tentou imprimir o seu estilo veloz ao time e justificar, de quebra, toda a badalação em torno do seu nome. Só que a principal preocupação do Paraguai continuava sendo a violência. O que obrigou o time brasileiro a tocar mais a bola, nos 15 minutos finais.

Uma medida acertada, para evitar qualquer outro acidente. Foi assim então que, com aquele 0 a 0 – mais os 5 a 1 impostos pelo Brasil no Maracanã –, o capitão Bellini entrou de posse da vistosa Taça Oswaldo Cruz. Passando os pensamentos do técnico Vicente Feola e da comissão técnica a se voltarem, daí em diante, para os amistosos com a Bulgária. E... para a contusão de Didi.

Felizmente, o alarme de uma fratura havia sido falso. Tudo ficara apenas numa forte pancada, que provocou um grande hematoma no local. O que iria obrigar o meia-armador titular a guardar uma semana de repouso. Aquele fato, porém, iria acirrar os ânimos novamente. Para os que continuavam a tentar impor Moacir na Seleção, seria, sem dúvida, uma oportunidade imperdível. Uma chance de ouro.

Na verdade, não há como negar que, nos amistosos frente à Bulgária, a infernal linha do Flamengo – Joel e Moacir formavam a ala direita; Dida e Zagalo a esquerda – acabou gastando a bola. Particularmente, no primeiro jogo. Acostumados a jogar juntos há muito tempo, vestiram a camisa da Seleção como se estivessem envergando a jaqueta rubro-negra. E, em pouco tempo, liquidaram com os búlgaros, que se viram inteiramente zonzos com a rapidez dos garotos da Gávea.

Moacir, então, sentindo-se de moral elevada, deslizava pelo tapete verde do Maracanã com uma espantosa desenvoltura. Ora enfiando bolas à curta distância, ora executando tabelinhas com Dida e Joel. Ou, mais ainda, penetrando com rapidez para as finalizações. Dessa maneira, não foi outro, senão ele, quem saiu com as honras de o melhor em campo, no primeiro dos dois amistosos. Que o Brasil venceu fácil, por 4 a 0. Inclusive, com um belo gol seu – os outros foram de Dida (2) e Joel.

Em São Paulo, mais uma vez no Pacaembu, até que a Bulgária se apresentou melhor, oferecendo alguma resistência. Ainda mais que o técnico Feola aproveitou para testar Jadir, Roberto Belangero, Gino e Canhoteiro, que jogaram inteiramente tensos. Aos poucos, porém, a superioridade brasileira passou a prevalecer. E com gols de Pelé (2) e Pepe, a vitória se fixou em uns categóricos 3 a 1, com Moacir, desta vez, tendo uma atuação apenas regular.

Ainda em São Paulo, exatamente cinco dias depois, a Seleção deu o seu adeus debaixo de vaias, enfrentando o Corinthians. É que, fazendo parte da lista dos 40 jogadores inscritos na FIFA, mas não tendo sido, sequer, convocado, o meia corinthiano Luisinho – o polêmico, mas idolatrado Luisinho Pequeno Polegar – se transformou no motivo de todo aquele descontentamento.

Além do mais, perduravam ainda as discussões sobre quem era o melhor. Oreco ou Nilton Santos? De Sordi ou Djalma Santos? Dida ou Pelé? E isso apenas contribuía, mais e mais, para que a desconfiança da torcida só aumentasse. Também havia os que preferiam a irreverência de Garrincha no ataque. Para esses, Joel era "britânico" demais para a disputa de uma Copa. E a ausência de Canhoteiro, o Garrincha da ponta-esquerda, fundamental na campanha que levou o São Paulo ao título de campeão paulista de 1957?

Procurando manter-se alheio a todo aquele zunzunzum, o que se viu foi o time de Feola entrar em campo altamente decidido. Desde o início, as jogadas saíam com grande facilidade. É! Tudo indicava que o Brasil estava mesmo começando a engrenar. E se as vaias aumentavam em todo o Pacaembu, os gols também não paravam de sair. Garrincha (2), Pepe (2) e Mazzola fizeram a Seleção chegar com facilidade aos 5 a 0. Ainda mais que, quem voltava na meia-direita, era Didi.

Como sempre, um Didi absoluto. Reinando no meio-campo. Sendo o responsável, pelo menos, pelos passes para um dos gols de Garrincha e o de Mazzola. Sem contar que, ali, ganhava definitivamente a briga com Moacir pela vaga de titular, o que provava, dentre outras coisas, que realmente "treino era treino; jogo era jogo".

Com a viagem à Europa programada para o dia 23 de maio, o técnico Vicente Feola resolveu, de uma hora para outra, se antecipar. Dessa maneira, pôde ter a serenidade necessária para definir a sua lista dos 22 jogadores. As 22 grandes esperanças brasileiras. Que tentariam, mais uma vez, a conquista de um Mundial.

Foi então que se viram algumas surpresas. Como a exclusão do quarto-zagueiro Jadir, do Flamengo, titular absoluto do Brasil em 1957, pelo qual foi campeão da Copa Rocca e da Taça Presidente Craveiro Lopes. Também provocou rebuliço o corte do ponta-de-lança Almir, responsável direto pela conquista do título de campeão do Torneio Rio-São Paulo pelo Vasco da Gama. Um atacante que se tornara irresistível, no transcorrer da competição. E que passara, até, a ser tido como indispensável, depois da séria contusão de última hora sofrida por Pelé, vítima de uma entrada desleal do lateral Ari Clemente, do Corinthians.

Apesar do choro dos torcedores rubro-negros e vascaínos, os cortes de Jadir e Almir foram mantidos. O que fez com que, com o time quase definido, o elenco seguisse com os goleiros Gilmar e Castilho, os laterais-direitos De Sordi e Djalma Santos, os zagueiros Bellini e Mauro Ramos de Oliveira, os quarto-zagueiros Orlando e Zózimo e os laterais-esquerdos Nilton Santos e Oreco. Já os médios-volantes seriam Zito e Dino Sani, enquanto Didi e Moacir ocupariam as vagas para a meia-direita.

Com relação ao ataque, Feola e a comissão técnica optaram por Garrincha e Joel para a ponta-direita, ao mesmo tempo em que Zagalo e Pepe foram os escolhidos para a ponta-esquerda. No comando do ataque, Mazzola e Vavá mereceram a preferência, ficando Dida e Pelé como os responsáveis pela meia-esquerda.

Uma escolha, no fundo, quase perfeita. Que, levando-se em consideração alguns cortes surpreendentes – Jadir, Almir, Roberto Belangero e Canhoteiro –, daria ao próprio Feola várias opções de mandar a campo um time em condições de, desta vez, brigar realmente pelo título. Mesmo com uma boa dose de descrédito de parte da torcida.

Chegados à Europa, e sendo alvos da atenção de jornalistas de vários países, eis que os jogadores sentiram, de uma hora para outra, que a sua cotação lá fora era das melhores. Tanto que, na famosa Bolsa de Apostas de Londres, o Brasil era um dos três mais cotados ao título. Mas, o mais importante naquele início de estada no Velho Mundo, seriam os dois amistosos que estavam marcados para a Itália, que serviriam para Feola dissipar algumas dúvidas que ainda restavam, definindo de vez o time para a estreia.

O primeiro deles teve lugar em Firenze, na noite de 29 da maio, com a vítima sendo a Fiorentina, campeã italiana da temporada anterior, vice da atual e base da *Squadra Azzurra*. Este jogo, aliás, significou também a despedida de um de seus maiores ídolos: o ponta-direita brasileiro Julinho Botelho. O mesmo Julinho do Pan-Americano de 1952. Que depois de ganhar títulos e fazer a independência financeira, voltava ao seu país para vestir a camisa do Palmeiras, de São Paulo.

Logo de saída, bem que a Seleção ainda procurou respeitar um pouco a festa de Julinho, tocando mais a bola. Mas, aos poucos, foi começando a imprimir um ritmo irresistível, acabando por chegar com certa facilidade a uns categóricos 4 a 0. Garrincha, por sinal, marcou um gol, que fez o estádio inteiro aplaudi-lo de pé, driblando toda a defesa adversária e o goleiro também, cabendo a Mazzola – que fez dois – e Pepe o complemento da goleada.

No segundo amistoso, realizado em Milão, no Estádio San Siro, foi a vez de a Internazionale cair também por 4 a 0. Mazzola marcou um sensacional gol de bicicleta e Dida, para variar, fez mais um de *letra*, tendo

Zagalo e Dino Sani dado números definitivos à segunda goleada em campos italianos.

Foi a partir daí, com a confiança cada vez mais enraizada no espírito do grupo – e com Feola tendo, já, o time na cabeça para a estreia –, que o Brasil pôde deixar a Itália como um dos reais favoritos ao título. E se os *tifosi* não paravam de cercar os jogadores com pedidos de autógrafos, o que merecera os maiores elogios da crítica local havia sido exatamente aquele camisa 8 de estilo elegante e cerebral. Didi!

Ainda mais porque, além de conceder autênticos recitais nos dois jogos, mostrara que voltara a ser o Didi de sempre. Majestoso, um virtuose. E ainda havia permitido que saíssem dos seus pés os magistrais passes para seis dos oito gols brasileiros. "Como negar? Verdadeiras obras de arte", como se apressou em catalogar o *Corriere dello Sport*.

Realizando em seguida uma viagem em um clima de autêntica descontração para a Suécia, lá a delegação brasileira viu essa descontração aumentar ainda mais. É que o Tourist Hindas Hotel ficava à beira de um límpido lago, cercado de árvores e gramados por todos os lados. Em resumo: era uma espécie de paraíso, em meio a todo o burburinho que cerca a disputa de um Mundial.

Com isso, a sensação que o local transmitia era da mais absoluta paz de espírito. O que levou o Dr. Hilton Gosling, que o havia escolhido um ano antes, a classificá-lo como "o mais bem instalado de todos, para que possamos repousar devidamente. E tenhamos, enfim, as condições ideais de realizar uma meticulosa preparação, visando aos jogos da Copa". Palavras, afinal, de quem realmente sabia. E que, na época, poderia muito bem ser considerado como o maior nome da medicina esportiva em todo o mundo.

Sentindo a tranquilidade tomar conta do grupo de vez, eis que Vicente Feola passou a pensar unicamente na estreia com a Áustria. Já havia se definido, por exemplo, por Dida na meia-esquerda. Ainda mais que Pelé continuava sentindo fortes dores no joelho direito. O mesmo que havia sido duramente atingido pelo lateral-esquerdo Ari Clemente, do Corinthians, no acidentado jogo-despedida do Pacaembu.

Também De Sordi ganhara a lateral-direita, assim como Joel estava confirmado na ponta-direita. O problema mesmo era a lateral-esquerda, posição onde o técnico respeitava a experiência e categoria de Nilton Santos. Porém, estava propenso a dar uma chance a Oreco.

– O azar do gaúcho naquilo tudo foi que, no penúltimo treino coletivo, contra um time de garotos suecos, acabou sofrendo uma pancada no rosto, tendo afundamento do malar. Aí, o compadre Nilton garantiu a vaga de vez – ressalvaria Didi.

Finalmente, no dia 8 de junho, no pequeno Estádio de Udevalla – a poucos quilômetros de Gotemburgo –, chegou a hora da estreia do Brasil na VI Copa do Mundo de Futebol. E um Feola, aparentemente sereno, mandou a campo Gilmar; De Sordi, Bellini, Orlando e Nilton Santos; Dino Sani e Didi; Joel, Mazzola, Dida e Zagalo. Justamente o time que havia encantado os italianos, na partida de despedida diante da Inter de Milão. Um time pronto e acabado para encarar – e vencer – a respeitada Áustria.

Segundo Didi, até que os austríacos eram clássicos, elegantes nos passes e bem organizados na defesa, mas o grande problema é que padeciam de um ataque sem poder de fogo nas finalizações. "O centroavante deles, o Buzek, é que levou algum perigo ao gol do Gilmar, dando uns dois ou três chutes que obrigaram o nosso goleiro a grandes defesas. De resto, eles rondavam apenas a nossa área, faziam alguma pressão, mas não brigavam pelo gol".

Com isso, os brasileiros foram, aos poucos, dominando os nervos, passando a ganhar espaço na cancha. O suficiente para que acabassem virando o primeiro tempo vencendo por 1 a 0, gol da Mazzola, aos 38 minutos, em passe dele: Didi. Um placar que acabou chegando aos 3 a 0, na etapa complementar. Justamente quando o time passou a jogar à base da velocidade e dos deslocamentos constantes, se soltando de vez.

O lance mais importante, certamente, acabou sendo o golaço de Nilton Santos, em um lance puramente individual. Tudo começou quando o lateral se desprendeu da defesa para, na intermediária adversária, executar uma tabela perfeita com Mazzola. Recebendo de volta, Nilton cobriu então, com grande categoria, ao goleiro Szanwald, tocando na bola com o lado externo de pé direito. O relógio marcava apenas 8 minutos do segundo tempo. Mas, com o golaço de Nilton Santos, o Brasil podia realmente respirar aliviado.

– Pois é. Foi naquela jogada que o Nilton garantiu a sua condição de titular na Seleção, sem qualquer discussão. E se o Feola, no início da arrancada, o recriminava por ele ter se mandado e largado a defesa, na volta apenas exultava: "Grande, Santos!", "Grande, Santos!". É que o Nilton, com toda a sua experiência, sentiu que era a hora de se mandar lá para a frente, decidir a parada de vez. E tem mais: daquele jogo em diante, o homem fez e desfez. Saiu da Copa como o maior jogador de defesa do mundo – gostava de comentar, empolgado, um mais que saudoso Didi.

Mesmo com aqueles categóricos 2 a 0 no placar, percebendo nitidamente que a Áustria estava liquidada de vez, era o Brasil que continuava a correr em campo. Então, foi numa das incessantes movimentações de Dida lá na frente, praticamente jogando sem bola, que Mazzola viu abrir-se o espaço ideal para o terceiro gol.

Livre, ao receber o lançamento sob medida de Didi, o centroavante pôde penetrar como quis na grande área. Aí, escolheu o canto e chutou violentamente de pé direito, à meia-altura, vencendo a Szanwald mais uma vez. Estava decretado: Brasil 3 x Áustria 0. Uns 3 a 0 clássicos. Que faziam com que ali mesmo, nos acanhados vestiários do estadinho de Udevalla, se vislumbrasse a certeza de que aquele era um time decidido. Com talento e garra suficientes para brigar, até o fim, pelo título de campeão.

Porém, um imprevisto 0 a 0 no segundo compromisso, diante de uma Inglaterra segura na defesa e com um Mac Donald em estado de graça no gol, defendendo chutes à queima-roupa de Mazzola e vendo as suas traves fazerem o resto do serviço, acabou colocando água na fervura do entusiasmo brasileiro. De repente, várias falhas passaram a ser enxergadas. E algumas modificações começaram logo a ser cogitadas, visando ao terceiro jogo. Um jogo-chave. Que definiria, de uma forma ou de outra, a classificação às quartas-de-final.

De saída, ficou decidido que Vavá – mais raçudo, de estilo mais brigador, mais rompedor – seria o centroavante, saindo Mazzola – que era mais técnico, tinha um estilo mais clássico. O aguerrido Zito entraria de médio-volante, no lugar de Dino Sani – que também tinha um estilo técnico, mais refinado –, deixando Didi bem à vontade para criar e atacar.

Entretanto, o grande golpe de Feola foi treinar praticamente de madrugada, antes do sol raiar, no dia anterior ao compromisso com os russos. Naquele coletivo-apronto que poucos viram, foi que ele decidiu lançar as suas armas principais. Duas armas mortais. Que, dali em diante, mudariam os rumos da própria Copa: Garrincha e Pelé!

– Houve muita especulação sobre aquelas modificações. As versões que correram por aí sempre foram as mais diferentes e desencontradas. Acontece que eu e o Nilton, mais o Bellini e o resto do pessoal do Rio, sabíamos que o Mané tinha de entrar. Com ele, a gente abriria qualquer defesa europeia – não esconderia Didi.

Aliás, o grande craque ainda lembraria das demoradas conversas que Nilton Santos, Bellini e ele mesmo, Didi, foram obrigados a ter com a comissão técnica, para convencê-la finalmente a fazer as quatro modificações. Particularmente, as de Garrincha e Pelé. E confidenciaria:

– Difícil mesmo foi dobrar o supervisor Carlos Nascimento. Até o Feola já tinha sido convencido. Eles bem que ponderaram. Mas como o nosso argumento era forte, houve uma hora em que acabaram cedendo. Ainda mais que o Dr. Paulo de Carvalho e o Dr. Gosling, e até o Joel – nosso outro ponta-direita, até então titular –, nos deram uma senhora mão.

– Aquela foi a batalha que a imprensa batizou de "Operação Garrincha". E que se transformou na nossa maior vitória junto à comissão técnica, um grupo seríssimo, da mais alta qualidade. Já com o Pelé, a verdade é que ele estava sendo preparado há algum tempo. Ia ter mesmo a sua grande chance. E, cá comigo: no fundo, eu sabia muito bem que aquele garoto ia dar o que falar. E como deu!

Com Gilmar; De Sordi, Bellini, Orlando e Nilton Santos; Zito e Didi; Garrincha, Vavá, Pelé e Zagalo, o Brasil pisou o gramado do Estádio Nya Ullevi, da cidade de Gotemburgo, repleto de esperanças. Na verdade, para aqueles 11 jogadores pouco importava se os cronistas europeus davam àquele duelo tamanha importância. A ponto de chamarem-no de "O Jogo do Século".

Na opinião da imprensa do Velho Mundo, o Brasil representava o futebol-arte, de pura inspiração. Já o futebol russo era o da ciência, baseado em profundas pesquisas de laboratório. Então, aquele era um verdadeiro tira-teima. O jogo que definiria o futuro, os novos rumos do próprio futebol mundial.

Aliás, aquele time da Rússia sabia como impor respeito. A começar por ter sido campeão olímpico, dois anos antes. Em Melbourne, na Austrália, havia vencido da sempre respeitada Iugoslávia na final, por 2 a 0. Além do mais, vinha provando ser realmente uma potência nos últimos tempos. Tinha, de fato, grandes jogadores nos seus mais variados setores.

Seu goleiro, por exemplo, era Lev Yashin, o "Aranha Negra", apontado por muitos como o melhor do mundo. No meio-campo jogavam o volante

Voinov e o meia Igor Netto, capitão e cérebro do time. E no ataque, marcando 16 gols nas Olimpíadas e causando pânico aos adversários, estavam o corpulento centro-avante Simonian, com fama de rompedor, o artilheiro Ivanov e o veloz e habilidoso ponta-esquerda Illine.

Formada à base do campeão russo, o Dínamo de Moscou – ao qual pertenciam os maiores destaques, como o goleiro Lev Yashin – e dirigida pelo astuto e estudioso Gravil Katchalin, essa Rússia campeã olímpica era de inspirar, realmente, temor à maioria dos adversários. Mas ao Brasil impunha apenas o natural respeito. Além de motivar Didi, Nilton Santos e Companhia a correr atrás da classificação às quartas-de-final, na condição de primeiros colocados do Grupo 4.

Decidido a liquidar de vez a partida logo de saída, o Brasil teve um começo realmente arrasador. Em dois minutos, Garrincha e Pelé já haviam acertado as traves soviéticas. E Vavá consignado 1 a 0, concluindo com oportunismo e rapidez uma enfiada de curva perfeita de Didi, que havia encontrado uma brecha entre as pernas dos beques russos. Mas o baile continuou por todo o primeiro tempo, através de um Mané Garrincha cada vez mais diabólico. Um Mané incontrolável, provocando uma devastação pela defesa russa. Bastava ter a bola nos pés.

No segundo tempo, Vavá, em uma jogada de pura raça, fez 2 a 0, aos 31 minutos. Só que acabou acertando o bico da chuteira do zagueiro Krijevisks, sofrendo um profundo corte no tornozelo direito. Mas, aí, o tão badalado "Jogo do Século" já estava liquidado. A ponto de os restantes 14 minutos serem de puro delírio por parte da, até então, comportada torcida sueca.

Deliciados com a arte dos brasileiros, os suecos riam à vontade com o futebol-fantasia de Mané Garrincha. Bastava Mané pôr o pé na bola e o estádio inteiro se punha de pé. Além do mais, aplaudiam com entusiasmo o resto do time. De Gilmar a Zagalo. Já os russos pareciam rezar – e, suprema ironia: rezar como nunca! – para que o juiz, o francês Maurice Guigue, apitasse o fim daquele pesadelo.

Recordava-se Didi, por sinal, que, dois dias antes do "Jogo do Século", já havia traçado os planos sobre como vencer os temidos soviéticos. E fez isso sentado em cima de um morro (por ele chamado de "O Morro dos Ventos Uivantes"). Vendo-os fazer um treinamento individual, que durava cerca de quatro horas, dizia que acabou saindo dali com o esquema da vitória na cabeça:

– Antes da ginástica eles realizavam, como sempre, um treino técnico-tático. Foi aí que deu para observar mais de perto o jogo deles. Vi logo que, com aquela turma de cinturas duras, a nossa grande tacada era lançar a primeira bola para o Garrincha. Deixar o Mané fazer logo um estrago na defesa deles. Quanto a mim, levaria o Igor Netto para uma faixa neutra do campo. De lá, mesmo com ele por perto, poderia fazer os meus lançamentos, enfiaria os meus passes de curva...

Com efeito, foi exatamente o que aconteceu. Sem erro. Sem tirar nem pôr. Com isso, após passar pelos russos no tão badalado "Jogo do Século", haveria de chegar a vez do duelo com o pouco conhecido País de Gales.

A partida com os galeses, valendo pelas quartas-de-final, apresentou durante todo o seu transcorrer um panorama só: o Brasil atacando e atacando. E o adversário se defendendo em bloco, com unhas e dentes; de todas as maneiras. Além do mais, o goleiro Kelsey fazia defesas milagrosas, quando não eram os seus zagueiros que salvavam lances em cima da risca, em bolas que praticamente iam ganhando o fundo das redes.

Com o 0 a 0 nos castigando, eis que finalmente, aos 26 minutos do segundo tempo, surge o gol salvador. Didi concebe uma jogada de efeito na entrada da grande área e toca para Mazzola. Em seguida, corre para a área e recebe o passe, fazendo uma tabelinha genial de cabeça para o próprio Pelé. Executando um chapéu em Hopkins, Pelé dá um corte seco em Mel Charles. E, aí, vence finalmente a Kelsey, com um chute rasteiro de pé direito.

O bastante para que o delírio tome conta do time inteiro. Que festeja abraçado com o próprio Pelé, embolando-se nas redes da meta de Gales. Aquele 1 a 0 era mais do que suficiente. Simplesmente, porque iria fazer do Brasil um dos semifinalistas da Copa.

Deixando o Estádio Nya Ullevi e a aprazível cidade de Gotemburgo para trás, o destino dos brasileiros agora era nada menos que a capital, Estocolmo. Justamente porque seria no Estádio Rasunda, no belo vale de Solna, que um dos finalistas ao título se tornaria conhecido naquele 24 de junho. O adversário seria a França, que tinha se transformado na outra grande sensação do torneio.

O cartão de visitas dos franceses era o seu ataque. Simplesmente arrasador! O mais eficiente daquele Mundial. Onde se destacavam craques como Piantoni e Vincent. Porém, era nele que também brilhavam as suas duas mais reluzentes estrelas. O artilheiro dos artilheiros da competição, Just Fontaine e o pequeno meia-direita Kopa, tricampeão europeu pelo Real Madrid e o armador das jogadas da equipe. Em suma: o Didi gaulês.

Aguardado como um novo "Jogo da Seleção", o duelo entre brasileiros e franceses acabou se transformando, a rigor, na final antecipada daquela VI Copa do Mundo. Os dois times eram, disparados, os melhores de todo o Campeonato. E só os azares da tabela é que acabaram colocando-os numa semifinal, e não na decisão do título.

Mal o jogo começou, e eis o Brasil repetindo o seu estilo arrasador. O mesmo empregado no jogo contra a Rússia. Faz 1 a 0 em menos de três minutos, através de Vavá. Como sempre, em mais uma enfiada de bola açucarada de Didi. Só que, pouco depois, o artilheiro Fontaine consegue empatar, mostrando que o duelo seria realmente sensacional. O 1 a 1 acabou persistindo até os 39 minutos, quando uma *folha-seca* de Didi pôs o time brasileiro no caminho da vitória.

O lance começou em uma tentativa de enfiada de bola debaixo das pernas de Kopa, pois o plano de Didi era desmoralizá-lo com uma jogada de efeito. Como ele recuou na hora, o meia-armador brasileiro não conversou.

Peguei o rebote da bola, que batera em suas canelas e, ao perceber o Abbes, goleiro deles, adiantado, caprichei no chute. A *folha-seca* saiu como manda o figurino, com a bola subindo primeiro e descaindo de repente, meio zarolha, pegando o pobre do Abbes de surpresa. Ele, coitado, foi parar de cara no chão, lá fora das traves, sem sequer entender direito o que estava acontecendo à sua volta – relataria um divertido Didi, mais de 40 anos depois.

Virando o primeiro tempo com a vantagem de 2 a 1, o Brasil acabou por se soltar definitivamente na segunda etapa, tendo um gol legítimo de Garrincha e outro de Zagalo anulados. Mas os brasileiros fizeram mais três golaços que desta vez valeram, todos eles de autoria de Pelé – que, à sua maneira, começava a dar o que falar naquele torneio, conforme previra Didi.

Então, já com 5 a 2 no placar – o outro gol francês foi de Piantoni –, é que o fraco juiz inglês Grifths resolveu acordar e encerrar a partida. O suficiente para que Kopa procurasse Didi para um demorado cumprimento. E ali fechasse a questão:

"Só uma tremenda injustiça tirará de vocês essa Copa. Não importa quem vocês peguem na decisão".

Quem despontou como a adversária dos brasileiros na final, acabou sendo exatamente a dona da casa: a Suécia. Realizando uma campanha que foi crescendo com o desenrolar da competição, quando todos espantaram ela não era apenas uma grande *zebra*. Era, isso sim, uma das privilegiadas protagonistas da grande decisão. E teria todo o apoio de sua fiel e entusiasmada torcida, que começava a sonhar com um possível final feliz. Quem sabe, com a Suécia campeã dentro de casa!

Como sinal de alerta, na semifinal de que participaram, os suecos acabaram vencendo a campeã mundial de quatro anos antes, a Alemanha da *Raposa* Sepp Herberg. O triunfo sobre Fritz Walter, Rhan e Companhia veio através de uns contundentes 3 a 1, com Gunnar Green, Skoglund e Harmim marcando para os suecos. Schaeffer foi quem descontou para os germânicos. Como se vê, tudo era um motivo e tanto para incendiar de vez o otimismo da torcida.

Com uma tradição nada desprezível na história das Copas – havia ficado em quarto lugar, em 1938; subindo para o terceiro lugar, em 1950 –, a Suécia tinha sido uma convincente campeã olímpica em Londres, em 1948. E tudo isso só reforçava a fé dos escandinavos – que, evidentemente, depositavam as maiores esperanças nos astros que jogavam no milionário futebol da Itália.

Todos esperavam muito do fogoso estilo de Harmim. Não havia quem não apostasse as suas fichas no talento e experiência de Gunnar Green e Liedholm, campeões olímpicos em 1948, em Londres. Mas fé pra valer eles tinham mesmo era no maior de todos eles. E o ídolo máximo dos suecos era o habilidoso e rápido Naka Skoglund, o ponta-esquerda bicampeão italiano com a Internazionale de Milão.

Por sua vez, desfrutando do sossego de Hindas, e já refeitos do desgaste provocado pela eletrizante partida contra os franceses, os brasileiros viviam um momento de grande descontração, apesar de manterem a mesma extremada responsabilidade. Todos, sem exceção, tinham a mais absoluta certeza de que a Seleção possuía futebol de sobra para vencer os donos da casa. O Brasil ia ser campeão. Mesmo assim, algumas providências teriam de ser tomadas. Uma delas: a entrada de Djalma Santos no lugar de De Sordi. Justamente por ser mais talhado para neutralizar a grande habilidade de Skoglund.

Com Djalma confirmado – para a imprensa, a notícia que vazou era a de que Djalma só entraria porque De Sordi havia se contundido à última hora –, Feola podia liberar a escalação do time logo cedo, na véspera do jogo. Com isso, o Brasil entraria em campo, naquele marcante 29 de junho – dia de São Pedro –, com Gilmar; Djalma Santos, Bellini, Orlando e Nilton Santos; Zito e Didi; Garrincha, Vavá, Pelé e Zagalo.

Contaria ainda Didi que, também na véspera, e através de um sorteio meio às escondidas, realizado à tarde, os suecos adquiriram o direito de continuar usando o seu uniforme número um, de camisa amarela. Isso iria obrigar-nos a trocar o nosso habitual uniforme – da mesma cor – pela camisa azul, a segunda opção. Mas foi aí que funcionou a feliz imaginação do doutor Paulo Machado de Carvalho.

Como chefe da delegação, o doutor Paulo mandou chamar o jogador em quem mais confiava. E, frente a frente com Didi, apenas disse-lhe:

– Amanhã, nós vamos jogar de azul. É sinal de que a sorte está mesmo do nosso lado, meu caro Didi.

– Mas como, doutor Paulo? Nosso uniforme é o amarelo! Com ele, não perdemos uma...

– Ora, Didi. Isso era tudo o que eu queria. Você se esquece de que o azul é a cor do manto de Nossa Senhora Aparecida?! É a cor da nossa querida padroeira, homem!

E foi depois dessa grande tirada do doutor Paulo, que Didi saiu em desabalada carreira pelos corredores do Tourist Hindas Hotel, indo de quarto em quarto contar a grande novidade para os companheiros. Na verdade, havia sido mesmo uma sacada genial. Só concebível graças à engenhosa imaginação de um doutor Paulo de Carvalho.

Nesse meio tempo, se a troca da cor da camisa já era um obstáculo superado, havia surgido outro grave imprevisto. De repente, começara a chover. E a chover forte, em pleno verão escandinavo. Uma chuva estranha, que só poderia trazer maus presságios. Durante toda a Copa, o sol só se punha por volta da meia-noite. Como iria chover logo agora?

– Pois é, me lembro claramente da minha frustração. Da grande tristeza que senti, ao ver pela vidraça do meu quarto aquela chuva toda a cair. Com o campo seco, teríamos tudo para vencer. Até golear. Já com a cancha pesada, as nossas possibilidades acabariam diminuindo. A vantagem passaria a ser do time de jogo mais pesado, bem menos técnico – analisaria, em detalhes, o maestro do time brasileiro.

O que ninguém poderia esperar, era que o alto grau de civilização dos suecos acabasse falando mais alto. A ponto de a administração do estádio ter coberto todo o campo com enormes encerados plásticos, impedindo o encharcamento do gramado. Com isso, haveria condição para que os brasileiros pudessem apresentar o seu melhor futebol, o que, evidentemente, só faria reduzir as possibilidades dos suecos durante os 90 minutos.

Na entrada dos dois times, sob o delírio de quase 50 mil pessoas, o que primeiro Didi procurou olhar foi o estado do campo. A chuva, que caíra ininterruptamente desde a noite anterior, parara como que por encanto. O que o levou a comentar com Bellini:

– Até que o gramado está melhor do que eu esperava. Um pouco pesado, talvez, mas em condições para executarmos o nosso jogo. O negócio é não retermos a bola, principalmente na defesa.

Pois foi justamente o que ele mais temia, que acabou acontecendo. Logo aos quatro minutos, em um vacilo geral da defesa, Liedholm fez Suécia 1 a 0. Como era natural, uma enorme explosão de alegria tomou conta do estádio inteiro. Porém, naquele exato instante, ninguém menos que Didi é quem resolve ir buscar a bola no fundo das redes. Para, na volta, tão-somente determinar:

– A sopa deles acabou. Agora é a nossa vez! Vamos encher a caçapa desses gringos de gols. Aqui dentro da casa deles mesmo!

E a palavra de lei de Didi passa a vigorar logo depois. Ainda mais que um preciso lançamento seu encontra Mané Garrincha bem aberto, lá na ponta.

Com a bola junto ao pé direito, Mané dribla o lateral-esquerdo Axbom quantas vezes quer e cruza rasteiro para Vavá. Aí, o "Leão da Copa" entra atropelando pelo meio, empatando a partida com um chute rasteiro à boca do gol. Eram nove minutos de jogo.

Aos 29 minutos, eis que tudo se repete do mesmo jeito. Tintim por tintim. Didi lança. Garrincha recebe na ponta-direita. Dribla novamente a Axbom quantas vezes quer e cruza. E Vavá, surgindo como um furacão, entra pelo meio e coloca no fundo das redes: 2 a 1.

Com o Brasil chegando àqueles 2 a 1, a quase certeza do título começa a desfilar pela cabeça dos jogadores. Agora, cada lance é como se fosse o último da partida. Tudo como num filme. Que começara com cara e jeito de sabor de aventura, mas caminhava, enfim, para um apoteótico *the end*. Um final plenamente feliz.

Pedindo aos jogadores, acima de tudo, consciência e seriedade no segundo tempo, "pois sermos ou não campeões, só depende do que fizermos em campo o resto do jogo", Feola usou as palavras certas no intervalo. "Nem mais nem menos", como faria questão de ressalvar Didi. Que por sua vez, ao conversar com Nilton Santos, Bellini e o resto do time, apenas definiu:

– Já viramos ganhando de 2 a 1. Agora, o negócio é manter o ritmo. O resto é consequência.

Com efeito, o que vimos na etapa final, em pleno Estádio Rasunda, foi um Didi majestoso. Solto, elástico e fazendo lançamentos perfeitos de 30 a 40 metros, era o dono absoluto do meio-campo. De quebra, ainda acabara liquidando com o seu marcador, Borjeston, à base daqueles dribles curtos, desconcertantes. E, tal como ele, o time inteiro do Brasil reinava de vez no gramado. Em especial, Pelé, pronto a enlouquecer, como já fizera Garrincha no primeiro tempo, os homens da defesa sueca.

Por sinal, foi um gol histórico seu, tirando ao zagueiro Gustavsson da jogada com um inesperado "chapéu" – liquidando no mesmo lance a Bergmark, com um corte seco –, que praticamente definiu a sorte do jogo. Aos 10 minutos do segundo tempo. Um gol, já, com a aura da marca Pelé. Mas, mesmo vencendo por 3 a 1, Didi e Companhia ainda queriam mais. E Zagalo, aos 23 minutos, também deixa o seu, escorando meio caído, à altura da meia-esquerda, um rebote da defesa escandinava. Brasil 4 a 1.

No entanto, em um novo descuido da retaguarda brasileira, Simonsson invadiu livre a pequena área e diminuiu para a Suécia, aos 35 minutos. Mas justamente aos 45 minutos, quando o mais destacado dos árbitros do Mundial, o francês Maurice Guigue, se preparava para o apito final, eis que uma levantada de bola de Nilton Santos encontra um Pelé alado, desgarrado no ar.

E é numa cabeçada meio espírita, com Pelé pegando desajeitadamente na bola, quase de costas para a meta de Svenson, que os 5 a 2 acabam sendo sacramentados no placar do Estádio Rasunda. Era 29 de junho de 1958. Uma data pra gente não esquecer nunca mais. Acima de tudo porque, com aquela goleada memorável – a maior, numa decisão de Copa do Mundo –, um país inteiro acabava de explodir de alegria. Finalmente, o Brasil era campeão mundial de futebol.

Então, com uma verdadeira festa se instalando no campo, é que a emoção domina de vez o grupo brasileiro. Que, agora sim, podia extravasar como bem entendesse toda aquela carga de tensão. A pressão quase insuportável que uma Copa provoca, desde a véspera da estreia. Gilmar não se contém e cai no choro, abraçado ao chefe da delegação, Paulo Machado de Carvalho. Joel também chora, amparado por Garrincha. Já Nilton Santos parece atordoado com o transe daquele momento, com o qual havia sonhado a vida inteira.

Pouco depois, vendo um Bellini, altivo, a erguer sobre a cabeça a Taça Jules Rimet tão cobiçada, Didi é que faz força para se controlar. Por dentro, é pura emoção. Mas, por fora, tenta a todo custo manter a aparente frieza de sempre.

Afagando carinhosamente a cabeça do ainda menino Pelé, procura confortar-lhe o choro incontido. Só que, ao cruzar o olhar com o do amigo Nilton Santos de tantas lutas, tantos sonhos, sente um aperto no peito. Então, luta para evitar que uma grossa lágrima role pelo seu rosto suado e cansado. Em vão.

E é só à noite, na apoteótica festa da vitória, na Embaixada Brasileira em Estocolmo, que consegue se soltar aos poucos. Vai relaxando os nervos bem devagar. Gradativamente. Só ali, sente o coração desafogar. Tempo certo para começar a viver a sua glória por inteiro. Na taça de champanhe, sorve o título com prazer. Libera, enfim, toda a emoção.

Divertindo-se em um canto do salão, houve com prazer as histórias do velho amigo Djalma Santos – que tivera uma atuação de gala, anulando inteiramente ao maior astro sueco: o ponta-esquerda Skoglund. Mas não se contém mesmo é com Garrincha. É que, na sua santa irreverência, Mané continuava fazendo pouco de tudo. Até do título mundial.

– Ora, pessoal, muito mais difícil do que esse torneio mixuruca que ganhamos aqui, é o Campeonato lá do Rio. Lá tem turno e returno! É jogo lá e jogo cá. Estão sabendo? – argumentava Mané, desdenhando do modelo de disputa da Copa. Gargalhadas à parte de todo o grupo.

Mas é em um determinado momento da festa, justamente quando está ao lado do amigo e chefe da delegação brasileira, o doutor Paulo Machado de Carvalho, que Didi recebe uma notícia que muda-lhe o semblante rapidamente. É que, agora oficialmente, havia sido mesmo escolhido o *Maior Jogador*, o *Craque Número 1* da VI Copa do Mundo. Sem dúvida, uma notícia e tanto. Recebida com uma salva de palmas em todo o engalanado salão.

Mesmo assim, ele reage com a velha naturalidade. Mostra o largo sorriso dos grandes momentos, mas mantém a calma habitual. E, ao lado de um felicíssimo doutor Paulo, apenas comenta:

– Fico muito feliz com tudo isso. Ser escolhido o melhor é mesmo uma grande honra. Mas o que nos interessava era o título. Ainda mais da maneira como a gente chegou lá. O Brasil foi um maravilhoso campeão. E eu sou parte dessa história. Com que orgulho!

E é um Didi em paz, sorriso franco, semblante sereno, que procura de novo pelo seu canto favorito no salão. É lá que os risos se multiplicam, as gargalhadas explodem. Djalma Santos e o dentista Mario Trigo renovam as histórias, o repertório de piadas. Quanto a Garrincha, continuava a fazer pouco da Copa, dos adversários...

– Quanta moleza! Eles são um bando de branquelos desajeitados. Um monte de grandalhões de cintura dura...

Era tudo o que Didi precisava, no ato do seu encontro íntimo com a glória.

## CAPÍTULO SEIS

# NO BOTAFOGO, A DESFORRA. O FIM DE UM LONGO JEJUM DE NOVE ANOS

"Quando briguei para trazer o Didi, foi com a ideia de mudar a história do clube. Ele era o homem de que precisávamos. O grande maestro. O tipo do craque que 'pensa' o jogo. Aí assumi como técnico e, de saída, libertei o Garrincha. Com o Mané solto, ficou fácil para o Paulinho e o Quarentinha, dois goleadores natos. Foi assim que chegamos lá. O Botafogo foi um campeão sem mistérios."

*(João Saldanha. Chamado de "O Mago" pela imprensa carioca. Nas entrelinhas, contando segredos do título de 1957.)*

Mês de março: verão. O sol reluzente convida à praia. Copacabana: tentação no ar. Rainha dos nossos prazeres; eterna princesinha do mar. É, parece mesmo uma vocação irresistível. Porém, naquela manhã de uma terça-feira comum, em que o calendário despretensiosamente assinalava um certo dia seis, quem era Botafogo tinha um encontro previamente marcado.

É que, às 10 horas, o técnico Zezé Moreyra estaria recebendo um grupo por ele solicitado há algum tempo. Eram os esperados reforços para a temporada de 1956. Do goleiro uruguaio Pereyra Natero – que já tinha até colocado o campeão mundial Máspoli na reserva – e do centro-avante argentino Alárcon, a torcida poderia esperar tudo. Ou nada! Afinal, eram dois veteranos nos quais Zezé ainda resolvera apostar.

Mas veterano também era o ponta-esquerda Rodrigues, o conhecido Rodrigues Tatu, titular na Copa de 1954 e campeão com o Palmeiras várias vezes. Velho conhecido de Zezé, Rodrigues firmou-se como titular ainda jovem, com fôlego pra dar e vender, naquele inesquecível Brasil que fora campeão do Pan-Americano de 1952. Mas, e agora, com 30 anos, o que ainda se podia esperar dele, além da temível bomba que possuía na canhota?

Mesmo deixando-se dominar por aquelas dúvidas inquietantes, a grande verdade é que botafoguenses de todas as idades acorreram em massa até General Severiano. Àquela altura, pouco importavam o calor e a quase irresistível tentação de Copacabana. Ali bem pertinho... Alguns *enforcaram* o trabalho, estudantes *mataram* aula sem pensar duas vezes.

É que a expectativa era muito grande. Valia correr todos os riscos. Na verdade, Zezé Moreyra não estaria recepcionando apenas aquele bando de veteranos com pouco ou nenhum futuro. Estaria dando as boas-vindas também a um astro de primeira grandeza. Ele, sim, o motivo de o estadinho alvinegro se encontrar lotado, como se fosse em dia de jogo importante.

Em poucos minutos, estaria subindo os degraus que davam acesso ao gramado, Didi. O mais caro jogador de toda a América do Sul. A maior contratação da história do clube. Que tivera a audácia de arrancá-lo do Fluminense, pagando 1 milhão e 850 mil cruzeiros pelo seu passe. Uma fortuna! Agora, com Rodrigues na ponta-esquerda e com Zezé como técnico, repetiriam um trio que tinha vencido aquele Pan-Americano em Santiago. Uma façanha e tanto, pois fora a primeira vez que o Brasil se sagrara campeão além de nossas fronteiras.

Como o novo contratado chamava-se Didi, passaria certamente a ser a grande esperança de um Botafogo doído. Que vinha há anos na fila, vivendo seguidas humilhações. E mais: fazendo sofrer uma torcida passional, apaixonada. Didi! Era ele, realmente, o motivo daquela multidão que aparecera tão cedo no estádio do clube. Ainda mais, numa despretensiosa manhã de terça-feira. O mesmo Didi campeão no Fluminense, campeão com o Brasil. E que haveria de ser a imagem redentora de um Botafogo renovado.

Para alguns, a sua contratação fora uma rematada loucura. Apesar de ser um gênio, Didi era tido como o tipo do jogador-problema. O Fluminense estava ali mesmo para confirmar isso. Mas, para a maioria, havia sido uma tacada e tanto de um grupo de botafoguenses privilegiados. Capazes de ousar sem medo, na tentativa de colocar "O Glorioso" na vanguarda do moderno profissionalismo dos anos 50.

Fazendo questão de se apresentar no peso certo e mostrando em campo que estava em plena forma, Didi foi a sensação que se esperava naquela manhã calorenta de março. Por isso, imediatamente teve a sua estreia confirmada por um Zezé Moreira eufórico. Ela ocorreria sem demora. Seria logo no primeiro domingo, após aquele treino de apresentação à torcida.

Coincidentemente, o jogo amistoso aconteceria em Campos, sua terra natal. O adversário, um velho conhecido: o Americano, pelo qual havia realizado vários amistosos no início da carreira, emprestado pelo seu clube, o Rio Branco. Pelo visto, melhor início não poderia haver. Particularmente, em termos sentimentais.

Como era de se prever, o Estádio Godofredo Cruz – inaugurado há pouco mais de um ano – simplesmente lotou. E o espetáculo fez a plateia vibrar, com lances de emoção rondando as traves de Pereyra Natero e Alcides, goleiro do Americano. Fubá, em jogada individual, chegou a fazer 1 a 0 para o alvinegro campista. Mas João Carlos – o mesmo João Carlos que seria campeão com o América, em 1960 – acabou empatando, em um chute de fora da área. Ambos os gols no primeiro tempo.

Na etapa final, o Americano voltou altamente decidido, tentando desempatar logo nos primeiros 15 minutos, empurrado por sua torcida. Como o 1 a 1 persistia, aos poucos a maior categoria do alvinegro carioca passou a prevalecer. Então, coube caprichosamente ao estreante famoso marcar o gol da vitória. O lance ocorreu aos 27 minutos, tendo Didi desempatado com um chute da entrada da pequena área, indefensável, no ângulo direito de Alcides. Era 11 de março de 1956, e o Botafogo venceu por 2 a 1, formando com Pereyra Natero; Domício e Nilton Santos; Orlando Maia, Bob e Pampolini; Garrincha, Didi, Alárcon, João Carlos e Rodrigues.

Satisfeito com o rendimento do time no amistoso em Campos, por ele tido "como dos mais difíceis, pois o adversário valorizou do começo ao fim a nossa vitória", Zezé Moreyra era um técnico otimista àquela altura. Ainda mais que esperava, ansioso, a chegada de mais um reforço. Para variar, outro veterano. Só que Bauer não era um nome qualquer, mesmo aos 32 anos. Campeão inúmeras vezes pelo São Paulo – inclusive, ao lado de Leônidas da Silva, o famoso Diamante Negro –, era outro dos remanescentes do Pan-Americano de 1952. Um jogador que, com a sua indiscutível categoria, seria o parceiro ideal para Didi. Assim pensava Zezé.

Por sua vez, mesmo não escondendo o prazer pelos dias passados em sua cidade natal, além de se dizer aliviado por ter feito o gol da vitória logo no jogo de estreia, era um Didi preocupado que se reapresentava naquela tarde de terça-feira. Há uma semana chegara ali alegre, vendo um mundo de gente à sua espera. Mas, agora, eram as cismas antigas que invadiam-lhe os pensamentos. É que bastara um simples amistoso, para que ele enxergasse que aquele Botafogo precisava de muita coisa para almejar alguma grande façanha. O título de campeão carioca, por exemplo.

– Na defesa, o Nilton Santos tem de se virar. E no ataque, o Garrincha é pouco acionado. Não entendem o seu estilo, o jeito que ele gosta de jogar. Só fiquei tranquilo ali no meio-campo, com o Pampolini jogando ao meu lado. Nos entendemos muito bem. O problema é o resto... – não esconderia Didi ao amigo Sandro Moreyra. O principal repórter do *Jornal do Brasil* dentro do clube.

Pensando bem diferente do seu maior craque, Zezé Moreyra não recebeu nos dias seguintes apenas um, mas dois veteranos a mais. Além de Bauer, chegara também o ponta-esquerda Cañete, ex-Seleção Paraguaia. Um jogador para disputar a posição com Rodrigues Tatu. Porém, havia um detalhe fundamental: Cañete era ainda mais velho, pois completara 31 anos há pouco mais de dois meses.

Sem se preocupar com as críticas, Zezé, obstinado como sempre, nada mais fez que seguir em frente. Firme! Procurando dar ritmo àquele elenco (no mínimo, exótico, à medida que contava com vários veteranos e apenas com três grandes craques: Didi, Nilton Santos e o incompreendido Garrincha) programou uma série de amistosos pelo Interior de Minas Gerais. Para sua felicidade, os resultados acabaram sendo expressivos, com cinco vitórias em cinco partidas. O que fez com que a expectativa quanto a uma grande excursão à Europa, idêntica à de 1955, só aumentasse. Ainda mais porque o clube precisava faturar, para compensar o grande investimento feito para trazer Didi.

Desta vez, não foram tantos jogos no Velho Mundo, como no ano anterior. Nem ocorreram transações vultosas para os cofres alvinegros, como as vendas de Vinicius e Dino da Costa para o milionário futebol italiano. Mas, no final das contas, o saldo mais uma vez foi favorável. Não só porque as cotas eram compensadoras, como também pelos resultados obtidos dentro de campo. Em nove partidas, o Botafogo venceu sete, empatou outra e teve apenas uma derrota, enfrentando adversários como o Racing, em Paris (3 a 0), o Rott Weiss, na Alemanha (4 a 3) e o poderoso campeão francês, o Stade Reims de Kopa e Fontaine, com quem empatou em 1a 1.

Na concorrida recepção no Aeroporto do Galeão, até o poeta Augusto Frederico Schmidt fez questão de estar presente. E, abraçando Zezé Moreyra entusiasticamente, chegou a vaticinar-lhe que, "finalmente, o Botafogo será campeão no Maracanã". Um pensamento compactuado por quase todo mundo em General Severiano. Ainda mais que os primeiros seis jogos do Campeonato Carioca mostravam quatro vitórias, um empate com o Vasco e uma derrota de 2 a 1 para o Fluminense – por sinal, na primeira partida de Didi contra o seu ex-clube.

Um empate imprevisto com o São Cristóvão (1 a 1) e duas derrotas também inesperadas para o Bangu (2 a 1) e o América (1 a 0) acabaram fazendo, no entanto, o clima azedar de uma hora para outra. Estávamos ainda no primeiro turno, mas o Botafogo já somava oito pontos perdidos. A situação de Zezé Moreyra e de alguns jogadores começou a ficar difícil. E acabou por tornar-se insustentável, após nova derrota. Agora para o futuro campeão, o Vasco, por 3 a 2.

Com Zezé demissionário e com vários jogadores sumariamente afastados, eis que assume a direção técnica uma legenda na história do clube: o ex-jogador Geninho. Auxiliar de Zezé nos últimos tempos, Geninho havia sido o grande maestro do Botafogo campeão de 1948, o último título alvinegro. Além do mais, assumira apenas empenhando a sua palavra. Não assinara documento algum, ao aceitar a difícil missão. Por tudo isso, era visto com a maior admiração pela torcida. Mas o importante era que entendia do riscado, conhecia o futebol a fundo. Então, os resultados começaram a aparecer.

Com o Vasco consolidando-se antecipadamente como o campeão, e com o Flamengo – então tricampeão – vendo cair por terra o grande sonho do tetracampeonato, ao Botafogo restou um digno final de campanha. Depois de um vexatório sétimo lugar em 1955, terminava desta vez em um honroso quarto lugar. Além do mais, havia sido o fiel da balança: goleara o Flamengo por 5 a 0, no primeiro turno – com um golaço de Didi – e acabara com qualquer esperança quanto ao tetra, ao vencer outra vez os rubro-negros no segundo turno, agora por 1 a 0, gol de Paulinho Valentim.

Com as esperanças renovadas, e refletindo convictamente sobre o que esperar da nova temporada, o Botafogo cerrou fileiras em torno de Geninho. O seu trabalho havia merecido os maiores elogios – inclusive da chamada "imprensa botafoguense" –, sendo que em seus planos mais otimistas o clube de General Severiano faria bonito em 1957.

O que ninguém esperava era que, após uma excursão a Minas Gerais e ao Interior de São Paulo – e com o Torneio Rio-São Paulo em pleno andamento –, o velho ídolo entrasse em rota de colisão com um grupo de dirigentes. As divergências eram sérias. Com três temas que pareciam incontornáveis: a aquisição de determinados reforços, a renovação do seu contrato – desta vez, com papel assinado – e a intromissão de alguns dirigentes em relação aos seus métodos de trabalho. Duro na queda, Geninho manteve-se irredutível em sua posição. E assim, de uma hora para outra, quase às vésperas da estreia no Campeonato Carioca, o Botafogo simplesmente estava sem treinador.

Quase em desespero de causa, eis que de repente o alvinegro para de procurar um nome na praça. É que o seu jovem diretor de futebol aceita encarar a parada. Até então, dele pouco se sabia. Na verdade, conheciam apenas a sua ativa participação na compra do passe de Didi. Falavam da sua personalidade de gaúcho decidido, daqueles de cumprirem a palavra até o fim. Mas isso só fluía em conversas esporádicas.

E havia os que comentavam que, por possuir uma boa estampa e ser filho de família abastada, sempre levara a fama de namorador incorrigível de beira de praia, mesmo sendo agora um homem casado. Além do mais, morava em Copacabana. E havia feito parte, como uma espécie de membro honorário, do famoso "Clube dos Cafajestes", do qual eram personagens destacados Carlinhos Niemeyer, o Comandante Edu, Heleno de Freitas, o idolatrado *craque-galã* botafoguense dos anos 40 e Sérgio Porto, o impagável Stanislaw Ponte Preta.

Tudo isso e muito mais, era a figura singular, cheia de contrastes, de João Alves Saldanha – ou João Alves Jobim Saldanha. Filho de um rico dono de cartório, mas comunista militante. Conhecedor dos meandros da velha Europa – em especial, da *Cortina de Ferro* – e capaz de falar cinco idiomas, mas entendedor como poucos dos hábitos do homem do povo. Sem contar que era primo de um gênio que começava a ser reverenciado em toda a Zona Sul: o maestro, pianista e compositor Antônio Carlos Jobim. Pois bem: esse era o João Saldanha que, aos 41 anos, assumia uma missão tida como impossível.

Há nove anos, o Botafogo vivia no mais absoluto jejum de títulos. Jamais havia sido campeão, desde a inauguração do Maracanã. E como se tudo isso não bastasse, fazia campanhas medíocres umas atrás das outras. A cada final de temporada, a desilusão parecia do tamanho do mundo. O título de campeão, então, era uma miragem. Mas também, com os times que eram montados a cada Campeonato... Nem milagre resolvia!

Confiante e aparentemente sereno, na verdade, o que ocorreu foi que João acabou pegando o bonde praticamente andando. Ou seja: com o time em uma cansativa excursão, na bica para estrear no Campeonato. Porém, três ou quatro jogos pelo Nordeste foram suficientes para que ele fosse dando uma nova cara ao time. As vitórias sobre o Náutico, em Recife (3 a 2), o Ferroviário, em Fortaleza (2 a 0), e a Seleção do Maranhão, em São Luís (4 a 0), deixaram-no confiante quanto à Pequena Copa do Mundo de Caracas, na Venezuela, uma verdadeira prova de fogo em nível internacional. O grande e último teste antes do Campeonato Carioca.

Cada vez mais solto em campo e confiante no esquema de Saldanha, o Botafogo acabou surpreendendo, transformando-se em uma das sensações da competição. Em seis jogos, venceu três, empatou dois e perdeu apenas um. Justamente para o campeão, o poderoso Barcelona do brasileiro Evaristo, do húngaro Kubala, do goleiro Ramallets e do atacante Basora, os dois últimos da Seleção Espanhola. A mesma que havia participado com destaque – ficando em quarto lugar – da Copa do Mundo de 1950, aqui no Brasil.

– Foi muito boa essa sequência de amistosos. O time realmente ganhou ritmo, pegou confiança no seu jogo. Podem até achar que estou exagerando. Mas o Vasco, o Fluminense, o Flamengo e o América – ou Bangu – que se cuidem. Estamos começando a embalar. Os jogadores estão acreditando no que podem realizar. Já pensaram: o Botafogo campeão? – desafiava um bem humorado João Saldanha.

Na verdade, o que ele havia realizado, até a semana da estreia no Campeonato, não passara de um típico ato de esperteza. Esperteza prática, bem ao estilo Joao Saldanha. Fizera retornar o artilheiro Quarentinha do Bonsucesso, ao qual fora emprestado, depois de alguns atos de indisciplina. Já com o outro artilheiro que ajudara a contratar, Paulinho Valentim, decidira que o seu caso era, apenas, de apoio moral. "Mas um apoio moral permanente, pois quem dá um pentacampeonato a um clube, como o Atlético Mineiro, não esquece o caminho do gol tão de repente. Da noite para o dia".

Tendo em Didi o seu centro de gravidade, João decidira deixar Pampolini mais preso na marcação. Assim, Didi seria um maestro com liberdade para criar, para *pensar* o jogo como bem entendesse. O que significava mais da metade do caminho andado. Particularmente, para as mortais jogadas de ataque que ele, João, vivia a rabiscar nos guardanapos do Hotel Ipanema, onde passara a concentrar o Botafogo. Ou nos invólucros dos maços de cigarro que consumia com alguma avidez.

E que jogadas mortais, afinal, seriam essas? "Ora, o Quarentinha chuta uma barbaridade! Tem uma canhota fulminante. Basta o Didi lançar. Já o Paulinho é o tipo do centroavante nato. Na área, no meio dos beques, sou mais ele. Sabe chutar com precisão, é forte, não tem medo de cara feia, mete a cabeça na bola. É só o Didi enfiar o passe na boa, ali no *buraco*. Quanto ao Garrincha..."

– Olha, o Mané vem sendo incompreendido a vida inteira. Já inventaram até de obrigá-lo a marcar, a sair correndo atrás do beque adversário. Ora, os outros é que têm de se preocupar com ele, em tentar segurá-lo. O que, particularmente, acho que é impossível. Ainda mais com o Mané solto, aberto na ponta-direita. Com o Didi lançando, então...

Cheio de esquemas, com mil ideias na cabeça, era visível na elaboração de todo o planejamento de Saldanha a função que caberia a Didi. Para que tudo desse certo, o mais famoso craque do time – e, àquela altura, de todo o país – seria o polo condutor da máquina alvinegra. Que, se engrenasse mesmo, poderia fazer cumprir o vaticínio do ardiloso João Saldanha. "Os jogadores estão pondo fé no time. Acreditam no potencial de cada um. E isso é que é fundamental. Já imaginaram: o Botafogo campeão?", foi o último e bem humorado toque de alerta do técnico alvinegro. Na verdade, um vaticínio bem pensado. Devidamente calculado.

Observando bem o seu time em campo, o que se via era que Saldanha confiara definitivamente em Amaury, um jogador criado no clube. E mais: botafoguense de coração. Por isso, fizera-o titular do gol. Outra cria alvinegra, também botafoguense desde garotinho, era o gigantesco zagueiro Thomé. Assim, merecera a sua grande chance. E jovens promessas, como os meias Edson e Rossi, que acabavam de subir das divisões de base, iam se revezando na meia-esquerda, ajudando Didi e Pampolini no meio-campo e chegando junto de Garrincha, Paulinho Valentim e Quarentinha, na hora em que o time era todo ataque.

Com três grandes astros: Didi, Nilton Santos e Garrincha, e um médio-volante de Seleção, Pampolini, João Saldanha precisava com urgência de três reforços para dar o Botafogo como pronto e acabado para o Campeonato. De imediato, Saldanha clamava por um bom quarto-zagueiro, que cobriria os providenciais avanços de Nilton Santos pelo lado esquerdo e ainda fecharia o meio da zaga com Thomé. Tinha de arranjar um lateral-direito autêntico, para acabar com as intermináveis improvisações na posição. E não poderia prescindir de um outro goleiro, para fazer sombra a Amaury. Alguém capaz de substituí-lo, na emergência de uma contusão do titular. Ou de entrar em seu lugar, caso ele voltasse a viver, entre uma rodada e outra, uma das suas fases de inconstância emocional.

Usando a velha esperteza e a privilegiada inteligência de sempre, Saldanha foi às compras. Sem afobação. E acabou se dando bem. Tanto que trouxe três confiáveis reforços, a preço de banana. Na expressão exata da palavra. Servílio, reserva no Flamengo, pelo qual havia sido tricampeão, chegou na hora exata para fechar a defesa com Thomé, ali pelo miolo. Beto, reserva no Vasco, veio para acabar com o drama da lateral-direita. E Adalberto, terceiro goleiro reserva no Fluminense – cuja indicação havia partido de Didi, que o conhecia bem das Laranjeiras e confiava no seu potencial –, seria a sombra de Amaury.

Pronto! Em um 4-2-4 móvel – na verdade, já um 4-3-3. Com Edson ou Rossi ajudando Didi e Pampolini no meio-campo –, o Botafogo estava preparado para a guerra. "Quem sabe? Para ser campeão!", como vivia provocando João Saldanha. Se bem que aquele seria, essencialmente, um Botafogo a conta do chá. Que teria de fazer das tripas coração, para enfrentar uma maratona de 22 rodadas até o final de dezembro, incluindo-se aí 10 clássicos e vários jogos difíceis, nos verdadeiros "alçapões" que eram os campos dos times pequenos.

Escalado com Amaury; Beto, Thomé, Mathias e Nilton Santos; Pampolini e Didi; Garrincha, Paulinho Valentim, Edson e Quarentinha, foi um Botafogo tenso que estreou em um domingo de sol ameno, no dia 24 de junho, nas Laranjeiras. O jogo havia provocado grande expectativa e o adversário seria o perigoso Bonsucesso, que tinha o experiente Barbosa no gol e o habilidoso Nilo na ponta-esquerda. Servílio, gripado, cedeu a vez a Mathias, que realizou uma ótima partida. Assim como o próprio Botafogo, que acabou vencendo sem dificuldades por 3 a 1, gols de Didi (2) e Edson. Era só o que faltava para garantir a festa da torcida, que se espalhou pela cidade durante a semana inteira.

Nas rodadas seguintes, com João Saldanha podendo colocar em campo o seu time preferido – Amaury; Beto, Thomé, Servílio e Nilton Santos; Pampolini e Didi; Garrincha, Paulinho Valentim, Edson e Quarentinha –, o Botafogo simplesmente engrenou. É que a manutenção do time-base ideal acabou provocando um clima pleno de autoconfiança. Que só veio a se confirmar no decorrer dos jogos. Então, foram quatro vitórias categóricas: 4 a 0 no Canto do Rio; 6 a 1 no Madureira; 2 a 0 no Olaria; e 5 a 1 na Portuguesa, com Didi marcando seis gols nas quatro partidas. De repente, o Botafogo era o líder do Campeonato. O que só provava que o vaticínio de Saldanha poderia mesmo se tornar realidade.

Com o Fluminense dos artilheiros Waldo e Léo e o Flamengo de Moacir, Joel e do endiabrado Dida também fazendo furor a cada rodada, só o Vasco, atual campeão, não conseguia engrenar, ainda mais depois da venda de Walter Marciano, a maior estrela do time, para a Espanha. Mesmo assim, a briga entre os quatro grandes e as surpresas provocadas pelo América e o Bangu, e também pelos pequenos – Canto do Rio, Bonsucesso e Olaria, em especial –, mexiam com a paixão da cidade. Os estádios viviam lotados. Enfim, o Campeonato iria ter um desfecho dramático, emocionante. Só se decidiria mesmo na reta final.

À altura da sexta rodada do segundo turno, Botafogo, Fluminense e Flamengo se alternavam na liderança. A cada semana, um deles pintava como o provável campeão. Até que o Botafogo sofre um sério desfalque, com Didi sendo vítima de uma distensão na coxa esquerda. Mesmo assim, o garoto Rossi ocupa a vaga da grande estrela alvinegra com raça e talento, ao mesmo tempo em que Paulinho Valentim e Quarentinha iam marcando os gols salvadores. Até Neyvaldo (goleada de 5 a 0 na Portuguesa, em General Severiano) e Cañete (vitória de 2 a 1 no clássico com o América, no Maracanã) entraram com muita vontade e atuando bem, quando Saldanha precisou escalá-los sem nenhum ritmo de jogo.

Finalmente, a quatro rodadas do fim do Campeonato, Didi foi dado como inteiramente recuperado pelo departamento médico alvinegro. O grande craque estava apto para as batalhas decisivas. Pelas contas de João Saldanha, a briga estava cada vez mais acirrada. Tudo parecia incerto. O campeão, principalmente. O que o levava a comentar:

– Este é um Campeonato terrível. Que será decidido nos mínimos detalhes. Nós, pelo menos, não perdemos ponto nenhum para os pequenos. E isso é importantíssimo. Continuo confiante. Sigo apostando no Botafogo.

Já Didi preferia esperar o tira-teima entre Flamengo e Fluminense, mas não deixava de dar a sua opinião: "Algo me diz que este é o ano da tão esperada desforra. Vamos chegar lá. Talvez, na última batalha. Aí, o Botafogo será campeão vencendo o Fluminense." Como as premonições de Didi raramente falhavam...

Despontando como um dos artilheiros do time – atrás apenas de Paulinho Valentim, e com um gol a menos que Quarentinha –, Didi havia marcado dois belos gols nos 4 a 1 diante do Olaria, um dos pequenos que fazia uma campanha surpreendente. E nos 3 a 0 contra o perigoso Canto do Rio, que, dirigido por Zezé Moreyra, havia se reforçado bem e vencera até o Fluminense, também tivera uma grande atuação.

Além do mais, deixara Paulinho Valentim, Quarentinha e Garrincha cara a cara com o veterano Garcia – aquele mesmo do tricampeonato do Flamengo –, nos três gols alvinegros. Todos eles de bela feitura. Mas na penúltima partida do Campeonato, nos 4 a 2 sobre o Madureira, foi um Didi em estado de graça que resolveu acabar com o jogo.

Solto em campo, correndo, driblando e lançando à perfeição, fez um golaço por cobertura em Ary, surpreendendo-o fora das traves. Também executou lançamentos primorosos para Paulinho Valentim, que deixou a sua marca de goleador implacável, encostando em Dida e Léo na briga pela artilharia. Por último, foi um Didi solidário.

Concebendo uma troca de passes com Pampolini desde a intermediária botafoguense, na entrada da área do tricolor suburbano diminuiu a cadência das passadas. E deu então o último toque na bola, proporcionando ao eficiente e talentoso médio-volante o chute colocado no canto direito. Ali o Botafogo definia o placar em 4 a 2 e Pampolini marcava aquele que seria o seu único gol em toda a competição.

Como o próprio Didi e o astuto João Saldanha haviam previsto, o Flamengo dominou, dominou mas não teve nervos para dobrar o Fluminense. Tal qual ocorrera no primeiro turno, voltou a perder por 2 a 1 no finalzinho, desta vez numa falha fatal do goleiro Ari, que deixou Léo finalizar como quis. Assim, Fluminense e Botafogo partiriam definitivamente para o tudo ou nada. Decidiriam no mais que aguardado 22 de dezembro, certamente um domingo bem carioca, de céu azul, sol aberto de verão, um Campeonato emocionante. Com o campeão só saindo no último jogo. De arrepiar!

Diferente em tudo por tudo, aquele Botafogo de João Saldanha realmente em nada se assemelhava ao estilo de vida dos demais grandes clubes do Rio. A começar pelo método disciplinar, já que Saldanha quase abolira a concentração, tão rígida antes dos jogos em um Flamengo, um Vasco ou um Fluminense. Ao invés de sobrados e casarões isolados dos burburinhos da cidade, os alvinegros preferiam ficar em um modesto mas agradável hotel à beira-mar. Ainda mais que ele ficava em Ipanema, àquela altura longe de viver a badalação que iria explodir cinco anos depois, quando o poeta Vinícius de Moraes e o próprio primo de Saldanha, Tom Jobim, descobririam a "Garota de Ipanema".

No simples e discreto Hotel Ipanema, os jogadores sempre se apresentavam no sábado, após a recreação na parte da manhã. Almoçavam, relaxavam, liam jornais e revistas ou jogavam cartas. E ficavam por ali até a hora do jantar. Depois, podiam dar um passeio pelos arredores, ver televisão ou ouvir rádio. Mas, muitas vezes, Saldanha programava uma ida a um dos cinemas do bairro, ou até de Copacabana. E não escondia de ninguém que, "aqui, não é colégio interno. Lido é com homens, não com crianças. Aqui todos têm responsabilidade. São profissionais". Mas mesmo com todo esse método ultramoderno, superliberal, havia o outro Saldanha que ninguém queria conhecer. "Quem errar, já sabe que não precisa nem voltar. Pra mim, é carta fora do baralho."

Chocando ou não a imprensa e a opinião pública com o seu jeito despojado e irreverente, o certo é que Saldanha não teve um caso sequer de indisciplina durante todo o Campeonato. Admirado pelos jogadores, até levava-os algumas vezes para jantar fora, pagando do próprio bolso. E constantemente, antes das refeições no hotel, fazia questão de acompanhar o seu ataque – Garrincha, Didi, Paulinho Valentim e Quarentinha – a uma confeitaria ali perto. É que os quatro gostavam de provar umas batidas para "abrir o apetite", e Saldanha dizia que seria "o ponta-esquerda nesse bate--bola, pois o Edson *Praça Mauá* só bebe guaraná." Qual técnico seria capaz de tamanhas atitudes, como o intrépido João Saldanha?

A única alteração nesse esquema, durante os seis meses de competição, só ocorreu na semana da grande decisão. Após o coletivo-apronto de sexta--feira, todos foram direto para o Hotel Ipanema. Relaxaram como sempre, mas não tiraram da cabeça uma ideia definitiva. Domingo, o Maracanã conheceria um Botafogo imbatível. O novo campeão da cidade. "Nunca cheguei tão perto. Se perder, nem sei se volto pra casa. Vocês acham que vou ter outra chance igual?", comentava um Nilton Santos altamente supersticioso. Que prometia, inclusive, usar por baixo do uniforme oficial a camisa que vestira na decisão de 1948. "É ela que vai dar sorte! Daqui, sou o único campeão que restou. E isso é um sinal de Deus."

Relaxados ao extremo, mas conscientes como nunca – certamente, era o "efeito psicológico Saldanha" em ação –, os jogadores ouviram a última preleção do técnico, pouco antes de deixar o hotel. Nos vestiários, João apenas repetiu o recado. Detalhadamente. Mas, agora, falava olhando no rosto de cada um:

– Já entramos perdendo de 1 a 0, pois o empate também serve pra eles. Então, temos de ir pra cima logo de cara. Sem dar tempo de o Fluminense pensar. Quero o Garrincha solto, bem aberto lá na ponta. É por ali o mapa da mina. O Pampolini limpa a jogada, o Didi recebe e lança o Mané numa boa. Vamos ver se eles aguentam o tranco. Acho que não!

Com Paulinho Valentim mais do que instruído a ficar em cima de Pinheiro, Clóvis, Jair Santana ou quem mais aparecesse para marcá-lo, Saldanha apenas sussurrou-lhe ao ouvido:

– Você vai receber bolas como nunca em sua vida. Do Garrincha e do Didi. Aí, é com o seu faro de goleador. Alguma coisa me diz que hoje vai ser o seu grande dia. Confie!

– Já com Quarentinha, a instrução foi diferente. Quase inacreditável. Mesmo assustado, Quarenta ouviu com atenção:

– Você é um artilheiro nato. Mas hoje, esquece! Pode chutar a gol à vontade, mas não desgruda do Telê. Ele agora é o Didi deles, entende? Se ele não jogar, o Fluminense acaba. Você é que vai liquidar com o esquema deles.

E foi com essas instruções-chave, e um pedido especial de muita fé na vitória, que Saldanha mandou o Botafogo pisar o gramado do Maracanã. Escalou Adalberto; Beto, Thomé, Servílio e Nilton Santos; Pampolini, Didi e Edson; Garrincha, Paulinho Valentim e Quarentinha. E então disse: "A sorte está lançada". Se os seus planos dessem certo, o Botafogo viveria uma tarde inesquecível em sua história. Quem sabe, dali a 90 minutos seria o novo grande campeão. Pela primeira vez, desde a inauguração do Maracanã – que, lotado, vivia um daqueles domingos bem cariocas. De sol aberto, céu azul. E muita alegria nas arquibancadas.

Consciente de que o empate lhe bastava e vindo de moral elevada desde a vitória no último Fla-Flu, eis que o Fluminense sofreu um desfalque de última hora, que fez o técnico Sílvio Pirilo rever todos os seus planos. Como pensava em fixar Waldo e Léo em cima dos zagueiros Servílio e Thomé, acabou perdendo justamente Léo, artilheiro do Campeonato até ali, ao lado do rubro-negro Dida, com 20 gols. Com o joelho direito inchado desde o treino de quarta-feira, doendo a cada movimento mais acelerado, Léo insistia em jogar. Mas acabou vetado pelo Dr. Nilton Paes Barreto, mesmo passando por um intenso tratamento nos últimos quatro dias.

Sem Léo, Pirilo teve de dar tratos à bola, acabando por optar pela entrada de Jair Francisco em seu lugar. Na realidade, Jair Francisco era um bom jogador. Pirilo já o conhecia desde o Bonsucesso. Mas era muito mais de armação, de compor o meio-campo. Jamais seria um parceiro à altura de Waldo na briga com a defesa alvinegra. Isso, sim, é que poderia fazer a diferença na decisão. Definitivamente.

Apenas olhando à distância o troca-troca tricolor, Saldanha acendeu o primeiro dos muitos cigarros que fumaria durante a partida. E então imaginou em voz alta:

– Temos de ir com tudo desde a saída de bola. Eles vão jogar lá atrás, abusando dos contra-ataques. Perderam um goleador como o Léo. Além do mais, o empate está de bom tamanho. É o suficiente para eles chegarem lá. Mais do que nunca, temos de ir com tudo!

Mas as preocupações de João não foram além dos quatro minutos. É que Didi acabara de se livrar, com um daqueles seus infalíveis dribles curtos, de Jair Francisco – logo ele! E descobrira Paulinho justamente aonde queria: bem no meio de Clóvis e Pinheiro, de frente para Castilho. O lançamento saiu perfeito, sob medida, e o centroavante só teve o trabalho de se livrar dos dois em plena corrida, com um corte largo, fuzilando o goleiro tricolor inapelavelmente. Botafogo 1 a 0!

Desorientado, aí mesmo é que o Fluminense não se encontrava em campo. Mesmo satisfeito com aquele 1 a 0, Saldanha fazia gestos impacientes, quase desesperados, para que Garrincha ficasse cada vez mais aberto na ponta-direita. Até que, aos 30 minutos, Didi consegue meter um daqueles incríveis passes de curva para Mané. Altair e Clóvis ficam no chão, Pinheiro sai em desespero, tentando a cobertura, mas também é driblado. Então Garrincha apenas rola para Paulinho. Que passa por Castilho e praticamente entra com bola e tudo: 2 a 0!

Aproveitando o embalo, os alvinegros foram cada vez mais agressivamente para cima de Castilho, Pinheiro e Companhia. Gostaram dos 2 a 0, agora queriam mais. Até que veio o terceiro gol, o mais bonito de todos. Um cruzamento longo de Nilton Santos alcançou Paulinho na marca do pênalti. E este, de costas para Castilho, deu uma bicicleta tão inesperada quanto sensacional. Pinheiro e o próprio Castilho apenas olharam. Mas a bola, caprichosamente, foi morrer no ângulo direito. Eram 42 minutos do primeiro tempo. Botafogo 3 a 0, três gols de Paulinho Valentim. Que ninguém duvidasse: era verdade!

Procurando um tipo de reação desesperada, Escurinho diminuiu, aos nove minutos da etapa final, tendo Waldo feito o segundo gol do Fluminense, aos 39 minutos. Mas Paulinho fez mais dois, em passes de Didi e Garrincha, a essa altura superando Léo e Dida na artilharia, indo de 17 para 22 gols. Quanto ao incontrolável Mané Garrincha, acabou também deixando o seu: o quinto gol alvinegro. Mas, antes, fez questão de driblar toda a defesa tricolor. Inclusive ao zagueiro Pinheiro – que ficou no chão – e ao goleiro Castilho. Era o Garrincha liberto, pelo qual tanto Saldanha se batera. E, liberto, Mané era imarcável.

Com o apito final de Alberto da Gama Malcher (mais uma vez perfeito, comprovando ser mesmo o melhor árbitro do Rio), o gramado e os vestiários foram pouco para o delírio alvinegro. Afinal, pela primeira vez o Botafogo era campeão no maior estádio do mundo. E com uma goleada pra ninguém botar defeito. A ponto de aqueles 6 a 2 sobre o Fluminense, o mais tradicional rival, acabarem se transformando no maior placar em uma decisão de Campeonato Carioca. Era muita emoção num dia só. Valera a pena esperar nove anos por uma desforra como aquela.

Em meio a tanta emoção, aquele Botafogo campeão tinha vários heróis. E um mito a quem reverenciar: o carismático e quase sempre desconcertante João Saldanha. O homem que mudara tudo, desde que assumira o cargo de técnico. Para muitos uma missão suicida, quando ele chegou e disse que não precisariam procurar por mais ninguém. Que ele mesmo encararia a parada de frente.

Fora João que trouxera confiança e liberdade ao grupo. E que, para coroar os seus muitos "milagres", dera um memorável nó tático no velho amigo Sílvio Pirilo, na grande decisão. Chamado agora de "O Mago" pela imprensa carioca – que acabava de considerá-lo, obviamente, como o "Maior Técnico" do Campeonato –, Saldanha ainda recebeu um cordial abraço de Pirilo, antes de ser levado nos ombros para todos os lados.

Debaixo dos chuveiros, os souvenires preferidos dos torcedores já eram pedaços – ou tiras – das camisas dos jogadores. E na triunfal chegada à elegante sede em estilo colonial de General Severiano, todos foram carregados em triunfo até o salão principal. Só Didi, com seu aspecto nobre de "Príncipe Etíope", fora poupado. É que fizera uma promessa de caminhar uniformizado até o seu apartamento, na rua Coelho Neto, no bairro das Laranjeiras, ao lado do campo do Fluminense. E não seria a torcida botafoguense, supersticiosa como nenhuma outra, que iria quebrar uma promessa. Ainda mais de sua maior estrela.

Aliás, Didi acabou sendo eleito o "Maior Craque" do Campeonato. Garrincha levou o prêmio de "Maior Sensação". E Paulinho Valentim faturara vários brindes – dentre eles, um carro – por ter sido o artilheiro da competição, com seus 22 gols. Uma proeza! Ainda mais que começara a decisão três gols atrás de Dida e Léo, que já faziam planos de como gastar toda a premiação. Mas teve mais Botafogo nas listas dos melhores, pois Nilton Santos, Pampolini, Didi, Garrincha e Paulinho entraram na "Seleção do Ano", numa enquete promovida pela imprensa esportiva do Rio.

Em meio às comemorações na sede alvinegra, Nilton Santos dizia que já podia parar, "pois hoje sou um homem feliz, realizado". Já Paulinho desdenhava de quem o chamara de "bonde", desde quando fora contratado. Mostrava, vitorioso, a mão direita espalmada, com cada dedo significando um dos cinco gols que marcara, façanha nunca igualada numa decisão carioca. Quanto a Garrincha, o seu comentário se resumia a Saldanha:

– Foi ele a causa de tudo. Com ele, pude jogar como sei: livre! Agora posso driblar, cruzar, chutar a gol... Com o *seu* João, recuperei o prazer em jogar futebol.

Caçado a todo instante, Didi procurava manter a calma habitual. Porém, era impossível. Sua emoção tornava-se visível:

– Não esperava tudo isso. Achava que dava para ganhar. Que sairíamos campeões do Maracanã. Mas uma goleada de 6 a 2, logo em cima do Fluminense... Foi demais! Esse é um título que ninguém vai esquecer. Nem que viva mil anos.

Já o comandante da grande batalha, procurava explicações lógicas. Mas nem ele as encontrava. Também estava emocionado. Repetia que o esquema de jogo, por ele traçado, dera certo até demais.

– O gol logo no início. O Didi e o Garrincha desequilibrando. O Paulinho arrasador. A ausência do Léo... São detalhes que fazem a história de um jogo. Que decidem um Campeonato – tentava filosofar um pouco Saldanha. Talvez para esconder a emoção cada vez maior.

Uma emoção que chegou ao infinito, ao receber o abraço de gratidão do goleiro Adalberto. Chorando, aquele gigante de quase dois metros de altura agradecia pela chance que tivera, em plena metade do Campeonato. Entrara no fogo, após uma das instabilidades emocionais de Amaury (2 a 2 com o Vasco). Porém, confirmara a indicação segura de Didi, que confiava no seu potencial.

– O *seu* João disse que aquela era a minha hora. Que só dependia de mim. No Fluminense, mesmo com toda a fama do Castilho, nunca me deram uma chance de verdade. Quis o destino que eu fosse campeão no Botafogo. Logo em cima do Fluminense. Mas se um homem como o *seu* João não apostasse em mim, não confiasse no meu jogo... – e Adalberto se entregava de vez ao pranto da vitória.

Digníssimo campeão carioca, e com um time que tinha, àquela altura, três supercraques: Didi, Nilton Santos e Garrincha, além de contar com estrelas emergentes, como Paulinho Valentim e Quarentinha, o Botafogo viu abrir-se de vez o mercado internacional para as suas excursões. Quase sempre vitoriosas em campo, aquela viagens também traziam muitos dólares para os cofres do clube.

Mas, agora, o roteiro tanto podia ser a Europa como as Américas, já que a América Central e o México queriam sempre ver de perto os craques alvinegros. E brigavam diretamente, inclusive, com um antigo e seguro itinerário dos grandes clubes brasileiros: a América do Sul. Uma região marcada por torneios tradicionais e famosos, como os do Peru, Chile, Venezuela, Uruguai e Argentina.

Tentados pelo futebol espanhol, desde a Pequena Copa do Mundo de Caracas do ano anterior, vários jogadores botafoguenses continuaram sendo "cantados" pelos empresários europeus, no início de 1958. As propostas eram praticamente irrecusáveis. Sendo que, às vezes, eram os próprios dirigentes dos clubes que procuravam João Saldanha ou a chefia da delegação brasileira, "o que dava um clima de seriedade ao negócio". Mas a bronca de Saldanha era com os empresários inescrupulosos, "a ponto de tentarem 'comprar' o meu passe, só para levar o Didi".

Explica-se: um dos tais empresários, que topavam qualquer parada para fechar um bom negócio, ofereceu ao técnico "uma bolada e tanto, na certeza de que eu facilitaria a coisa. Como vocês me conhecem bem, já viram para onde mandei o sujeito. Ou alguém duvida?", orgulhava-se Saldanha, comentando várias vezes a sua pronta e decidida reação.

Em 1959, com o Brasil já campeão do mundo e com Didi consagrado como o maior jogador da Copa da Suécia, aí mesmo é que o assédio triplicou. O Barcelona e o Valência viviam de olho no seu futebol há dois anos, desde Caracas. Mas, agora, o Real Madrid entrara na jogada. Aliás, o poderoso Don Santiago Bernabeau, presidente do tetracampeão europeu, tinha orgulho em encher o peito para dizer: "No Real, jogam sempre os melhores!" E Didi era, simplesmente, o melhor de todos no momento.

Finda a longa excursão à Europa, em junho, o adeus do extraordinário camisa 8 a General Severiano passou a ser uma questão de, no máximo, duas semanas. O Real acertou tudo com o Botafogo em apenas uma conversa e Didi embarcou feliz, pois iria jogar no time que Don Santiago proclamava como "o maior e mais rico do mundo". Recebido com festa, sua estreia foi brilhante. Como acontecia por aqui, foi ele a grande atração do time, mesmo com Di Stefano e Puskas em campo.

Com o Real campeão do famoso Torneio Ramon de Carranza – aliás, bicampeão –, Didi ainda foi apontado como o maior destaque da competição.

Certamente por isso, começavam ali os seus problemas na Espanha. Tanto é que, 13 meses depois, estava já de volta ao Rio e ao Botafogo. O motivo de tudo: o propalado boicote comandado por Di Stefano ao grande craque brasileiro, enciumado com o seu cartaz. Dono do time, o argentino naturalizado espanhol não aceitava rivais. Porém, dono de uma personalidade marcante, e jogando o que jogava, Didi passara a ser para ele uma grande e real ameaça.

Readaptando-se rapidamente, pouco depois do inesperado retorno da Espanha, e vendo despontar um jogador sobre o qual recomendara um carinho especial quando fora embora – seu conterrâneo Amarildo –, Didi realizou uma grande temporada em 1961. Voltara à Seleção Brasileira em grande estilo e via o time alvinegro a caminho de um brilhante Campeonato Carioca. Realmente, foi uma temporada de ouro. A ponto de, a três rodadas do fim da competição, o título já estar garantido.

Aliás, era como dizia a torcida: "Nunca havia sido tão fácil!" O Botafogo fora campeão com sobras, com Didi absoluto, reinando no meio-campo. Por sua vez, Garrincha se transformara no pior dos pesadelos para as defesas adversárias. E a revelação Amarildo terminaria como o principal artilheiro do certame. Com 18 gols.

Tranquilo, além de conhecedor profundo do elenco, o competente Marinho Rodrigues, campeão em 1948 como jogador, e que trocara a função de auxiliar pela de técnico, optou por escalar o seguinte time-base durante a competição: Manga; Rildo, Zé Maria, Nilton Santos e Chicão; Ayrton, Didi e Zagalo; Garrincha, Amoroso e Amarildo. Mas Cacá, Pampolini, Neyvaldo, China, Edson e Tião Macalé também tiveram atuações destacadas, ao entrarem em partidas importantes do Campeonato.

O começo de 1962 foi só de festa em General Severiano. Parecia, até, a continuação da grande temporada do ano anterior. Logo nos primeiros dias de janeiro, em um inesquecível "jogo dos campeões", Didi, Garrincha e Companhia venceram o Santos de Pelé por 3 a 0, em pleno Maracanã. Pouco depois, a alegria iria explodir mais longe: na Cidade do México. Lá, o Botafogo simplesmente arrasou, sagrando-se campeão do Pentagonal Internacional da Cidade do México, com Didi marcando um gol memorável, de *folha-seca*, nos 3 a 0 sobre o Toluca. Logo no jogo de estreia.

Na volta, pela primeira vez os alvinegros se sagraram campeões na história do Torneio Rio-São Paulo. Uma competição que valia, na época, por um Brasileiro de Clubes. Na decisão, a vitória foi sobre o respeitado Palmeiras de Julinho Botelho, Chinesinho, Djalma Santos e Vavá. Na verdade, o outro grande time do país, ao lado do esquadrão de General Severiano e do Santos de Pelé.

Amarildo, com dois gols e Quarentinha construíram o triunfo por 3 a 1, tendo "O Glorioso" chegado ao título formando com Manga; Joel Martins, Zé Maria, Nilton Santos e Rildo; Ayrton, Didi e Zagalo; Garrincha, Quarentinha (China) e Amarildo. Aliás, o mesmo time dos primeiros jogos do ano. Com o qual o Botafogo havia se sagrado campeão no México.

Pouco depois, com o Brasil sagrando-se bicampeão mundial no Chile, o timaço da Estrela Solitária entrou no Campeonato Carioca como o grande favorito. E não era para menos, pois além de possuir muitos craques, alinhava nada menos de cinco heróis dos campos chilenos: Didi, Garrincha, Nilton Santos, Amarildo e Zagalo. O bicampeonato carioca, no entanto, não foi tão fácil como se esperava. Mas, no fim, Garrincha liquidou o Flamengo (3 a 0) e a taça foi parar mesmo em General Severiano. Um motivo e tanto para a torcida ensaiar um novo grande Carnaval, apesar de estarmos ainda em meados de dezembro.

Um detalhe que marcou aquela conquista, no entanto, foi o fato de Didi ter sido bicampeão realizando apenas cinco partidas, todas no primeiro turno. É que, aos 34 anos, resolvera aceitar a tentadora proposta do rico Sporting Cristal, do Peru, para iniciar a carreira de técnico. Uma carreira, no mínimo, promissora.

Mesmo assim, ainda faria três gols importantes naquele Campeonato Carioca: contra o Olaria (2 a 2), a Portuguesa (2 a 0) e o Madureira (4 a 0). Aliás, este jogo valia pela sétima rodada do primeiro turno. E foi realizado em um sábado à tarde, no Estádio de General Severiano. Mas, como é uma velha tradição botafoguense, acabou valorizado por vários simbolismos históricos.

É que era justamente em casa, que Didi iria se despedir do Botafogo. Naquele mesmo estádio, onde fora recebido por uma frenética multidão de torcedores, na manhã de seis de março de 1956. Por sinal, a sua despedida ocorreu com uma vitória categórica, que deixava o Botafogo como um dos líderes e, definitivamente, como o grande favorito ao bicampeonato.

Mas havia um detalhe todo especial. De caráter íntimo, inclusive. É que Didi assinalara um belo gol, em um chute por cobertura da entrada da área. Só que em um velho amigo, a quem tentara ajudar várias vezes nos últimos anos. O agora decadente Veludo, que brilhara com ele no Fluminense, fora campeão no Atlético Mineiro e chegara a ser um dos goleiros convocados para a Copa do Mundo de 1954, na Suíça.

Ao ir embora pela segunda vez, o genial craque saiu afirmando que apostava muito em Arlindo – ainda juvenil – como o seu substituto. Porém, alertava para o fato de que, na Seleção, o seu herdeiro natural era Gérson, estrela do Flamengo. Caprichosamente, Gérson seria também o seu herdeiro com a camisa 8 alvinegra, pouco tempo depois. E, como ele, se sagraria bicampeão carioca, do Pentagonal da Cidade do México e do Torneio Rio-São Paulo pelo Botafogo.

Tempo vai, tempo vem, e eis que com uma perdida saudade da bola, o velho mestre acaba não resistindo. Assim, dois anos depois, já aos 36 anos, acaba aportando pela terceira vez em General Severiano. Corria o ano de 1964. Mas, desta vez, era mesmo para matar saudades. Jogou algumas partidas do Campeonato Carioca, além de participar de uma excursão pelas Américas. Uma chance e tanto, para se divertir como poucas vezes havia feito dentro de campo.

– Foi uma maravilha! Ainda mais porque eu enfiava um passe de curva com o pé direito e o Gérson lançava com a canhota. Era de morrer de rir, pois os caras ficavam tontos. Não sabiam pra quem olhar, pra que lado correr. E o Mané, o Manga, o Joel, o Paulistinha e o Rildo ainda estavam no time. Também deu pra pegar a despedida do Nilton Santos... – derramava-se em saudades, um Didi aparentemente feliz.

Indo treinar o Vera Cruz do México – onde chegou a jogar alguns amistosos –, em uma conversa com o amigo Vicente Feola de tantos anos, eis que, quando menos se podia esperar, Didi acabou embarcando em um sonho atemporal. Irrealizável. É que Feola achava que o São Paulo poderia armar uma excelente tripé no meio-campo. Roberto Dias – jogador de Seleção, revelado no próprio clube – seria o médio-volante e Fefeu – também de Seleção, comprado por uma alta soma ao Flamengo – o meia-armador. Quanto a Didi, ficaria entre os dois. Praticamente parado. Só lançando bolas...

Acontece que, aos 38 anos, as pernas logo cansaram de tantos lançamentos. Ainda mais, para ninguém. É que o São Paulo tinha uma ideia fixa: o término das obras do "Gigante do Morumbi", construído para ser "o maior estádio de clubes do mundo". Com isso, os times são-paulinos eram fracos demais. E aquele não era diferente – chegava, até, a ser ridículo. Tanto que o seu atacante mais popular se chamava Sabino. Mas tamanha popularidade não advinha de uma grande habilidade com a bola nos pés, ou por seus dotes de implacável goleador. Mas, sim, por sua grande semelhança fisionômica com... Pelé!

Pouco mais de dois meses foi uma espécie de tempo suficiente para Didi decidir, enfim, que era hora de parar. Mas parar de vez! Sem correr os riscos de novos acessos de uma saudade irrefreável dos estádios cheios. Da bola magnetizada, colada ao pé direito. Dos lançamentos de curva. Dos dribles curtos e insinuantes. Da *folha-seca* atazanando a vida dos goleiros... Como jogador, havia sido o maior de todos. Mas, agora, o melhor era investir na carreira de técnico. Na qual poderia passar tanta coisa do muito que sabia.

Os anos voaram, e Didi, como se imaginava, tornou-se um treinador vitorioso, de prestígio internacional. Mas uma coisa o velho mestre jamais conseguiu – e nem quis! – apagar do filme da memória. Nele, em imagens bem nítidas, com direito a *replay*, passavam lances tomados pela mais pura arte. Jogadas onde brotavam a mais densa e inspirada das poesias.

Sua fabulosa carreira por ali desfilava. Decepções? Poucas. Glórias? Infinitas. E se havia um carinho especial era com a Seleção Brasileira. Ou com o Botafogo do seu tempo. Mais ainda: com aquele Botafogo campeão de 1957.

– No começo do ano, nossa esperança era apenas em não fazer feio. O Geninho era bom. Mas, com a entrada do João Saldanha, tudo mudou para melhor. De azarões, passamos a ser olhados com respeito. Já era o dedo do João, a sua psicologia funcionando. O time passou a acreditar mais no seu potencial. Começou a levar fé no que podia fazer em campo. De repente, passamos a figurar entre os favoritos ao título – lembraria, em detalhes, um empolgado Didi.

E era com um brilho diferente no olhar, que o velho mestre concluiria:

– Na verdade, o que fazia a diferença era o nosso ataque: Garrincha, Quarentinha, Paulinho Valentim... Uma artilharia da pesada! Sem igual! Só me lembro que foi uma desforra e tanto. Nove anos em jejum ficaram para trás. Aí, o Rio entrou em pânico. O Botafogo era campeão! Com uma goleada de 6 a 2 no Fluminense! Coisa igual, nunca mais...

A partir dali, era como se a voz de Didi mudasse de tom. Os graves, entrecortados pela emoção. Uma emoção solene. Como de hábito, marcada pela fleuma. Sem perder a habitual elegância.

CAPÍTULO SETE

# NO REAL, DIDI RELUZ. É CAMPEÃO DO CARRANZA. PORÉM, HAVIA DI STEFANO...

"O grande problema do Didi no Real, foi mesmo de adaptação. Pode ter havido a história do Di Stefano, sim. O frio também atrapalhou. Mas o seu estilo sempre foi clássico, cadenciado. E, na Espanha, se jogava a mil por hora. Esse foi o grande problema. Daí um cracaço, um gênio como o Didi, não ter dado certo por aqui."

*(Canário, ponta-direita do América do Rio nos anos 50. E que jogou com Didi, no Real Madrid e na Seleção Brasileira.)*

Naquela tarde de cinco de agosto de 1959, ainda descendo os degraus do avião, na chegada ao aeroporto de Madrid, de repente Didi estacou. É que sentiu aquele estranho frio na espinha. No ato! Era uma tarde de verão espanhol. Fazia calor. Mesmo assim, Didi e Guiomar estavam impecavelmente elegantes. Mas, e aquele estranho frio na espinha?

Ora, podia muito bem ser uma daquelas suas costumeiras premonições. Ou – quem sabe? "pura cisma; coisas do Didi", como costumava afirmar a mulher, Guiomar. Não que desconfiasse – ou não levasse fé – naquele tipo de reação imprevista do marido. Pelo contrário. Até respeitava – e muito! – aqueles seus instintos inesperados. Não fosse ela uma baiana devota do Senhor do Bonfim. Daquelas de acreditar nos mil misticismos da velha e sagrada Bahia.

Naquela tarde, havia uma verdadeira multidão à espera do novo astro do Real. A entusiasmada torcida do tetracampeão europeu, em estado de total euforia, proporcionou-lhe uma grandiosa recepção. Mas o verdadeiro batalhão de fotógrafos e jornalistas, ali presentes, acabou por intrigá-lo. Mesmo que ele conhecesse como poucos a força do seu cartaz. E a forma como acabara chegando à Espanha.

Afinal, havia se consagrado há apenas um ano, na Suécia, como o maior jogador do futebol mundial. E, graças ao seu estilo refinado e cerebral, é que o Brasil encontrara o ritmo ideal, na grande final, para golear a dona da casa por 5 a 2. E se sagrar, com todos os méritos, campeão de sua primeira Copa do Mundo.

Além do mais, custara caro. Chegara a Madrid com ares de prima-dona. Com um detalhe todo especial: ao fazer parte de um grupo repleto de estrelas, seria o primeiro jogador negro a vestir aquele lendário uniforme. O uniforme imaculadamente branco do "time mais caro do mundo". Como gostava de proclamar, orgulhosamente, o todo-poderoso presidente do Real, Don Santiago Bernabeau.

Aliás, o Real Madrid vivia um momento especialíssimo em sua história. Buscando a glória de títulos cada vez mais inéditos, sonhava acordado com o pentacampeonato da Europa. Queria, a todo custo, recuperar a hegemonia do Campeonato Espanhol. E desejava para já o ambicionado bicampeonato do Troféu Ramon de Carranza, o mais famoso dos torneios de verão do Velho Mundo. Competição, aliás, que marcaria a estreia de Didi ao lado de Puskas, Di Stefano e Companhia.

Todo aquele clima, em torno de sua chegada, só fizera aflorar ainda mais o seu aguçado instinto felino. A aparência serena, os gestos elegantes e as palavras diplomáticas apenas ocultavam um homem interiormente precavido. Com grande senso de autopreservação. No íntimo, Didi era dado a um misticismo cheio de fé. E suas premonições quase nunca falhavam. Daí as perguntas que não parava de fazer a si mesmo. Toda aquela badalação, como iria acabar? Seriam bons os fluídos? Ou, quem sabe, estariam a denunciar futuros maus presságios?

Procurando esquecer um pouco aquelas inquietações, bem guardadas lá no fundo da alma, foi um Didi de bem com a vida que se instalou numa confortável casa de dois andares perto do Estádio Chamartín, campo do Real. E, nos primeiros treinos, virou a atração principal para a imprensa espanhola. Sempre solícito com os repórteres, ora era fotografado ao lado de Puskas. Ora ao lado de Di Stefano. Ou de Gento. Mas também ao lado do técnico paraguaio Fleitas Solich. O lendário "El Brujo". O mesmo velho "Feiticeiro" que havia levado o Flamengo ao tricampeonato carioca, entre os anos de 1953 e 1955. E que havia sido o grande arquiteto, o principal avalista de sua contratação.

Dado como em ponto de bala, depois de três semanas de intensos treinamentos, para a tão aguardada estreia, Didi finalmente vestiu a camisa

8 do Real Madrid, na abertura do Troféu Ramon de Carranza, na cidade de Cádiz. O adversário impunha respeito. Era o Milan, campeão da Itália. Mas o grande Didi, como de hábito, foi logo impondo o seu ritmo, comandando todas as jogadas no meio-de-campo. Foi dali que fez lançamentos perfeitos de mais de 40 metros, a maioria de curva. Executou aqueles seus dribles curtos e desmoralizantes. E chutou aquelas bolas com enorme veneno.

Então, depois de abastecer Di Stefano, Puskas e Gento – só Di Stefano havia feito três gols –, acabou por decidir que era hora de deixar a sua marca. O seu cartão de visitas definitivo. Aos 38 minutos, com o Milan apelando, Puskas é violentamente aterrado pelo zagueiro e capitão Maldini, nas proximidades da grande área. O próprio Puskas, zangado, quer bater. Mas Didi consegue acalmá-lo. E é ele quem cobra a falta com a perfeição de sempre. A barreira nem se mexe. O goleiro Buffon só olha. Mas a bola, caprichosamente, morre mansamente no ângulo direito. Golaço! Uma verdadeira obra de arte *made in Didi.* Real 5 a 1.

No segundo tempo, o que se vê é a máquina espanhola praticamente passear em campo. E apesar de os italianos terem feito mais dois gols, Di Stefano só tem o trabalho de marcar o sexto, fixando o placar em 6 a 3. Um escore elástico demais, para um clássico tão aguardado como aquele Real Madrid e Milan. O Real, tetracampeão europeu; o Milan, campeoníssimo italiano.

Na verdade, havia sido um senhor jogo. Que marcara de maneira brilhante a estreia de Didi, tão soberano em campo como o próprio Real. Aliás, aquele Real era uma fabulosa Legião Estrangeira. Essa é que era a verdade. No gol, um paredão argentino: o gigantesco Domínguez. Na zaga, quem reinava era o notável uruguaio Santamaría. E o ataque era verdadeiramente infernal: Canário, Didi, Di Stefano, Puskas e Gento. Quer dizer: dois brasileiros, um húngaro, um espanhol e um argentino – já naturalizado espanhol – enlouquecendo os adversários.

Mais inacreditável que aqueles 6 a 3 do Real sobre o Milan, no entanto, seria a decisão do Ramon de Carranza. O tira-teima ocorreria logo no dia seguinte, 30 de agosto. Um típico domingo de verão. De sol aberto, céu azul. Com o Estádio Riazor superlotado. De um lado, claro, se vislumbrava o Real Madrid. Aquele Real com todas as suas estrelas. Um Real, portanto, poderosíssimo. Que estava ali, em Cádiz, em busca do almejado bicampeonato do Carranza.

Mas, do outro, o que se via era nada menos que o arquirival Barcelona. O atual grande campeão espanhol. Também poderosíssimo. Com estrelas como o goleiro Ramallets e os atacantes Basora e Villaverde. Mais a sensação brasileira, Evaristo de Macedo, outro tricampeão pelo Flamengo, com Fleitas Solich como técnico. Sem falar na sua tão temida legião húngara: Kocsis, Kubala e Czibor.

E foi o Barcelona que começou a mil. Tanto que acabou abrindo o escore, logo aos 22 minutos, através de Czibor. Mas o Real tinha um técnico competente, astuto, experiente: "El Brujo" Don Freitas Solich. Que, percebendo Di Stefano muito marcado, pede a Didi que procure mais as jogadas com Puskas. Então, o ataque passa, enfim, a funcionar. E, mesmo com Evaristo e Villaverde marcando mais dois gols para o Barça, fica impossível segurar o time merengue.

Com Didi mais uma vez absoluto no meio-de-campo, distribuindo o jogo ao seu belprazer, e com Puskas irresistível no ataque, o Real Madrid chega a uns eletrizantes 4 a 3. Di Stefano marca o dele, assim como Gento. Mas é Puskas quem decide a parada, com dois belos gols, inclusive o da vitória, aos 34 minutos do segundo tempo, em um lançamento sob medida de Didi, dando o bicampeonato ao Real.

Festejados pela torcida, que já invadira o gramado, os jogadores estão extenuados, mas demonstram uma grande felicidade. Afinal, além de bicampeões do mais tradicional torneio de verão da Europa, tinham vencido, na decisão, do maior adversário. O mais histórico de todos. Uma forra aguardada desde o ano passado. Com enorme ansiedade.

Ainda no centro do campo, um Didi atencioso e sorridente atendia à solicitação ininterrupta dos jornalistas. Ele acabara de ser apontado, por grande parte da crítica, como o mais destacado jogador da competição. O que só multiplicara o assédio em torno do craque brasileiro. Pouco depois, uma multidão de fãs parecia querer sufocá-lo. Mas ele era perseguido, em particular, por um grupo de entusiasmadas crianças, que o cercaram desde o fim do jogo. E fizeram questão de acompanhá-lo até a saída do estádio, na subida do ônibus.

– Foi muito bom estrear assim. Ser campeão com o Real parece ser mesmo algo bem diferente. Especial! Tivemos dois grandes adversários. Mesmo assim, vencemos com todos os méritos. Sempre impondo o nosso ritmo. Acho que vai ser uma grande temporada – dizia um descontraído e confiante Didi. Um maestro que, com o poder do seu jogo, havia cativado – e até mesmo empolgado – a severa imprensa espanhola.

Porém, como um profundo analista do dia-a-dia do Real Madrid, não era bem assim que pensava o respeitado e vivido jornalista Ramón Melcón Júnior, do periódico *Marca*, o mais conceituado da capital espanhola. Tanto que, ali mesmo, antes de deixar Cádiz, já previa dias de tormenta no futuro – e um futuro, em breve – para o novo astro do Real. Uma das causas: ciúmes. Outra? Uma possível briga pelo poder. Porém, o melhor era aguardar. Deixar passar a euforia pela forra em cima do Barça. A ressaca pelo bicampeonato do Carranza.

Como já era de se prever, no retorno a Madrid o assédio só fez aumentar. Tão intensamente, que não havia dia em que Didi não fosse várias vezes solicitado. Ora para novas reportagens, ora pelos fãs. Cartas chegavam aos montes à sede do Real. O que levou Don Santiago Bernabeau, ladino como ele só, a mandar confeccionar milhares de botons e fotos autografadas do novo astro do Real, que a secretaria do clube passou a distribuir entre os ávidos torcedores, inclusive pelo correio.

Podendo desfrutar – agora, mais do que nunca – do *slogan* por ele criado, Don Santiago cobrava fortunas por qualquer amistoso do "maior e mais caro time do mundo". Numa excursão à Alemanha Ocidental, por exemplo, elevou o cachê de 40 para 50 mil dólares por jogo. Um recorde! Algo nunca pedido antes por ninguém. Nem por Seleções de prestígio – a Inglaterra, a Itália, a campeã de 1954, a Alemanha Ocidental e a própria Espanha, dentre elas. Mas, diabos, qualquer um pagava o que Don Santiago pedia. Sem pestanejar!

A caminho da concretização do seu mais ambicionado sonho – ver o Real, afinal, reconhecido oficialmente como "o maior do mundo"–, Don Santiago Bernabeau trouxera o seu elenco milionário à América do Sul. Fora um ano antes, em 1958. Didi ainda não havia chegado e Kopa se despedia. Mas o importante era sensibilizar os sul-americanos. Por aqui – com cachês baixos para os seus padrões, cobrando de 15 a 20 mil dólares por jogo –, o Real apenas se exibiu. Empatou os três amistosos realizados no Uruguai e na Argentina. Mas a semente estava lançada.

Dessa maneira, com Didi no lugar de Kopa e com Puskas apto a entrar em campo – chegara ao fim a punição de dois anos que a Fifa lhe impusera, por haver abandonado a Hungria, em 1956, quando da invasão de Budapeste pelos tanques russos –, o Real estava mais do que pronto. E ansioso! Iria ser novamente campeão da Europa, pela quinta vez consecutiva. E passaria a esperar o vencedor da I Copa Libertadores da América, a competição que o presidente do clube espanhol convencera a Confederação Sul-Americana a criar. Europa e América do Sul se veriam, até que enfim, frente a frente. Seria a tão aguardada prova dos nove.

Chegando ao pentacampeonato da Europa, ao golear os alemães do Eintrach Frankfurt por 7 a 3, com Puskas marcando 4 gols, o Real já cumprira metade de sua missão. Agora, mais preparado do que nunca, o grande Real Madrid realizaria, naquele mês de outubro de 1960, o sonho dourado de Don Santiago Bernabeau. Na aguardada decisão, caber-lhe-ia ter como adversário o poderoso Peñarol, do Uruguai, primeiro campeão da Libertadores. Um time que era a base da Seleção Uruguaia. E que possuía também uma verdadeira Legião Estrangeira, com craques como o peruano Joya, o equatoriano Spencer e o brasileiro Nestor Gonçalves.

No primeiro jogo, realizado em Montevidéu, o placar teimou em não sair do 0 a 0. Mas em Madrid, no segundo encontro entre os dois grandes campeões, foi a vez de o Real arrasar: 5 a 1. Puskas foi logo fazendo três gols, tendo Di Stefano marcado os outros dois. "O maior e mais caro", também era agora "o melhor time" do planeta. Então, o delírio tomou conta do Estádio Chamartín. Só que havia um intrigante detalhe: Didi estava de fora. Não havia sido, sequer, convidado para a grande festa. Muito pelo contrário. Àquela altura, já estava bem longe do Chamartín. De Madrid. Distante demais, para sentir de perto a glorificação daquele Real inesquecível. O primeiro campeão da história do Mundial Interclubes.

Segundo Ramón Melcón Júnior, o que fez Didi cair em desgraça foi mesmo a sua maior suspeita. Aliás, a sua suspeita inicial: o ciúme. Solícito e sempre sorridente, polido no relacionamento com todos, o jeito de ser do craque brasileiro contrastava visivelmente com o ar taciturno de Di Stefano. Sempre propenso a nenhuma conversa, Don Alfredo era deliberadamente hostil em qualquer ambiente. Às vezes, se tornava rude até com as crianças. Nem parecia o grande Alfredo Di Stefano, astro principal do campeoníssimo Real Madrid. Eleito duas vezes o "Maior Jogador da Europa", na tradicional enquete da respeitada revista "France Football".

Além do mais, Didi construíra enorme popularidade desde quando chegara a Madrid. E nas excursões – inclusive à Alemanha Ocidental – era sempre o mais procurado. Principalmente pelas crianças, correndo o tempo todo atrás de uma foto autografada do "maior jogador do Brasil campeão", como ainda costumavam definir Didi. Mesmo depois de um ano da grande conquista brasileira na Suécia.

Mas, para Mélcon Júnior, o que provocou de vez a ira de Di Stefano foi o alto nível das atuações de Didi em Cádiz. "Lá, ele se transformou na grande atração do Torneio Ramon de Carranza... Foi graças a Didi que o Real se sagrou bicampeão do Carranza. Uma competição tão tradicional, tão prestigiada aqui na Espanha. E isso, Don Alfredo não poderia jamais perdoar. Seria demais para ele."

Ainda segundo Ramón Melcón Júnior, "desde que chegou ao Real, Di Stefano logrou a façanha de ser o homem-chave do quadro. Aquele que se transformou em seu termômetro e gênio, com inspiração de craque consumado e perfeitamente realizado para o futebol. Porém agora, com a chegada de Didi, terá de dividir com ele a condição de maestro do time. Até porque, essa é a função do brasileiro em todas as equipes onde atua. Mas, Don Alfredo aceitará? Irá dividir o seu comando com alguém?"

O fato é que, duas semanas após o bicampeonato do Real no Ramon de Carranza e da grande festa dos jogadores em Cádiz, teve início o apaixonante Campeonato Espanhol. Didi ainda continuava na crista da onda, para delírio de boa parte da imprensa madrilenha. Mas, com o Barcelona do brasileiro Evaristo e dos húngaros Kocsis, Kubala e Czibor se distanciando na liderança, de repente uma forte campanha contra ele começou a ganhar força entre alguns jornalistas. Parecia, até, coisa encomendada. Algo devidamente planejado e pronto para ser executado no momento exato.

De uma hora para outra, até os seus salários começaram a ser discutidos abertamente. Como se fossem mera mercadoria de feira. Didi realmente ganhava bem. Mas daí a se fazer uma espécie de leilão público com isso, ia uma distância muito grande. E a pergunta nas ruas e nos jornais era: Didi vale o que ganha do Real? Para piorar, o seu estilo cerebral, menos de correria, também entrou na berlinda. Até que, quando menos esperava, foi sacado do time. Pela primeira vez, em sua vida de craque, estava barrado. Jogava uma partida, ficava de fora duas, três rodadas.

Com o correr dos dias, a campanha anti-Didi acabaria chegando ao seu momento mais delicado, ganhando contornos praticamente insustentáveis. As críticas partiam de várias direções. Mas Di Stefano era quem ia mais fundo nas acusações. A ponto de hostilizar tudo nele. Principalmente o seu estilo de jogo:

¡Mira! Nosotros íbamos en el campo a cien por hora. Él iba a sessenta. ¡Así queda difícil!

Conciliador, o ponta-direita Canário era um dos poucos a tentar defender Didi. Já ganhara uma Taça do Atlântico, em 1956, fazendo a ala direita com ele. Então, procurava contemporizar:

– Creio que posso falar, pois fui campeão ao seu lado. E aquele era um grande Brasil, que sabia como fazer gols e dar espetáculo. O estilo, o jeito de Didi atuar, sempre foi clássico. Cadenciado. Ele é o tipo do craque refinado, que "pensa" o jogo o tempo inteiro. Mas aqui na Espanha é o contrário, só se joga a mil. O ideal seria ele funcionar como um perfeito lançador de bolas. Como o grande chutador que é. O Real só teria a ganhar com isso.

Por sua vez, diplomático e observador, além de altamente experiente no quesito intriga internacional, o "Major Galopante" Ferenc Puskas sabia bem como lidar com esse tipo de problema. Mantinha um relacionamento aberto com Di Stefano, que o apelidara até de Pancho, e o considerava uma espécie de parceiro ideal. Mas era amigo de Didi, com quem saía sempre para jantar.

Para Puskas, o estilo clássico e cadenciado de Didi não se afinava com a correria desenfreada do futebol espanhol. Ele mesmo tinha de correr por várias faixas do campo, um desgaste muitas vezes desnecessário. Mas os seus chutes violentos e certeiros e os passes sob medida para Di Stefano e Gento resolviam tudo.

– Além da diferença de estilos, o frio também se tornou um inimigo a mais. Assim como o campo pesado no inverno. Mas o maior problema de Didi foi sempre a sua própria fama. Ele chegou aqui como campeão do mundo com o Brasil. E com o cartaz de "o melhor jogador do planeta". Foi isso que o indispôs com Di Stefano. Tornou-o antipático para sempre a Don Alfredo – afirmaria Puskas, com plena convicção.

O argentino Domínguez e o uruguaio Santamaría eram outros astros do Real bastante ligados a Didi e Canário, o outro brasileiro do grupo. Ambos pensavam mais ou menos como Puskas. Mas se Santamaría ainda tinha uma boa convivência com Di Stefano, Domínguez não. Várias vezes chegou a se atritar com "La Saeta Rubia". Na verdade, o "dono" do time.

– Você manda lá na frente. Mas, aqui atrás, mando eu. Foi para isso que o Real foi me buscar em Buenos Aires – disse-lhe certo dia, no auge de um bate-boca, o grande goleiro vindo do Racing.

(Aliás, Domínguez veio parar no Real Madrid após realizar um Campeonato Sul-Americano perfeito. A competição foi realizada em Lima, no Peru, em 1957. E Domínguez foi campeão com a Argentina. Mãos enormes e seguras, novo – 23 anos –, elástico e gigantesco, mostrou ser um fenômeno no gol. Foi aí que despertou a cobiça de Don Santiago Bernabeau.)

Como não podia deixar de ser, em meio àquela série de comentários maldosos e dos infindáveis disse-me-disses que tomavam conta de Madrid, teria um peso muito grande a polêmica opinião de Guiomar Baptista Pereira, "a Guiomar do Didi", como costumavam chamá-la os amigos Nelson Rodrigues e Ronaldo Bôscoli. Para ela, Domínguez e Santamaría apenas suportavam Di Stefano. Mas a duras penas. E só não partiam para um rompimento pra valer porque sairiam "queimados". E também porque seria algo extremamente prejudicial ao grupo. Ainda mais que o Real caminhava a passos largos para se sagrar pentacampeão da Europa.

Também na opinião de Guiomar – mais conhecida na Espanha, como "a explosiva senhora Didi"–, Di Stefano era tão forte no clube que o próprio Don Santiago Bernabeau acatava sem discutir as suas opiniões ou desejos. Era ele também que escalava o time. E foi aí que suas ideias acabaram se chocando com as de Don Fleitas Solich, o que fez com que o técnico paraguaio também caísse em desgraça.

Com personalidade forte e extremamente dominadora, Alfredo Di Stefano teria a seus serviços um grupo enorme de jornalistas. "Daí a campanha sórdida, orquestrada contra Didi", afirmava, categoricamente, uma intrépida Guiomar. Que, sem medo – e sem papas na língua –, ia bem mais além:

– Pior é o que faz esse General Franco. Um ditador elitista, que não gosta do povo. Mas que faz agrados à Igreja Católica e assim manipula e engana a população pobre. Além do mais, é apaixonado pelo Real, aqui conhecido como *a máfia branca*, pois conta sempre com a sua proteção.

A língua ferina da bonita e temperamental Guiomar, era um prato cheio para a sensacionalista imprensa espanhola. Que via nela, inclusive, semelhanças nos traços do rosto e mais ainda no temperamento, com a famosa atriz Ava Gardner, que morara há vários anos em Madrid. E com aquelas declarações, então... Naquele instante, até o bem comportado Canário chegou a preveni-la quanto ao perigo de suas declarações. Mas Guiomar prosseguia corajosamente em sua cruzada. Se bem que isso não melhorasse em nada a situação do grande craque brasileiro. Piorava, até.

Por outro lado, consultado diariamente por um grupo cada vez maior de jornalistas, o técnico Fleitas Solich jamais se abria. Econômico nas palavras, o máximo que dizia era que "este é um novo Real. Um time que está pegando o seu ritmo. Quando engrenar, continuará a ganhar títulos." Quanto aos problemas com Didi, parecia não se abalar. E prosseguia, lacônico:

– O Didi é capaz de decidir um jogo em uma única jogada. Craque é craque. Lembram-se do Ramon de Carranza?

Acontece que nunca mais houve outro Carranza, outra chance igual àquela. E, querendo evitar o pior – tentando, inclusive, colaborar com Solich –, Didi chegou a jogar, até, como meia-avançado. Quer dizer: um autêntico atacante. E, aí, muito pouco conseguiu produzir. Para agravar a situação, o Real seguia sem convencer. Andou perdendo jogos impossíveis, sem explicação. O que deixou o Barcelona mais líder do que nunca.

Nesse meio-tempo, Guiomar resolveu escrever para vários amigos no Brasil. Particularmente, para os amigos jornalistas. E não pensou duas vezes, pondo todos eles a par da situação. Mas foi Ronaldo Bôscoli, que tinha uma coluna no "Última Hora", diário de Samuel Wainer, que era o mais popular dos jornais cariocas na época, quem resolveu abrir o verbo. "Didi, um craque boicotado no Real", afirmava Bôscoli.

Entrando em campo cada vez menos, o que Didi viu, pouco tempo depois, foi apenas o desfecho de uma história com enredo encomendado. Evaristo, Kocsis, Kubala, Czibor, Ramallets, Suarez, Basora, Villaverde – todos eles, craques renomados – haviam mesmo chegado lá. O Barcelona era o bicampeão espanhol. Merecidamente! Na verdade, jogara um Campeonato impecável. Liderara do princípio ao fim. Era bicampeão com inteira justiça. Um Barça realmente inesquecível.

Àquela altura, porém, o mundo já havia desabado de vez sobre a cabeça de Didi. Exatamente, três rodadas antes do fim do Campeonato Espanhol. Com o Barcelona quase bicampeão, eis que um colérico Don Santiago

Bernabeau invade sem mais nem menos o vestiário do Real. O treino ia começar. Porém, de repente não se ouvia o zumbido sequer de uma mosca. Talvez, nem a respiração dos jogadores. Decidido, Don Santiago foi direto para cima dele, questionando-o abertamente. Perguntou várias vezes se estava satisfeito no Real, se sentia-se à vontade em Madrid. Queria saber de tudo. Inclusive, se Didi tinha alguma queixa velada contra alguma coisa, ou alguém. Por mínima que fosse.

Tendo apenas o goleiro Domínguez e o técnico Fleitas Solich como testemunhas, Didi procurou ser amigável, esboçando um meio sorriso. Disse-lhe claramente que não. Que era muito bem tratado no clube. Que morava bem, recebia altos salários. E que tinha como companheiros alguns dos maiores craques do mundo. Relembrou, inclusive, o Torneio Ramon de Carranza, quando foi o principal responsável pelo bicampeonato do Real. Disse-lhe apenas que não gostava da reserva, mas que esperava em breve voltar ao time. Agora, para ficar.

Foi então que assistiu a um Don Santiago, trêmulo, tirar do bolso do sobretudo um jornal brasileiro, o "Última Hora", com a matéria de Bôscoli. E, cada vez mais nervoso, voltar a interpelá-lo. Agora, asperamente:

– Su mujer nos ha puesto en una situación muy difícil, Didí, al decirle a este periódico de Brasil que sus compañeros influyen sobre los períodistas españoles. Influyen para que hablen mal de usted. Eso es una calumnia y usted lo sabe.

Era o prenúncio do fim! Afinal, depois do patético desfecho daquele novo capítulo, o que mais poderia sentir Didi senão o chão se abrir sob os seus pés? Agora, tudo parecia bem claro diante dos seus olhos. Não havia mais solução, pelo menos aparentemente. Depois de um começo cor-de-rosa, com direito a uma grande recepção na chegada, ao assédio diário dos fãs e ao bicampeonato do Carranza, título que Didi praticamente acabou dando ao Real, com atuações espetaculares, a aventura espanhola caminhava para um desfecho nada previsto. Didi iria deixar o Real, dar adeus a Madrid, sem qualquer alarde. Melancolicamente.

De certo mesmo, o que a dura realidade mostrava eram nuvens pesadas cobrindo o horizonte. Não havia como fugir às seguidas confusões, aos vários incidentes, à infindável lista de comentários maldosos... A sensação que ficava era de que o mundo virara de cabeça para baixo. Em tão pouco tempo. Como que num átimo de segundos. Depois daquela cena com Don Santiago em pleno vestiário, na frente dos demais jogadores, a situação – que já era ruim – ficou extremamente desgastante.

E se tornaria praticamente incontornável, com a nova entrada em cena da explosiva Guiomar. Desta vez, ela apontava diretamente Di Stefano como o líder do complô contra o marido. Voltava a repetir as acusações feitas anteriormente, garantindo com todas as letras que Don Alfredo manipulava como queria a imprensa *pró-Real*. Porém, quem se sentia verdadeiramente traído pelos acontecimentos era Don Santiago Bernabeau. A ponto de, algum tempo depois, já bem sereno, afirmar que Didi era um dos maiores craques que vira jogar. Um gênio, em sua concepção.

– Pero, su contratación fue uno de mis más grandes errores.

Em meio àquela tempestade, a todo aquele angustiante processo de incidentes e incertezas, eis que um inesperado encontro em Madrid começa a definir o destino de um craque que valia ouro. Que, por sua fama e extraordinária categoria, não podia ficar de fora da grande vitrine do futebol. O personagem do providencial encontro com Didi é um velho e notório fã. O próprio presidente da CBD, João Havelange. Fala-se que o encontro de Havelange com Didi foi obra do acaso. Mas o certo é que o presidente da CBD já tinha o seu recado pronto. Bem guardado no bolso do colete.

– Pelo que sei, o Botafogo ainda não conseguiu um grande talento para o meio-campo. E, na Seleção, o lugar ainda é seu – teria lhe afirmado, naquele jantar, um Havelange conciliador. Com alto poder de convencimento.

Porém havia deixado bem clara, límpida como água, a sua condição: para ganhar uma convocação, e vestir de novo a camisa 8 do Brasil, Didi teria de estar defendendo um clube daqui. Jogando na Europa, nada feito!

– Você sabe, Didi, que esse é o nosso critério. Quem está fora, não entra. Só convocamos quem atua em clubes brasileiros. Pense bem...

Aliás, àquela altura não havia muito mais em que pensar. Com o clima pesado, inteiramente adverso no Real Madrid, para que persistir numa briga ingrata, praticamente perdida? Além do mais, o tempo não perdoava. Uma nova Copa do Mundo se aproximava. E ele lá... isolado de tudo. Sem chance de jogar. Sem poder entrar em campo, mostrar o que mais sabia e gostava de fazer.

De volta ao Rio, João Havelange foi direto conversar com João Saldanha e um grupo de alvinegros influentes. Falou inclusive com o presidente do clube, Paulo Azeredo. Ali, deixou bem claro que Didi estava triste e decepcionado na Espanha. "Caso fosse procurado, sei que voltaria já", sentenciou Havelange. Mas enquanto os dirigentes do Botafogo analisavam a situação, eis que Saldanha recebe uma carta até certo ponto inesperada. Era de Didi. E nela ele se abria de vez com o velho amigo:

> "Caro João.
> Armaram uma cilada contra mim. Fiz de tudo, mas não vejo saída. Você sabe quem tramou tudo. A solução é voltar. Quanto mais rápido, melhor. Creio que será um grande alívio. Para todos.
> Um saudoso abraço do
> Didi."

O alívio realmente seria para todo mundo. O clima andava pesado. O Real vivia um momento conturbado. E a presença de Didi incomodava. Ainda mais que ele insinuara na carta – ou bilhete – a Saldanha, o autor da cilada que haviam lhe armado. Nada afirmara, mas se lia nas entrelinhas o chefe da "conspiração": Don Alfredo Di Stefano.

Afora todos esses problemas, um jogador caro e famoso tem é de jogar. Mas, ali, para ele isso era proibido. Solich estava sem força, perdera a voz de comando. Também estava com um pé no portão de saída. E se Don Santiago continuava a se sentir traído, o verdadeiro dono do time mandava e desmandava. Naquele momento, Di Stefano praticamente escalava a quem queria. E, com "La Saeta Rubia", Didi nunca mais!

Finalmente resolvidos, os homens do Botafogo resolvem se pôr em ação para repatriar Didi. Descobrem, por exemplo, que no ato de sua venda havia uma cláusula importante. É que o Real não pagaria só os 80 mil dólares pelo passe. O milionário clube espanhol se dispusera a ceder ainda a renda de dois amistosos em Madrid. Isso era o que rezava, na íntegra, o contrato.

Embarcando de imediato para a capital espanhola, João Saldanha, Renato Estelita e mais dois dirigentes botafogenses acabaram chegando logo a um acordo satisfatório com o Real. Don Santiago Bernabeau e sua diretoria foram todo amabilidades com Saldanha e Companhia. E, loucos como estavam para se livrarem de uma vez do "problema Didi", trocaram a cessão da renda dos dois amistosos pela liberação do seu passe.

Enfim livre para voltar ao Brasil e ao Rio de Janeiro, Didi mal se despediu dos vários amigos que fizera no Real: Puskas, Santamaría, Domínguez e Gento, dentre os mais famosos. Deu um longo abraço em Canário, desejando-lhe toda a sorte do mundo na decisão da Copa Intercontinental, o outro nome escolhido para o I Mundial de Clubes. E com Guiomar e Rebeca, então com quase cinco anos de idade, já a esperá-lo, afivelou as malas e partiu para o Aeroporto de Barajas. Como jogador, deixava Madrid para não voltar nunca mais.

Sua chegada ao Rio, acabou se transformando em mais um grande acontecimento em sua vida. O Aeroporto do Galeão estava lotado para recebê-lo. E na elegante sede – em estilo clássico colonial – de General Severiano, não havia lugar para mais ninguém. Passavam poucos minutos das quatro horas da tarde, quando os flashes espocaram sem parar. Era o ato da assinatura do novo contrato de Didi com o Botafogo. Com uma repercussão bem maior que o da primeira vez, em 1956. E olha que, na época, Didi trocava o Fluminense pelo Botafogo por quase dois milhões de cruzeiros. Um recorde em toda a América do Sul.

Assediado por todo lado, Didi mostrava grande alegria pelo retorno. Deixava-se fotografar à vontade. Exibindo um sorriso permanente, dava entrevistas com a velha tranquilidade, falando sempre na Seleção Brasileira, em novos títulos para o Botafogo. Até sobre o Real Madrid faria comentários elogiosos. Mas quando as perguntas apontavam na direção do seu *affaire* com Di Stefano, preferia fazer com que a resposta caísse no terreno da "inveja descabida, sem sentido." Ou, então, do "puro ciúme".

---

Estranhos, bem estranhos são os homens...

Senão, como explicar que, tantos anos depois, Di Stefano e Didi tenham resolvido baixar o tom, amenizando as palavras ao falar de uma época tão turbulenta?

Um exemplo e tanto acabou sendo o aguardado livro de memórias de Don Alfredo Di Stefano, no qual ele fala de tudo e de todos. Ao reverenciar a bola, que lhe deu glória, fama e fortuna, se desmancha em mil carinhos. E, ao agradecê-la, é simples e direto como sempre: "Gracias, Vieja" – não por acaso, o nome do livro. Mas o que surpreendeu meio mundo foi quando ele resolveu falar de Didi. A ponto de assim descrevê-lo:

– Como jogador, era extraordinário. Jamais vi alguém chutar como ele. Pude observar Didi fazer cada passe inacreditável, lá do meio-campo. Parecia que a bola sairia reta, mas subitamente desandava a fazer curvas, mudando misteriosamente de direção. Seu chute era puro efeito! Tentei imitá-lo algumas vezes, mas jamais consegui...

A única restrição à sua curta temporada no Real Madrid, ficaria por conta do que já se sabia de há muito:

"O Didi corria pouco, preferia o estilo cadenciado. E o futebol espanhol é rápido e vibrante, não é como o brasileiro. Então, ele não conseguiu adaptar-se..."

Já Didi também procurou não esconder mais a sua história. E dizia que, apesar dos pesares, chegou a viver alguns bons momentos em Madrid. Lembrava com carinho de ter sido campeão com o Real do Torneio Ramon de Carranza. Falava com prazer dos amigos Canário, Puskas, Domínguez, Gento e Santamaría... E elogiava o jeito de Don Santiago, "sempre capaz de gestos largos, generosos, para agradar os jogadores."

Era capaz, até, de recontar, divertido, uma brincadeira que fazia sempre após os treinos:

– Eu e o Puskas gostávamos de treinar cobranças de falta. Aí chamamos o Domínguez e criamos a brincadeira, apostando um jantar, uma ida ao teatro ou algumas pesetas. O Puskas usava a bomba que tinha no pé esquerdo. O Domínguez – um paredão! – defendia muitos chutes, nos encarava de frente. E eu ia de *folha-seca*, o que deixava os dois malucos. Só sei que ganhava mais que perdia...

Se bem estranhos são os homens, o que dizer do destino?

Também sempre foi tão estranho que, naquele outubro de 1960, acabou selando a sorte daqueles dois homens de temperamentos tão diferentes. Porém geniais, na grande arte de jogar futebol.

Enquanto Di Stefano, aos 34 anos, ganhava o I Mundial de Clubes, consolidando de vez o seu reinado no Real Madrid, Didi desembarcava no Rio. De novo, feliz da vida.

Aos 32 anos, estava voltando para casa. Aqui, seria bicampeão carioca, ganharia o Torneio Rio-São Paulo. E, ainda com o seu Botafogo, se sagraria campeão de um torneio internacional de grande importância: o Pentagonal da Cidade do México.

Prenúncios, certamente, de uma glória maior: o bicampeonato mundial com o Brasil, lá em Santiago do Chile.

Ah!, o destino.

O destino, o destino...

O vice de futebol, Benício Ferreira Filho, foi o maior fã de Didi nos áureos tempos das Laranjeiras (Arquivo/ *Jornal dos Sports*).

Destaques no Fluminense, Didi e Castilho foram parar direto na Seleção. E se tornaram decisivos, na campanha que fez do Brasil campeão do Pan-Americano do Chile (Arquivo/*Jornal dos Sports*).

Com Orlando Pingo de Ouro e Benício, Didi se afinava às mil maravilhas. Juntos, deram dois títulos em um ano ao tricolor da rua Álvaro Chaves (Arquivo/*Jornal dos Sports*).

O Fluminense, campeão da II Copa Rio. Píndaro, Jair Santana, Edson, Bigode, Castilho e Pinheiro (em pé); Telê, Didi, Carlyle, Orlando Pingo de Ouro e Quincas (agachados).Depois, Marinho entraria no lugar de Carlyle. Robson, no de Quincas. Foi o maior feito da história do clube (Arquivo / Péris Ribeiro).

A parceria entre João Saldanha e Didi foi o máximo na história alvinegra. Logo, o Botafogo seria campeão carioca – 1957 –, transformando-se em seguida em um dos maiores times do mundo (Arquivo / Didi).

Nunca um jogador custara tanto na América do Sul. Por isso mesmo, Didi chegou ao Botafogo no céu. Com a fama, mais do que justa, de verdadeiro pop star (Arquivo/*Jornal dos Sports*).

Didi e Paulinho Valentim pisaram quase ao mesmo tempo em General Severiano. Grandes parceiros, foram fundamentais na conquista do título de 1957 (Arquivo/*Jornal dos Sports*).

Na tranquilidade do Hotel Ipanema, Didi, Paulinho Valentim, Beto e Nilton Santos curtem o café da manhã. A concentração foi escolhida a dedo por João Saldanha (Arquivo/*Jornal dos Sports*).

Os heróis de 1957. Adalberto, Thomé, Servílio, Nilton Santos, Pampolini e Beto (em pé); Garrincha, Paulinho Valentim, Didi, Edson e Quarentinha (agachados). Enfim, o Botafogo era campeão dentro do Maracanã (Arquivo / Roberto Porto).

No auge da euforia, Didi é carregado em triunfo na sede de General Severiano. Depois de nove anos, enfim o Botafogo era campeão outra vez (Arquivo/*Jornal dos Sports*).

Começo do repouso do guerreiro. Extenuado, mas feliz – e, finalmente, campeão com o Botafogo –, Didi deixa que Guiomar lhe descalce as chuteiras da glória imortal (Arquivo / Péris Ribeiro).

No ano de 1961, “O Glorioso” formou um ataque verdadeiramente arrasador: Garrincha, Didi, Amoroso, Amarildo e Zagalo. No final, não deu outra: Botafogo, campeão carioca com sobras (Arquivo / Péris Ribeiro).

Tite – bicampeão com o Santos – coloca a faixa em Didi – campeão com o Botafogo. Dois craques ilustres, que Campos – o maior celeiro fluminense – deu de presente ao futebol brasileiro (Arquivo/*Jornal dos Sports*).

Didi adorava Garrincha. Mas tinha em Nilton Santos o seu maior amigo no futebol. Começaram campeões na Seleção. E, juntos, foram bicampeões mundiais com o Brasil. Santiago do Chile foi cenário e testemunha da épica façanha (Arquivo/*Jornal dos Sports*).

Cercado pcr dirigentes do Real, Didi assina contrato na sede do clube, em Madrid. A partir dali, o ""Maior Jogador" da Copa da Suécia viraria a nova grande atração do tetracampeão europeu. Pena ter ficado tão pouco... (Arquivo/*Jornal dos Sports*).

Em 1959, só a Espanha poderia juntar Didi, Di Stefano e Puskas em um mesmo time. Resultado: com os três, o Real Madrid deu show, sagrando-se bicampeão do famoso Torneio Ramon de Carranza, em Cádiz (Arquivo / Péris Ribeiro).

Após levar o Real Madrid ao bicampeonato do Ramon de Carranza, Didi olha, orgulhoso, uma pilha de cartas. Guiomar acompanha. Ali, mal sabiam que começava um grande pesadelo. (Arquivo/*Jornal dos Sports*).

Dois gênios! Com o tempo, o segundo deu lugar ao primeiro. Mas Didi e Zizinho também chegaram a jogar juntos. E, melhor: foram campeões com o Brasil. Primeiro, da Taça Oswaldo Cruz (1955). Depois, da Copa Atlântico (1956) (Arquivo / Péris Ribeiro).

O jovem time do Brasil, campeão do Pan-Americano de 1952. Djalma Santos, Ely, Nilton Santos, Brandãozinho, Castilho e Pinheiro (em pé); Julinho Botelho, Didi, Baltazar, Pinga e Rodrigues (agachados). Só o artilheiro Ademir Menezes tinha vez, no lugar de Pinga (Arquivo / Didi).

A Folha-Seca, contra o Peru, classificou o Brasil rumo à Suécia. Com aquele chute desconcertante, Didi simplesmente visou o nosso passaporte à VI Copa do Mundo – e o da incrível Folha-Seca também (Arquivo / Péris Ribeiro).

Depois da sonora goleada em cima da França, Didi, Gilmar e Pelé comemoram pra valer embaixo dos chuveiros. Os 5 a 2 sobre Kopa, Fontaine e Companhia deixavam os brasileiros praticamente com a mão na Copa de 1958 (Arquivo/*Jornal dos Sports*).

O Brasil da Suécia, campeão mundial pela primeira vez. Djalma Santos, Zito, Bellini, Nilton Santos, Orlando e Gilmar (em pé); Garrincha, Didi, Pelé, Vavá e Zagalo (agachados). Dream Team igual àquele, nunca mais... (Arquivo / Péris Ribeiro).

Com o cartaz de o "Maior da Copa", Didi é recebido no Palácio do Catete, em audiência especial, pelo Presidente Juscelino Kubitschek. O Brasil campeão era manchete em todo lugar (Arquivo / Péris Ribeiro).

Numa homenagem aos campeões do mundo, em pleno *hall* do Maracanã, a finesse do capitão Bellini e a descontração do maestro Didi. Ídolos sempre, dentro e fora dos campos (Arquivo / Péris Ribeiro).

Djalma Santos, Zito, Gilmar, Zózimo, Nilton Santos e Mauro (em pé); Garrincha, Didi, Vavá, Amarildo e Zagalo (agachados). O Brasil é bicampeão mundial em Santiago. Praticamente, repetindo o mesmo time da Suécia (Arquivo / Péris Ribeiro).

Erguendo a Taça Jules Rimet – símbolo máximo da supremacia no futebol –, Didi consagra-se de vez. É bicampeão mundial, e um inquestionável gênio da bola (Acervo / Péris Ribeiro).

O famoso técnico Sepp Herberger – campeão com a Alemanha em 1954 – sempre foi fã de carteirinha do futebol de Didi. Era capaz de passar horas e horas vendo um simples treino do Gênio da Folha-Seca (Arquivo/*Jornal dos Sports*).

Campos, 1990. Tendo ao lado o Prefeito Anthony Garotinho Matheus, o jornalista Péris Ribeiro e o vereador José Madruga, Didi recebe a maior homenagem de sua cidade: a Comenda Benta Pereira. (Foto / Carlos Grevi).

No mês de janeiro do ano 2000, a última grande glória. Homenageado pelo velho amigo João Havelange, presidente de honra da FIFA, Didi entra para o "*Hall* da Fama" da Entidade Máxima do Futebol (Arquivo / Marcus Vinícius Pinto).

Guiomar carrega a pequena Lia no colo. Carinhoso, Didi conta histórias que fazem a alegria de Rebeca. Cena feliz, de um certo álbum de família (Arquivo/*Jornal dos Sports*).

Guiomar e Didi formaram o mais famoso casal da história do futebol. Ela sempre foi importante, nos principais momentos do genial camisa 8 (Arquivo/*Jornal dos Sports*).

A cena imortal! O drible elegante e, quase sempre, desmoralizante, era capaz de prostrar ao chão qualquer adversário. Assim era Didi, em sua versão "Mr. Football" (Arquivo / Didi).

## CAPÍTULO OITO

# A MAGIA – E A VERDADEIRA HISTÓRIA – DE UMA CERTA FOLHA-SECA

"Seu nascimento pra valer se deu em 1951, quando foi campeão com o Fluminense. Então, de lá para cá, Didi não parou mais de nos surpreender. Com a graça de uma foca empinando uma bola sobre a cabeça, soube traçar o próprio caminho para a glória. Como agora, quando, com seus dribles insinuantes, seus passes perfeitos e um chute mortal, a *folha-seca* – certamente sua mais grandiosa invenção –, faz do Brasil campeão. E sai da Suécia consagrado como o mais brilhante jogador da Copa."

*(Mário Filho, o papa dos cronistas esportivos brasileiros, analisando historicamente o fenômeno Didi.)*

A lenda – ou a história – do mais famoso dos chutes do futebol mundial, com o tempo acabou ganhando as mais variadas versões. Algumas, fantasiosas. Outras, meramente folclóricas. Mas, todas elas, apenas servindo para reforçar uma espécie de misticismo em torno da *folha-seca*. O tal chute cheio de malicia e veneno, inventado por Didi.

Aliás, foi mais por necessidade de ofício que o grande craque acabaria descobrindo aquele jeito diferente de bater na bola. Aí, cerebral como poucos, sentiu que poderia aperfeiçoá-lo. E, aperfeiçoado, logo se transformou no mais temido de todos os chutes. Uma espécie de pesadelo – ou maldição – na vida de qualquer goleiro. Até mesmo de um Gilmar, um Barbosa, ou um Castilho. Ou de um Buffon, um Abbes, um Asca. Só para citar alguns dos mais famosos – entre brasileiros e estrangeiros – que se viram em polvorosa, ante a imprevisibilidade da genial criação de Didi.

Lenda, folclore ou apenas história real, a verdade é que as mais variadas versões sempre existiram. Algumas possíveis testemunhas, por exemplo, defendem a tese de que a primeira *folha-seca* foi executada logo na inauguração do Maracanã. Naquele jogo entre as Seleções de Novos do Rio e de

São Paulo, em 16 de junho de 1950. Outras, porém, são capazes de afirmar que ela ocorreu no clássico Fluminense 5 x Bangu 3, pelo primeiro turno do Campeonato Carioca de 1951. E há os que juram de pés juntos que a vítima inicial seria o grande Roque Máspoli, naquele histórico Brasil 4 x Uruguai 2, pelo Pan-Americano de Santiago do Chile, em 1952.

Tais versões acabaram correndo mundo. E ganharam um quê de verdade, com o intermitente correr dos anos. Assim como surgiram muitas outras histórias. Como a que deixa transparecer que ela deu o ar de sua graça em 1950, sim. Mas em um despretensioso Fluminense 1 x Botafogo 0, com os dois times fora da briga pelo título, apenas cumprindo tabela. Então, a vítima teria sido Gilson, jovem goleiro botafoguense. De repente, surpreendido por aquele chute que parecia ir para fora, mas iria morrer mesmo no seu canto direito.

Paralelamente a tantas versões desencontradas, uma observação, no mínimo deliciosa, partiu do jornalista João Máximo. João, o primeiro a ganhar o Prêmio Esso, em 1967, com uma reportagem esportiva – "O futebol brasileiro – O longo caminho da fome à fama" –, parecia saborear em detalhes a sua descoberta. Tanto que questionava, logo de saída:

– Alguém já viu o *frango* perder o *status* de *frango*? Pois um dia aconteceu. E foi graças à *folha-seca*, que fez dele uma bola indefensável.

E João prosseguiria, convictamente:

– A mais famosa delas aconteceu em um Brasil x Peru, no Maracanã. Jogo decisivo, valendo pelas Eliminatórias da Copa da Suécia. Com o tempo passando, e o placar teimando em não sair do 0 a 0, o clima fica tenso. Mas, de repente, ocorre uma falta nas proximidades da área. Barreira de cinco peruanos. Didi se aproxima. E cobra a falta à sua maneira. O chute macio, a curva esquisita, a bola caindo como uma folha de outono no fundo do gol. Debaixo das traves, um Asca imóvel. Os pés presos ao chão. "Frango!" – como diriam alguns? "Frangaço!" – como gritariam outros? Não mais. Nunca mais...

Diante de tantas contradições, certo dia o próprio Didi preocupou-se em explicar que o seu jeito diferente de bater na bola já vinha da adolescência. É que, ao sofrer uma violenta *pregada* em uma pelada, quase ficara inutilizado. E, ao voltar aos campos, começou a estudar uma nova maneira de chutar e passar a bola. Queria inventar um outro estilo de jogo. Especial!

Então vieram os dribles curtos e insinuantes, os primeiros lançamentos longos... E o chute diferente, pressionando a bola contra a grama.

– Sempre que possível, evitava o corpo a corpo, o choque direto. E se já era de *pensar* o jogo, me tornei mais cerebral ainda. Continuava a correr muito, mas aos poucos passei a cadenciar o meu ritmo, até nas passadas em campo. Afinal, quem tem de correr é a bola, não é mesmo? – relataria um Didi com ar professoral.

Catedrático dos segredos do futebol, o extraordinário camisa 8 brasileiro sabia como poucos desestabilizar o adversário. Este era o caminho para se ganhar um jogo. Ou um Campeonato. Nessa hora, ele não se fazia de rogado:

– O drible sempre foi uma arma poderosa. Dependendo do marcador, procurava aplicar-lhe um corte seco, para tirá-lo logo do caminho. Ou um drible largo, descadeirante, capaz de desmoralizá-lo de vez. De um jeito ou de outro, nunca deixou de dar resultado. Mas tudo tinha de ser bem pensado. Era preciso estudar o adversário. Analisar o seu estilo, o porte físico, o temperamento... Futebol é arte. Mas tem muito de ciência, de psicologia também.

E Didi ainda explicaria que, na hora do chute, a tensão, o clima da partida, sempre seriam fundamentais:

– Contra um goleiro nervoso e uma defesa desatenta, que armava mal a barreira, o segredo era manter-se senhor da situação. Aí, as minhas chances de êxito eram enormes. Porém, diante de um daqueles goleiros de respeito – ainda por cima, em um grande dia –, só a perícia era capaz de decidir a parada. Por isso, treinava muito. Procurava, cada vez mais, aperfeiçoar o meu chute. Criar outras bossas, novos truques...

Nos últimos anos, quando via Zico, Marcelinho ou Neto cobrarem faltas, o velho mestre se encantava. Os chutes violentos de Nelinho e Éder também andaram merecendo elogios, "pois tinham força e pontaria. Mas os dois também procuravam dar um certo efeito na bola, dificultando ainda mais a vida dos goleiros".

– Sobre o Marcelinho, já esgotei os elogios. Com mais uns segredos, que eu gostaria de revelar-lhe, acho que seria imbatível nas faltas. Já o Neto colocava força e muito efeito, além de chutar com precisão de longa distância. Quanto ao Zico, foi o mais perfeito nas cobranças de falta da entrada da área. Dali, era como se fosse um pênalti para ele. Deu vários títulos ao Flamengo dessa maneira. E é o maior artilheiro do Maracanã, graças a muitos daqueles chutes de bola parada – especificaria, quanto aos seus possíveis sucessores.

Sobre os grandes cobradores de falta do passado – todos eles, eméritos chutadores –, Didi apontava logo de saída três craques fantásticos. Dois brasileiros – Jair Rosa Pinto e Rubens; e um estrangeiro – o húngaro Puskas. Os três, inesquecíveis.

– Em Rubens, o que saltava aos olhos de imediato era a malícia. E a sua enorme habilidade. Primeiro, estudava a posição do goleiro. E aí tirava-o do lance, sempre chutando colocado. Lá no ângulo. Certa vez, presenciei o *doutor Rubens* fazer um gol inacreditável. A falta foi à altura da intermediária. Mas ele chutou calculadamente, por cima da barreira, com a bola descaindo por detrás do grande Barbosa. Incrível! O Flamengo venceu o Vasco por 2 a 1, sagrando-se bicampeão naquele ano – descreveria o gênio da *folha-seca*.

Entre Puskas e Jair Rosa Pinto, Didi conseguiria descobrir até mesmo algumas semelhanças, apesar de Jair ser magro e Puskas gordinho. Não só porque ambos eram baixos e canhotos, mas também por possuírem um verdadeiro canhão no pé esquerdo. E tem mais: se Puskas calçava número 36, as chuteiras de Jair não passavam do número 34.

– Vi o Jair lançar e chutar no Palmeiras, primeiro. Depois, facilitando o começo do garoto Pelé na Vila Belmiro. Tanto no Palmeiras como no Santos, o Jajá sempre brilhou. Foi campeão nos dois, com aquela sua canhota de sonhos. Sobre o Puskas, o que vi ele fazer na Espanha me maravilhou. Lá, chamavam-no de Canhãozinho Pum, ou Canhãozinho Puskas. Como o Jair, era de chutar forte e colocado. Certeiramente e de longe também. Aliás, o Real Madrid foi pentacampeão europeu com quatro gols do meu amigo Pancho. É o máximo, não? – rememoraria, feliz.

Mas, e quanto à *folha-seca*? Qual seria, afinal, a sua história? A verdadeira, a real história que envolve a magia e a lenda do mais famoso e temido dos chutes?

De saída, Didi procurou esclarecer definitivamente algumas das muitas versões sobre a sua célebre invenção. Inclusive, as que mais fortemente dominaram o imaginário popular. E foi direto ao assunto:

– O primeiro gol do Maracanã nasceu de uma troca de passes com o Dimas. Quando finalizei, estava na entrada da área. Foi um chute frontal, quase rasteiro, mas difícil de o Oswaldo pegar. Esse mesmo Oswaldo Topete seria o goleiro dos 5 a 3 com o Bangu, no ano seguinte. Meu gol nasceu de uma tabela como o Orlando Pingo de Ouro, e a conclusão foi pelo alto. Um chute por cobertura, no contrapé do Oswaldo. Aliás, aquele poderoso Bangu é que iria decidir conosco o título de 1951. Eles eram fortes e tinham o Zizinho, que valia por meio time. Mesmo assim, saí do Maracanã campeão com o Fluminense.

E prosseguiria o inigualável craque:

– Sobre a versão que fala do gol no Gilson, realmente há nele ingredientes da *folha-seca*. Mas eu ainda não tinha aperfeiçoado a batida, o jeito exato de pegar na bola. E, no Pan-Americano, coloquei muito efeito no chute. A bola saiu cheia de *graxa*, escapando do controle do Máspoli que, por sinal, tinha mãos enormes. Porém, o Brasil foi campeão e o adversário era o sempre temido Uruguai. Então, a lenda passou a prevalecer. Como no lance em cima do Gilson, naquele gol havia ingredientes do que viria depois. Mas ainda não era a *folha-seca*.

Quanto a uma versão menos conhecida – mas que, na época, ganhou grande repercussão –, também há a explicação exata:

– Quando o gol saiu, todo mundo cantou em prosa e verso. E não era para menos, pois foi ele que colocou o nosso time na final da competição. Uma Copa Rio que não esqueço, já que ali fui campeão pela segunda vez com o Fluminense. O azar do Sweeda, goleiro do Áustria, é que ele se adiantou. Preocupado em armar a barreira, se distraiu. Perdeu a concentração. Um erro fatal. Percebendo a sua colocação, chutei pelo alto, com força. Mas botei jeito e efeito na bola. Ele foi nela, mas não dava mais. Resultado: o Fluminense ganhou a 15 minutos do fim. De 1 a 0!

Como ele mesmo havia comentado, desde a adolescência Didi testava um novo estilo, um novo jeito de jogar. E, logicamente, de chutar. De bater diferente na bola. O grave acidente, que quase inutilizou-o entre os 13 e 14 anos, acabou sendo a alavanca decisiva nesse processo.

– Quando comecei a *pensar* o jogo, tentava evitar o corpo a corpo. Fazia isso sempre que podia. Mas era preciso muita habilidade para escapar rápido do adversário. Daí o drible curto, calculado. Para correr menos, a saída era o passe longo. Comecei então a fazer lançamentos, treinava muito isso. E os chutes passaram a ganhar um efeito diferente. Saiam meio zarolhos; serpenteantes. Queimando a grama – relataria, minuciosamente.

Trocando Campos pelo Rio, o meia-armador passou a observar cada vez mais atentamente a potência do chute de Lelé. Ou a insuperável destreza e malícia de Jair Rosa Pinto nas cobranças de falta. Também não tirava os olhos de Zizinho, acostumado a fazer uns gols inesperados de fora da área.

– O mais engraçado nessa história toda é que os goleiros iam sempre na onda do Zizinho. Ora, o Ziza era pura manha. Além do mais, tinha um dom especial. Colocava a bola aonde queria. Conheci goleiro que não dormia na véspera. Tinha pesadelos com o Zizinho – destacaria Didi.

– Porém, o máximo mesmo era o Jair. Inigualável! Quando o Palmeiras foi campeão do Torneio Rio-São Paulo, logo no início de 1951, ele aprontou uma com o Castilho que liquidou com a gente. A falta era distante. Mas o Jajá botou tudo naquele chute: força, pontaria, efeito e precisão. O Castilho levou anos querendo descobrir por onde a bola tinha passado. Como ela foi parar no seu ângulo esquerdo – comentaria, deliciado, um maravilhado Didi.

Vendo aqueles *cobras* todos bem de pertinho, o que ele sentia era que estava a ponto de criar, realmente, algo bem diferente. Alguma coisa revolucionária. Capaz de dar o que falar por aí. Já tinha observado de tudo. O suficiente! Foi então que o destino resolveu interferir, dando uma mãozinha.

Hoje, pouca gente se lembra. Mas tudo começou em um Fluminense e América, pelo Campeonato Carioca de 1955. Numa disputa de bola com Ivan, centro-médio clássico, mas viril no combate direto, e que, mais tarde, seria campeão do Torneio Rio-São Paulo pelo próprio Fluminense, Didi acabou levando a pior. Saldo do lance: tornozelo direito avariado.

Como consequência, acabou por se ver obrigado a curtir o estaleiro por um bom tempo. Tempo exato, no entanto, para que, entre o tratamento na enfermaria das Laranjeiras e a volta progressiva aos treinos, acabasse por descobrir a tão ansiada maneira diferente no ato do chute. Um jeito que também não sacrificasse a sua recuperação. Poupando, assim, a região magoada pelo bico da chuteira do centro-médio americano.

Observador engenhoso, sacou logo que poderia estar criando, ali, o tão decantado estilo revolucionário de bater na bola. Ainda mais porque o chute era executado com a parte externa do pé direito, em torno da chamada *linha dos três dedos*. Mas o que o deixava empolgado de verdade era o trajeto que havia conseguido conceber, tão logo detonava o chute.

É que a bola, como que encantada, desandava a descrever curvas e rotações diferentes em pleno ar. Para, logo em seguida, desenhar uma semi-parábola. E descair ora com força, ora macia, mas incerta e cheia de *graxa*, num dos ângulos do gol. Bem junto às traves. Tudo isso, para desespero de Castilho, Veludo, Adalberto e Jairo, justo a fina flor, em termos de goleiros, lá no Fluminense. E que se revezavam, treino após treino, na ingrata tarefa de testar aquela típica invenção *made in Didi*.

Finalmente, já tida como pronta e acabada, eis que a grande novidade acabou por ser testada oficialmente diante do pobre Julião, goleiro do Bonsucesso. Um crioulo imenso, que ora fechava o gol para balanço; no outro dia era capaz de papar os *frangos* mais inacreditáveis. Homéricos mesmo. E que naquela tarde, no estadinho da Rua Teixeira de Castro, pensava, a cada chute de Didi, estar vendo coisas do outro mundo. Ou, no mínimo, que *andava variando da cabeça*, debaixo de um sol de mais de 40 graus que latejava em sua moleira. Ainda mais naquele caldeirão de fogo, que atendia por Zona da Leopoldina do Rio de Janeiro.

Um pouco mais de tempo passado, e lá estava a estranha novidade a ganhar notoriedade de vez, agora como arma mortal. Só que acabou por visar o seu passaporte para o sucesso internacional, em duas vias distintas. Em 1957, quando garantiu a ida do Brasil à Copa do Mundo da Suécia, no 1 a 0 diante do Peru, em pleno Maracanã. E em 1958, já em gramados escandinavos, quando provocou o desempate em 2 a 1 no eletrizante jogo semifinal, diante da França, que vencemos por 5 a 2.

Quatro dias depois, com o Brasil já campeão do mundo pela primeira vez, e com o próprio Didi, majestoso, consagrado com todas as honras como o grande maestro do time e o maior jogador da Copa, era da vertiginosa *folha-seca* que ele voltaria a falar com imenso carinho.

E talvez, em pleno transe da grande festa, até se lembrasse em detalhes de como tudo havia começado.

Por exemplo: daquele Fluminense e América e do tornozelo avariado na disputa de bola com Ivan; do espanto do pobre Julião, a ver coisas do outro mundo no acanhado estadinho da Rua Teixeira de Castro, a cada *folha-seca* que descaía no seu gol; e, finalmente, de Abbes, goleiro da França, quatro dias antes. A testar, sem sucesso, o poder de fogo de um chute que questionaria a física e a lógica, na intrincada geometria do futebol.

Mas, ao ganhar de vez as manchetes dos principais jornais, transformando-se no grande pesadelo dos mais famosos goleiros, o que ainda faltava dizer sobre aquele chute incrível? E a sua definição? Quem chamara-o de *folha-seca*? E porque, afinal?

Na verdade, aquele chute cheio de malemolência, recheado do mais puro veneno, teve uma definição tão genial quanto ele mesmo. Só que, como era de se esperar, essa definição acabou ganhando também inúmeras versões. Teve os mais variados autores. Cada um em uma época diferente. Dependendo da importância do jogo ou da beleza do gol.

Muitos acham que o autor – o feliz e inspirado autor – foi um tricolor histórico: Nélson Rodrigues. Ou, então, seu irmão Mário Filho, considerado o maior romancista do nosso futebol. Há quem aposte no nome de Armando Nogueira. E muita gente credita a João Saldanha, ou a Sandro Moreyra, a histórica façanha.

Porém, o próprio Didi pôs um facho de luz, certo dia, sobre a história:

– Sinceramente, é bem difícil dizer ao certo. Pode ter sido o Luiz Mendes, sempre imaginativo. Ou o Waldir Amaral, que criava apelidos e muitos bordões, aproveitando a sua liderança de audiência. Mas algo me diz que foi o Oduwaldo Cozzi. Poético como ninguém, o Cozzi inventava do nada. Chamado de "Professor", era o mais consagrado narrador da época. Tem tudo a ver com a *folha-seca*...

E seria um Didi, viajando entre o lírico e o filosofal, que quase assinaria embaixo do nome do "Professor" Cozzi:

– Quando o chute partia, o estádio silenciava. Todos ficavam em suspense. Bastava um olhar, e o Cozzi logo comparava. Era como se fosse uma folha de outono, descaindo ao sabor do vento; desgarrada, destino incerto...

Consagrada para valer e definitivamente eternizada em todo o mundo – passando a fazer parte, inclusive, das mais variadas enciclopédias sobre o futebol –, a *folha-seca* teve testemunhas importantes, ao longo de sua trajetória. Gente que presenciou, inclusive, alguns dos seus momentos decisivos. Como o *capitão* Belini, campeão em 1958 e o primeiro brasileiro a erguer uma Copa do Mundo.

Segundo ele, não há como esquecer aquele mágico instante na Suécia, quando Didi desempatou a semifinal com a França:

– Possuindo um ataque terrível, os franceses já haviam empatado. E, empolgados, andavam querendo o segundo gol. Mas o Didi jogava com raiva, com uma determinação que poucas vezes vi. Quando apanhou o rebote das canelas do Kopa, senti que ia tentar dali. A *folha-seca* saiu perfeita. Um chute belíssimo! E aí foi cômico. A bola entrando bem na *forquilha*, sem defesa para o goleiro. E o Abbes caindo fora do gol, batendo com a cara na trave. Inteiramente grogue. Brasil 2 a 1. Que alívio!

Sobre o mesmo gol, outro depoimento valioso é o do próprio Kopa, um dos principais personagens daquela jogada decisiva. Estrela mais reluzente do empolgante time da França, Raymond Kopa havia sido, pouco tempo antes, tricampeão europeu pelo Real Madrid. E ainda sairia consagrado como o "Maior Jogador" da Europa em 1958, na famosa enquete da revista "France Football". Estava, portanto, em pleno auge. Vivendo o seu apogeu. Mas levou um tremendo azar naquele lance:

– Quando, logo no início do jogo, o Didi me driblou duas vezes seguidas, deu para perceber que ele planejava me desconcentrar, até mesmo me desmoralizar. Aí tentou enfiar a bola por entre as minhas pernas. Como fechei o espaço, ela bateu na perna esquerda. Mas, infelizmente, voltou direto ao seu pé direito. Aí não houve jeito. Foi um gol primoroso, que abateu demais a nossa equipe. Dali em diante perdemos o ritmo. Não nos encontramos mais em campo.

Médio-volante talentoso, que marcava com precisão, mas sabia tocar bem a bola, além de sair com facilidade para o ataque, Pampolini formou uma dupla de respeito com Didi no meio-campo. Principalmente, nos primeiros anos do meia-armador em General Severiano. Tempos que emolduravam, com grande alegria e muito orgulho, as infinitas histórias do meio-campista mineiro:

– Jogar com ele era fácil demais. E, mais do que isso, sempre foi um enorme prazer. Nos entendíamos dentro e fora de campo, pois o Didi era o tipo da estrela que mantinha o seu *status*, mas nunca deixou de ser simples no trato com as pessoas. O tipo do sujeito boa-praça. Mas o que me maravilhava mesmo era o seu futebol. Como jogava!

E, em meio a tão gratas lembranças, o que Pampolini não esconderia seria um carinho especial por determinado gol. Melhor dizendo, por uma certa *folha-seca*:

– Foi em um jogo pra lá de tenso, realizado no Estádio das Laranjeiras. A gente estava na reta final do Campeonato. Ali, qualquer descuido seria fatal.

Vencíamos por 1 a 0, gol do Paulinho Valentim. Mas o Olaria se fechava todo na defesa, além de ter obrigado o Adalberto a três grandes defesas. Foi aí que derrubaram o Didi. Ele se preparou, e meteu por cima da barreira. Bem no ângulo do Walter. Foi a mais bonita cobrança de falta que já vi. A bola apenas deslizou para as redes. Ganhamos de 2 a 0. E dias depois, com aqueles inacreditáveis 6 a 2 em cima do Fluminense, o Botafogo era o novo campeão carioca.

Admirador confesso da arte de Jair Rosa Pinto, o que Didi menos esperava aconteceu de repente. De uma hora para outra, recebeu do popular Jajá de Barra Mansa os maiores elogios. Jair chegou, até, a afirmar que, "a partir do chute que ele inventou, começou uma outra história. Agora, as cobranças de falta têm um novo tempero. E os goleiros uma dor de cabeça sem tamanho". Zizinho também não economizou elogios. A ponto de ressalvar:

– O ziguezague que ele consegue imprimir ao chute é algo impressionante. Treinamos juntos na Seleção Brasileira e vi como a bola muda várias vezes de rotação e direção. Foi um sofrimento para o Castilho e o Gilmar. O Didi conseguiu criar uma coisa inteiramente nova. Diferente. Imaginem só o que os gringos vão sofrer com aquelas curvas...

Pois se Máspoli, Sweeda e Oswaldo Topete tinham lembranças nada agradáveis de certas bolas cheias de *graxa*, repletas de curvas e efeitos e que tinham levado, inclusive, o Brasil e o Fluminense a se sagrarem campeões em outras épocas, o que diriam um Asca, um Garcia? Ou um Barbosa, um Abbes?

– Não deu para esboçar qualquer gesto. Apenas assisti. Foi a coisa mais estranha... Quando olhei para trás, a bola estava no fundo das redes. Foi como se alguém a tivesse colocado ali com as mãos. (Asca, após o Brasil 1 x Peru 0, em 1957.)

– Em 1953, ano em que o Flamengo foi campeão, tomei um gol do Didi que quase nos desmorona. Ganhamos de 2 a 1, é verdade, mas quando ele empatou, fiquei aturdido. O chute já tinha tudo da *folha-seca*. Acho que ele apenas aperfeiçoou a batida, logo depois daquela contusão. A gente calculava o salto correto, mas a bola mudava sempre de direção. (Garcia, goleiro do Flamengo, anos depois daquele Fla-Flu de 1953.)

– Quando o Didi se ajeitou, me preparei para uma grande defesa. Fui no ângulo certo, mas a bola escorregava de minhas mãos, parecia untada de graxa. Além do mais, vinha fazendo curvas no ar. Aquilo já era a *folha-seca*! Só faltava ele burilar, aperfeiçoar alguma coisa mais. (Barbosa, goleiro do

Vasco, também anos depois. O lance ocorreu em um Fluminense 2 x Vasco 1, em 1952. Apesar da derrota, o Vasco acabou campeão carioca.)

– No momento do chute, não deu para pensar em mais nada. Apenas, perdi a noção de tudo. Quando acordei, estava fora do gol; o rosto colado à trave. Só entendi aquele chute incrível quando pude assisti-lo várias vezes pela televisão. (Abbes, goleiro da França em 1958. Dias depois da *Folha-Seca* de Didi.)

Intrigar os críticos, desafiar os estudiosos. E, mais do que tudo, encantar as multidões. Esse parecia ser o destino real da *folha-seca*. E não poderia haver exemplo melhor para essa tese do que um francês. Entusiasta apaixonado do futebol de Didi, o mais respeitado dos críticos europeus, o parisiense Gabriel Hanot, era um desses encantados totais. Hanot chegava a contar quantos passes e lançamentos o meia-armador executava em uma partida. E ia ao êxtase, quando Didi chutava. Tanto que observava:

"Quando ele chuta, suas bolas apenas fazem como o mundo: giram, giram, giram..."

Daí o entusiasmo maior, ante a *folha-seca*, em Abbes:

– Foi um chute encantado. Primeiro, Didi fez a bola subir. Parecia, até, que ia para fora. Magnetizado, o goleiro procurou seguir o seu curso. Mas de repente, enquanto Abbes caía longe das traves, ela ganhou força, descreveu uma longa curva... E foi morrer no ângulo esquerdo. Uma joia rara, como só Didi seria capaz de conceber.

Para o técnico Zezé Moreyra, que assistia ao Mundial de perto, aquele era o Didi no qual apostara ainda no começo, com pouco mais de 20 anos. Apenas amadurecera o seu jogo, aperfeiçoara a sua arte.

– Os lançamentos saem fácil. Com perfeição. A noção de espaço, a cadência do jogo... Ninguém conhece isso mais que o Didi. Os dribles também são variados. Depende do adversário, do tipo de jogada que pretenda realizar. E os chutes, quanto veneno! O gol contra a França diz tudo. O Didi é o homem da Copa. Se o Brasil chegar lá, que agradeça muito a ele – afirmaria um convicto Zezé.

Que apenas ratificaria, após o título:

– Deus abençoou, Nossa Senhora Aparecida nos protegeu. E Didi fez do Brasil um grande campeão, apesar do brilho de todo o time. É hora, pois, de agradecer-lhe. Sua regularidade foi impressionante. Neste Mundial, ninguém jogou como ele.

Entre o êxtase de Hanot e o entusiasmo de Zezé Moreyra, a *folha-seca* teria, porém, muitas outras histórias. Histórias épicas, convém dizer. Contadas sempre por personagens marcantes, que vivenciaram intimamente o fenômeno. Goleiros famosos, por exemplo. Ou cobradores de falta que marcaram época.

Companheiros dos gloriosos tempos de Seleção Brasileira, os goleiros Gilmar e Castilho foram dois ilustres bicampeões mundiais, ao lado de Didi. Eram dois dos seus maiores amigos. E, por isso mesmo, sabiam quando o inigualável meia-armador andava cismado com algum adversário. Ou quando estava mais que decidido a ganhar um jogo. Nem assim, porém, eram poupados dos duros treinamentos.

– Quando ele treinava pra valer, me escolhia logo de cara. Dizia que, por conhecê-lo bem, iria dificultar a sua vida. Caso o aproveitamento nas cobranças de falta fosse bom, era sinal de que ele estava no ponto – relataria Castilho, campeão com Didi desde os tempos do Fluminense, em 1951.

Já Gilmar sempre se esquivava no começo. Mas, depois, concordava em se submeter ao castigo sem reclamar.

– Era duro ficar mergulhando de um lado para o outro. Saltava e não achava nada. As suas bolas iam sempre na *gaveta*. Mas os treinos aprimoravam os chutes do Didi. E o que a gente mais queria era ver o nosso grande craque rendendo o máximo. Acertando aquelas faltas impossíveis, fazendo sempre os seus lançamentos de mais de 40 metros... – confessaria um bem humorado Gilmar.

Forte, alto, mãos enormes e seguras, Veludo foi outro a conviver um bom par de anos com o magistral camisa 8. “Ele seria, seguramente, o maior goleiro do Brasil. Bastaria ter um pingo de juízo”, diria, inconformado, um Didi com ar sombrio.

Tanto que, no auge da forma, se transformava em um verdadeiro paredão. Era um Veludo quase intransponível. Fosse no Fluminense ou na Seleção Brasileira. Mesmo assim, até ele não esconderia o quão difícil de aturar era a tal da *folha-seca*, apesar de ela ainda andar vivendo uma fase puramente experimental:

– Quando ele cismou de aperfeiçoar aquele chute nos treinos, não havia como impedir a trajetória da bola. Ela dançava à nossa frente. Por mais que a gente calculasse o salto, ela sempre conseguia escapulir de nossas mãos. Ou ganhava outra direção. Era um chute estranho... Parecia uma coisa mágica do Didi.

Em 1958, mesmo vivendo um angustiante processo de decadência – precoce, para uns; inesperada, para outros –, o goleiro ainda teria a sua última grande chance. No Atlético Mineiro, Veludo seria campeão estadual. Mas foi lá em Belo Horizonte, que acabou levando um gol inesquecível do velho amigo. Em pleno Estádio Independência. No dia 27 de janeiro de 1959.

– Ainda bem que foi em um amistoso. O chamado "jogo das faixas", em que o Botafogo homenageou o Atlético pelo título de campeão de 1958. Tínhamos um time certinho, bem armado. Mas segurar aquele Botafogo do Garrincha, do Quarentinha, do Paulinho Valentim... Só a tiro!

– Quando o Didi se ajeitou pra bater a falta, ainda brincou comigo: "Quer em qual canto?" Sorri pra ele e garanti: "Te conheço! Aqui ela não entra!" Pra quê? O chute descreveu não sei quantas curvas. Saltei pra direita, mas voltei a tempo. Acontece que a bola *derrapava* em minhas mãos. Ainda bem que perdemos só de 3 a 1 – recordaria, com alguma alegria, um Veludo melancólico. Vivendo, já, do baú de memórias do seu doloroso ostracismo.

Conhecedor profundo dos perigos e mistérios da *folha-seca*, pois pôde acompanhar bem de perto o seu nascimento – além de testá-la em exaustivos e penosos treinamentos –, Veludo sempre dizia que Didi havia *descoberto a pólvora*. E se ele pensava assim, o que dizer do português Carlos Gomes, do chileno Escutti e do paraguaio Mayeregger?

– Nunca havia passado por um momento igual. É espantoso! A gente salta às cegas. Não há como calcular a defesa. A bola parece sem destino. Mas, quando percebemos, está colada às redes. Fui lá cumprimentá-lo. O Didi concebeu uma obra-prima. (Carlos Gomes, português, entre o espanto e a admiração. Brasil 2 x Portugal 1, pela Taça Presidente Craveiro Lopes, em 1957.)

– Diante daquele chute, nunca se está preparado. Como agora, nesse gol do último jogo. Fui no canto certo. Mas a curva inesperada me tirou completamente do lance. A bola acabou subindo, foi parar no ângulo esquerdo. Como impedir? (Escutti, chileno, explicando o inexplicável. Brasil 2 x Chile 1, pela Copa Bernardo O'Higgins de 1961.)

– Desta vez, havia me prevenido. Mas a experiência foi igual a todas as outras. A bola parece escrava dos caprichos de Didi. Não temos chance, pois o chute nos desorienta. No ângulo, então... (Mayeregger, paraguaio, definitivamente desolado. Brasil 6 x Paraguai 0, pela Taça Oswaldo Cruz de 1962. Último gol de Didi com a camisa da Seleção Brasileira.)

Outra das grandes admirações do gênio da *folha-seca*, o meia-armador Rubens não escondia o entusiasmo diante do talento de quem o colocava sempre na reserva. Mesmo assim, os dois chegaram a atuar lado a lado algumas vezes. Como nas Seleções Cariocas. Ou no Chile, em 1952, quando foram campeões do I Pan-Americano, jogando juntos naquele Brasil 5 x Panamá 0.

– Fazer o que ele fazia, nunca conheci outro igual. Sei que ele gostava do meu jogo, admirava o meu jeito de cobrar faltas. Mas depois que descobriu a *folha-seca*, ninguém superou o Didi. Aquele vaivém que o chute fazia enlouquecia qualquer goleiro. Ou ele se arriscava, indo numa incerta; ou ficava parado, sem ação. O bom é que sempre fomos grandes amigos. A rivalidade era só na hora do jogo – comentaria, sorridente, o *Doutor Rúbis*, idolatrado pela torcida rubro-negra. Corpo e alma do tricampeonato do Flamengo nos anos 50.

Reconhecido até pelo desafeto Alfredo Di Stefano, que definia-o como "um chutador fantástico, o maior no qual já pus os olhos", o estupendo craque brasileiro também costumava ganhar elogios rasgados de outro gênio: o "Major Galopante" Ferenc Puskas.

– Ele brinca de jogar futebol. Veja a *folha-seca*. É um desafio que ninguém gosta de enfrentar. O Buffon, goleiro do Milan, me perguntou se ele fazia aquilo nos treinos. Pois era justamente quando o Didi ficava à vontade. Até gostava de apostar umas cobranças de falta comigo, onde ganhava mais do que perdia. É o que sempre digo: seu jogo é arte. E arte é pura fantasia – garantia o excepcional craque húngaro.

Com a sua famosa invenção reconhecida internacionalmente, Didi voltaria, aos poucos, a olhar mais atentamente o mercado brasileiro. E, então, logo iria se deparar com dois chutadores que dominavam as preferências. Um, paulista; já conhecido. O outro, carioca; uma grata revelação. O paulista: Pepe, do Santos. O carioca: Gérson, do Flamengo.

Quando o Santos goleava – o que era um fato comum –, Pepe marcava dois ou três gols. Muitos deles de falta. Vinha logo atrás de Pelé, apesar de ser ponta-esquerda. Um ponta goleador. Já Gérson atuava na posição de Didi, mas também sabia jogar adiantado. Detalhe: ambos eram canhotos genuínos. Porém, Pepe ficaria conhecido como "o canhão da Vila Belmiro". Por sua vez, Gérson preferia o chute colocado, apesar de também bater forte na bola de longa distância.

– Não foi surpresa ver o Pepe fazendo gols lá do meio da rua. Surpresa foi ver um garoto de topete grande e calções arriados jogando o fino. O Flamengo foi campeão de um Torneio Rio-São Paulo, graças ao que Gérson jogou. Ali, não tive mas dúvidas. Ele era a grande estrela que surgia – vaticinaria Didi, com a sabedoria de sempre.

Transformado em seu sucessor natural, Gérson – ano após ano – acabou não fazendo por menos. Com uma carreira brilhante, foi várias vezes campeão pelo Botafogo, onde chegou ao apogeu. E também ganhou títulos no São Paulo e no Fluminense. Mas foi em 1970, no México, que viveu o seu momento mais importante. Em gramados astecas, se transformaria no grande maestro de um time fantástico: o Brasil, tricampeão mundial.

– Suceder o Didi foi uma honra. E ser campeão com o Brasil, uma emoção indescritível. São momentos que me acompanharão para sempre Para o resto da vida. Até hoje, me arrepio com tudo aquilo – diria Gérson.

– Mas há outra coisa, da qual jamais irei me esquecer. Foi vendo o meu eterno mestre lançar e chutar, que tive a melhor de todas as escolas. A *folha-seca* não deu para fazer igual, pois ela é insuperável. Mas, de lançamentos, acho que "entendo um pouquinho". Afinal, estive ao lado do maior lançador de todos os tempos – se emocionaria Gérson,* por fim.

Aliás, sobre a *folha-seca* e seus efeitos devastadores, a última definição parece ser mesmo a daquele respeitável mestre da crônica esportiva:

> "O chute sempre desferido à altura da intermediária, ou da entrada da grande área. A bola partindo ondulante, subindo e descendo. Depois, descrevendo no ar uma curva lenta, porém traiçoeira. Até vencer o aturdido goleiro. Imóvel. Os pés presos ao chão. Sem entender direito o que se passa à sua volta.
>
> É que ninguém sabia, ainda, quão indefensável era uma *folha-seca*."
>
> (*João Máximo*, em mais uma de suas deliciosas observações sobre a genial invenção de Didi.)

* Já bastante elogiado pelo próprio Didi, Gérson ainda chegou a jogar ao seu lado, na Seleção. Foi em 1961, quando o Brasil sagrou-se campeão da Copa Bernardo O'Higgins, em Santiago. Na decisão com o Chile, no Estádio Nacional, só ficamos com o valioso troféu após uma difícil vitória por 1 a 0. Gol do estreante Gérson, na cobrança de um pênalti.

CAPÍTULO NOVE

# UMA GRIFE E SEUS ENCANTOS. GOLS DE ANTOLOGIA; JOGADAS DE MARACANÃ

"Possuindo o gosto lúdico do floreado, Didi é o tipo do artista a quem repugna o entrechoque – a angústia da bola dividida. Daí a vocação para o drible sutil. A obsessão pelo passe longo, sob medida. E a preferência pelo estilo clássico, refinado. Foi assim que empolgou os críticos, consagrando-se o *Maior da Copa*. Foi assim que comandou o Brasil, um campeão que deixou saudades..."

(Armando Nogueira, *o mais reverenciado dos nossos cronistas esportivos. Pleno de prazer, ao relembrar o estilo Didi em campos suecos.*)

Meia-armador excepcional, daqueles de anteverem as jogadas mais inesperadas, Didi era de deixar qualquer grande atacante na cara do gol. Seus magistrais lançamentos de mais de 40 metros – de preferência de curva – eram um tormento para os zagueiros. Desestabilizavam as defesas mais seguras. Até mesmo aquelas tidas como intransponíveis.

Mesmo sendo o inspirado maestro dos times em que atuava, o fabuloso jogador também gostava de exercitar o seu faro de artilheiro. E tinha um prazer todo especial: preferia marcar os seus gols em jogos de capital importância. Com sabor de decisão. Foi assim que ajudou o Brasil a ganhar a Copa da Suécia. E ainda levou o Botafogo e o Fluminense a se sagrarem campeões várias vezes.

Em quase 20 anos de carreira profissional, o *Gênio da Folha-Seca* realizou jogadas inesquecíveis, dignas de um Maracanã em tarde de gala. E marcou gols antológicos, capazes de figurar em qualquer coletânea dos mais bonitos da história do futebol.

Um dos maiores jogadores de todos os tempos, Didi acabou por cunhar uma marca especial: a *Grife Didi*. Ilustrada por dribles desconcertantes, lançamentos incríveis, gols inesperados... Em suma: por jogadas da mais pura fantasia.

E são vários daqueles gols decisivos, algumas daquelas jogadas mágicas, que merecem ser relembrados. Sempre!

## OS GOLS

Seleção Paulista de Novos 3 x Seleção Carioca de Novos 1 (Amistoso. Ano: 1950) – Faz um calor daqueles, naquela tarde de 16 de junho de 1950. Mesmo assim, tudo é festa! Nas tribunas de honra, o Prefeito do Rio, General Ângelo Mendes de Moraes, é todo atenções para com um convidado especial: o Presidente da República, Marechal Eurico Gaspar Dutra.

O motivo de toda aquela pompa? Ora! A inauguração oficial do maior estádio do mundo. Ou "o maior e mais famoso", como já chamavam o majestoso Maracanã. Sem dúvida, novo motivo de orgulho da arquitetura e engenharia nacionais. Daí a emoção da multidão, que prorrompe em demorados aplausos.

Já lá embaixo, quem acaba se empolgando com o clima festivo são as Seleções de Novos do Rio e de São Paulo. Em especial, um paulista que veste a camisa 9. Um negro baixinho, de futebol rápido e inteligente. Muito parecido, inclusive, com o "Diamante" Leônidas da Silva, até no jeito de correr em campo.

Com suas gingas rápidas e um grande poder de decisão, Augusto, o tal camisa 9, marca dois gols. E ainda dá o passe para o terceiro, de autoria de Ponce de Leon. Mas o nome que ganha as manchetes é o de um outro negro esguio, estilo elegante. Capaz de passes longos, quase sempre sutis.

Meia-armador do time carioca, é Didi que recebe de repente um passe longo do zagueiro Wilson. Então avança, tabela com Dimas duas, três vezes e se aproxima da área paulista. Até que, ao driblar ao zagueiro Dema, sente que pode tentar dali mesmo.

São 9 minutos de jogo, quando ele dispara um forte arremesso, à meia-altura. O chute ganha efeito, e acaba entrando no canto direito, sem defesa para Oswaldo. Só que o goleiro ainda vai à bola. Certamente, por desencargo de consciência.

Naquele chute do jovem craque que desponta, as redes do Maracanã balançam pela primeira vez...

Brasil 4 x Uruguai 2 (Campeonato Pan-Americano de 1952) – O Estádio Nacional de Santiago do Chile se encontra inteiramente lotado. Também pudera! De um lado está o Brasil, líder invicto da competição. De outro o Uruguai, atual campeão do mundo. Um título, aliás, obtido em cima do próprio Brasil. Em pleno Maracanã, dois anos atrás.

O placar aponta 1 a 0 para o time uruguaio, gol de Miguez, quando Didi recebe um passe sob medida de Brandãozinho. Pensa em lançar de imediato para Friaça, aberto na ponta-direita. Mas, aí, percebe uma brecha, bem no meio da defesa dos campeões mundiais. É quando decide avançar rapidamente. De saída, dribla a Mathias Gonzalez. Depois, a Rodrigues Andrade. E resolve que é hora de arriscar dali mesmo, da entrada da grande área.

O chute sai forte, tomando grande efeito. E a bola, cheia de *graxa*, acaba surpreendendo o extraordinário Roque Máspoli. Aos 24 minutos, o Brasil empata. É o primeiro gol de Didi na Seleção. Está aberto o caminho para a tão esperada forra.

O Uruguai não resiste. É goleado por 4 a 2. E o Brasil, quatro dias depois, conhece afinal a grande glória: é campeão do I Pan-Americano de Futebol.

Brasil 3 x Áustria 2 (Amistoso. Ano: 1956) – A principal praça de esportes de Viena – o Platterstadion Park – recebe um público que supera a sua capacidade. Mas todos vibram intensamente, já que brasileiros e austríacos realizam uma partida das mais emocionantes. Falta pouco para o apito final do árbitro iugoslavo Mirko Romecvic, mas ninguém arreda pé. Com o placar em 2 a 2, o desempate pode sair a qualquer momento.

Até que, aos 42 minutos, Didi parte decididamente do meio-campo. Passa por Ocwirk e realiza uma tabela perfeita com Evaristo. Já dentro da área, livra-se do zagueiro Stotz com um drible curto e, sutilmente, toca para o fundo das redes, justo quando o goleiro Pelikan saía ao seu encontro. No gol da vitória, um valioso presente do camisa 8 brasileiro. Digno do entusiasmo do elegante público de Viena.

Brasil 1 x Peru 0 (Eliminatórias da Copa do Mundo da Suécia. Ano: 1957) – Aos 35 minutos de um jogo difícil, o Maracanã está mudo. O estádio é um silêncio só. Na verdade, a angústia toma conta de mais de 150 mil espectadores, que veem o tempo passar e o gol da classificação brasileira não sair. Até que, logo depois – aos 38 minutos –, Didi é derrubado pouco além da intermediária adversária.

O próprio Didi se prepara para a cobrança, demonstrando uma calma que enerva ainda mais o torcedor, já em pânico. Porém, o que ele faz é estudar a posição da barreira, a colocação do goleiro. Assim, o seu chute é altamente calculado. A bola sobe, passando rente à cabeça do quinto homem da barreira peruana. Dá impressão, inclusive, de que vai para fora.

Mas é aí que acaba descrevendo uma curva estranha, descaindo de repente. Bem junto à trave direita. Asca – um paredão, até então – fica perplexo. Apenas olha. Brasil 1 a 0! O passaporte para a Suécia acabava de ser visado. E o da *folha-seca*, também.

Brasil 2 x Portugal 1 (Taça Presidente Craveiro Lopes. Ano:1957) – Em clima de festa, brasileiros e portugueses fazem um jogo franco. Vencendo por 1 a 0, gol de Tite, a verdade é que o Brasil domina. Mas precisa marcar mais um gol, pelo menos, para ratificar a sua superioridade. E ele vem, ainda nos minutos finais do primeiro tempo.

O lance: Didi, sempre Didi, ousa arriscar um chute lá de longe. O que sai é uma autêntica *folha-seca*, que engana inteiramente o famoso Carlos Gomes. Em sua trajetória, a bola faz várias curvas, terminando por descair imprevistamente, com violência, no ângulo esquerdo do goleiro português.

Maravilhado, Carlos Gomes corre e cumprimenta a Didi. E o Brasil, no final do jogo, entra de posse da rica Taça Presidente Francisco Higino Craveiro Lopes. Entregue ao *capitão* Bellini e ao mais que festejado Didi, pelo próprio Presidente de Portugal – todo sorrisos na tribuna de honra do Maracanã.

Brasil 5 x França 2 (Copa do Mundo de 1958) – Aos 39 minutos do primeiro tempo, Zito estica um passe para Didi, que tenta um drible sobre Kopa, enfiando-lhe a bola por entre as pernas. O meia francês, no entanto, percebe a intenção do craque brasileiro e estaca de repente. A bola bate-lhe nas canelas e, no rebote, cai no pé direito de Didi, que sente que pode tentar um lance mais ousado ainda.

Percebendo o goleiro Abbes adiantado, prepara a *folha-seca* um pouco além da intermediária francesa. O chute é executado com o lado externo do pé – à altura da chamada *linha dos três dedos* – e ganha força e velocidade. A bola parece que vai para fora mas, de repente, descreve uma curva, terminando por descair dentro do gol, no ângulo direito. Abbes, atarantado, se choca com a trave. E cai, comicamente, junto à linha de fundo. É o tão esperado gol de desempate. Brasil 2 a 1.

Brasil 2 x Chile1 (Copa Bernardo O'Higgins. Ano: 1961) – Rivais tradicionais do futebol sul-americano, brasileiros e chilenos disputam acirradamente mais uma edição da Copa Bernardo O'Higgins. Desta vez, o cenário é o majestoso Estádio Nacional, em Santiago do Chile. E o resultado, após 90 minutos dos mais disputados, é novamente favorável ao Brasil, que ganha por 2 a 1. Garrincha inaugura o placar para os campeões mundiais, cabendo a Didi marcar o gol da vitória.

O lance ocorre ainda no primeiro tempo. Aos 37 minutos, o quarto-zagueiro Calvet interrompe decididamente um ataque adversário. Dribla com categoria a Fouilloux e sai absoluto da pequena área, fazendo um passe longo para o meio do campo. Ali, Didi domina a bola, se livra de Toro e Rojas e avança.

Quando pensam que ele vai passar para Gérson ou Coutinho, resolve que é hora de tentar o chute de fora da área. A bola percorre mais de 30 metros. E, como sempre, faz uma curva em cima do goleiro. "Pois é. Ainda não foi desta vez que o Escutti conseguiu segurar a minha *folha-seca*." Conferia, orgulhoso, um sorridente Didi, com o placar mostrando Brasil 2 x Chile 1.

Brasil 6 x Paraguai 0 (Taça Oswaldo Cruz. Ano: 1962) – A expectativa é grande, pois aquele jogo marca o início da preparação do Brasil para a Copa do Mundo do Chile. Mas, mal acontecem as primeiras jogadas, o que se vê é um time solto em campo, asfixiando o adversário.

O resultado, logo se faz sentir, com a abertura do marcador aos seis minutos, com gente ainda chegando ao Maracanã. O *capitão* Bellini, após desarmar o centroavante Cabrera, passa também por Insfran e solta para Nilton Santos. O lateral-esquerdo olha e vê Didi livre pelo meio. O bastante para fazer-lhe, rápido, um passe sob medida. Então o camisa 8 avança, invadindo um grande corredor. Dribla a Cecílio Martinez e Bobadilla, chutando em seguida do jeito que mais gosta. Lá do meio da rua.

A bola sai prensada contra o chão, traça uma parábola no ar e desorienta completamente a Mayeregger. O goleiro paraguaio acredita, até, que ela vá para fora. Mas percebe sem demora que a bola está nas redes, devido à vibração da torcida.

*É uma folha-seca* como manda o figurino. O primeiro gol de uma goleada implacável, capaz de garantir ao Brasil a conquista de mais uma Taça Oswaldo Cruz. Só que significa, também, o último gol de Didi com a camisa da Seleção Brasileira.

Real Madrid 6 x Milan 3 (Torneio Ramon de Carranza. Ano: 1959) Aquele era o tipo do jogo ansiado. Daí ter virado a sensação da rodada de abertura do Ramon de Carranza. Ainda mais por colocar frente a frente dois velhos rivais. De um lado, o tetracampeão europeu: o Real Madrid de Di Stefano e Puskas, promovendo finalmente a aguardada estreia de Didi. De outro, o campeoníssimo italiano: o Milan do brasileiro Mazzola, de Grillo e Liedholm, do *capitão* Maldini e do goleiro Buffon.

Com o Estádio Riazor cheio, a verdade é que a badalada "Legião Estrangeira" do Real jogava demais. Em poucos minutos, já goleava por 4 a 1. Espécie de sinal de alerta, pois o Milan resolve apelar para o jogo bruto. Tanto que, aos 34 minutos, Maldini acaba derrubando Puskas com grande violência, logo nas proximidades da área.

Zangado, o próprio Puskas insiste, faz questão em bater a falta. Mas Didi, habilmente, consegue acalmá-lo. E é ele quem cobra com a perfeição de sempre. A barreira nem se mexe. Buffon só olha. Mas a bola, caprichosamente, ainda desenha estranhas curvas no ar, antes de morrer no ângulo direito. Golaço! Na sua tão aguardada estreia, uma obra de arte *made in Didi*. Real 5 a 1.

No dia seguinte, aquele Real Madrid demolidor também vence o Barcelona por incríveis 4 a 3, deixando Cádiz como bicampeão do mais famoso torneio de verão da Europa.

Combinado Botafogo-Flamengo 6 x Honved 2 (Amistoso. Ano: 1957) Repleto de estrelas, o Honved, tetracampeão húngaro, é considerado simplesmente um dos maiores times do mundo. Do seu elenco fazem parte craques excepcionais, como Kocsis, Czibor, Boszic e Grocsis. E o maior de todos eles: o "Major Galopante" Ferenc Puskas. Mesmo assim, os temidos húngaros não resistem à força do Combinado Botafogo-Flamengo. Na verdade um timaço, capaz de contar com astros como Nilton Santos, Garrincha, Dida e Evaristo. E, particularmente, com o genial Didi.

No segundo gol dos húngaros, Puskas dera uma verdadeira aula, batendo o pênalti com grande categoria, apesar de o goleiro Amaury ter resvalado com a mão na bola. Na vez de Didi, porém, a cobrança sai perfeita. Farago – reserva de Grocsis – cai para o lado direito. Mas a bola, mansamente, entra rasteira no canto esquerdo, tirando inclusive tinta da trave. No quarto gol brasileiro, mais uma obra de arte do mestre da *folha-seca*.

---

Fluminense 5 x Bangu 3 (Campeonato Carioca de 1951) – O grande público, presente ao Maracanã, assiste a um jogo cheio de gols. Repleto de emoções. Aos 22 minutos do segundo tempo, é o Fluminense que domina as ações. O que faz com que, da boca do túnel, o técnico Zezé Moreyra se exalte, pois sente que chegou o momento de definir a partida. Justamente quando Didi, após passar por Djalma com uma finta de corpo, decide partir com a bola desde o meio do campo. Dispara pela intermediária banguense e procura Orlando "Pingo de Ouro" para a troca de passes.

Acostumados a tabelar em alta velocidade, Didi e o "Pingo de Ouro" aceleram ainda mais o ritmo, envolvendo toda a defesa do time de Moça Bonita. Até que, já entrando na área, Didi se livra de Pinguela com um drible largo, dribla também a Rafanelli – que partira na cobertura – e liquida a Oswaldo Topete. O chute sai pelo alto, com força e grande efeito, e pega o goleiro no contrapé, deixando-o zonzo. Ali o tricolor das Laranjeiras faz 4 a 1, praticamente decidindo a partida. Uma *avant-première* do que viria três meses depois, quando o Fluminense seria campeão em cima do próprio Bangu.

Fluminense 4 x Madureira 0 (Campeonato Carioca de 1951) – Jogando contra o perigoso Madureira, uma das surpresas da temporada, o Fluminense ia defender a liderança do Campeonato. Mas sabia bem dos riscos que corria. Naquela tarde de 26 de agosto, fazia um domingo bem carioca. De céu aberto, sol de verão. Só que o jogo era no temido *alçapão* de Conselheiro Galvão, lá em Madureira. No conhecido Estádio Aniceto Moscoso, onde os *grandes* costumavam penar, perdendo pontos preciosos. Decisivos na briga pelo título.

Jogando fechado e explorando sempre os contra-ataques, o tricolor suburbano apostava todas as fichas em sua mais comentada revelação: o atacante Evaristo de Macedo. Mas o Fluminense foi ousado naquela tarde. O trio Didi, Carlyle e Orlando "Pingo de Ouro" estava demais. E até o ponta-esquerda Joel resolvera fazer os seus gols. Aos 31 minutos do segundo tempo já estava 3 a 0 – Joel (2) e Carlyle –, quando Didi marcou um daqueles gols de placa.

Após triangular com Orlando e Carlyle, driblou primeiro a Claudionor. Depois, a Bitum. E então cobriu a Amauri. Inteiramente sem ação, ao goleiro só restou acompanhar o desfecho da jogada. Fluminense 4 a 0. O fantasma suburbano deixara de meter medo em Conselheiro Galvão.

Fluminense 1 x Áustria 0 (Copa Rio de 1952) – O tempo passa cada vez mais rápido. Nas arquibancadas, a torcida sofre. Praticamente com o coração na mão, tem a respiração ofegante. Fechado, o Áustria não dá espaços. E ainda periga o gol de Castilho, em contra-ataques puxados pelo clássico centro-médio Ocwirck, seu mais famoso jogador. Ou pelos vigorosos atacantes Kominec e Pinckler.

O placar parece imutável, quando Pinheiro se livra de Huber e estica uma bola para Marinho. Partindo em alta velocidade, o centro-avante passa por três austríacos. Até que é derrubado pelo zagueiro Kowank, quase na entrada da área. Aí chega a vez de Didi. Que cobra a falta com fita métrica, cobrindo a barreira. Cheia de efeito, a bola ainda faz uma longa curva, antes de entrar no ângulo esquerdo de um incrédulo Sweeda. O Fluminense faz 1 a 0, aos 29 minutos do segundo tempo. Enfim, a torcida tricolor podia desafogar a emoção.

Fluminense 2 x Corinthians 2 (Copa Rio de 1952) – Com a bela vitória obtida no primeiro jogo, o Fluminense pode até empatar. Os 2 a 0 do último domingo, gols de Orlando "Pingo de Ouro" e Marinho, aproveitando um lançamento sob medida de Didi, dão ao tricolor carioca uma grande sensação de alívio. Assim, não é surpresa ver o time do técnico Zezé Moreyra solto em campo. Decidido desde o início. O que acaba se refletindo no placar, logo aos 10 minutos.

Com os jogadores trocando de posição, quem lança para Marinho é Telê, ocupando momentaneamente a função de meia-armador. Aberto pela ponta-direita, Marinho faz um cruzamento perfeito para dentro da área. E quem entra pelo meio é Didi, que, na posição de centroavante, fuzila Gilmar sem perdão. A bola sai cruzada, encobrindo o goleiro. E entra à meia-altura, bem no canto esquerdo. O Fluminense faz 1 a 0. É o título que se aproxima. Daí a euforia da torcida, já gritando nas arquibancadas:

"É campeão!" É campeão!"

Botafogo 4 x Nacional do Uruguai 0 (Pequena Taça do Mundo de Caracas. Ano: 1957) – Bicampeão uruguaio, o Nacional fora até a Venezuela com ambições nada modestas. Sabia da importância da Pequena Taça do Mundo de Caracas e planejava aumentar ainda mais o seu prestígio internacional.

Tendo no paraguaio Romerito e no ponta-esquerda Escalada as grandes atrações do ataque, confiava no extraordinário zagueiro Santamaría para garantir a defesa. Porém, se esquecera do adversário daquela noite. Não mais um Botafogo intimidado, mas um time renovado, com um esquema audacioso. E com um técnico jovem, cheio de ideias: João Saldanha.

O resultado, ante tamanho descuido, só poderia ser catastrófico. Tanto que, ainda no primeiro tempo, o Botafogo já vencia por 3 a 0, gols de Quarentinha, Garrincha e Paulinho Valentim. Mas o quarto gol, o de Didi, seria o mais bonito. Uma pintura! Com a assinatura do consagrado meia-armador da Seleção Brasileira.

Após passar por três adversários, Garrincha é aterrado na entrada da grande área. O Nacional forma a barreira. Mas Didi bate com efeito e põe uma estranha curva no chute. A bola contorna a barreira de seis jogadores e, ameaçando ir para fora, entra no ângulo direito, enganando o goleiro Taibo. Imóvel, ele apenas assiste as redes estufarem. De pé, o Estádio Olímpico de Caracas aplaude o golaço do camisa 8 botafoguense.

Botafogo 3 x América 1(Campeonato Carioca de 1957) – O jogo valia pela oitava rodada do primeiro turno. Além do mais, era um dos clássicos mais antigos do Rio. Mas, para o Botafogo, tinha uma importância capital. Com apenas um ponto perdido – empate em 3 a 3 com o Flamengo –, o time da Estrela Solitária iria defender a liderança do Campeonato. Por isso, todo cuidado seria pouco. Principalmente porque o América vinha subindo de produção, particularmente o seu ataque, formado por jogadores de renome como Alarcón, Canário, Ferreira, Romeiro e o folclórico Leônidas *da Selva*.

Com o segundo tempo chegando aos 27 minutos, os alvinegros vencem por 1 a 0, gol de Quarentinha, ainda no primeiro tempo. O pior é que o América é todo ataque, tendo o goleiro Adalberto impedido o empate milagrosamente, em chutes à queima-roupa de Leônidas e Romeiro. Da boca do túnel, visivelmente nervoso, João Saldanha pede que o seu time retome o domínio da partida. A todo custo!

Como que atendendo ao pedido de Saldanha, Quarentinha escapa pela meia-esquerda e dispara uma bomba, que Pompéia apenas defende parcialmente. No rebote, a bola cai no pé direito de Didi, que da marca do pênalti apenas toca por cobertura. O chute, sutil, pega Pompéia no contra-pé, desequilibrando-o inteiramente. Com aquele gol de cinema de Didi, o Botafogo desempata um jogo difícil. Até que, no finalzinho, chega aos 3 a 1, com Paulinho Valentim. Custara, mas a liderança do Campeonato estava mantida.

Botafogo 2 x Olaria 0 (Campeonato Carioca de 1957) – A torcida alvinegra sofre, no superlotado Estádio das Laranjeiras. O Botafogo é líder, mas não sai daquele 1 a 0. Com um time bem armado, o Olaria é sempre perigoso nos contra-ataques. E, para tornar mais dramática a situação, o juiz Alberto da Gama Malcher não encerra a partida. Aliás, resolve dar mais quatro minutos, para compensar as várias paralisações, uma delas devido à invasão de campo por parte dos próprios torcedores botafoguenses.

Tocando a bola para gastar o tempo, Didi troca passes com Pampolini, quando é derrubado pelo zagueiro Dodô, após driblá-lo perto da área olariense. Ele mesmo se prepara. E cobra a falta com rara precisão. A bola faz uma curva misteriosa, passando ao lado da barreira. O precavido goleiro Válter salta, mesmo acreditando que ela vá para fora. Porém, ela descai mansamente, bem no seu ângulo esquerdo.

Com aquele gol de bela feitura, o Botafogo enfim sai do sufoco, fazendo 2 a 0. Em delírio, a torcida volta a invadir o campo. Agora, para carregar Didi nos ombros, em passeata triunfal. Cena suficiente para a antológica definição de Nelson Rodrigues:

"Falam que Didi ganha mais que o Presidente Juscelino Kubitschek. Mesmo assim, penso que ainda é pouco. Depois daquela *folha-seca* contra o Olaria, os 120 contos que o Botafogo lhe paga são nada! Subam-lhe, pois, os ordenados!"

Botafogo 4 x Vasco 0 (Campeonato Carioca de 1961) – Já fazia algum tempo, o Vasco estava atravessado na garganta de Didi. Mais precisamente: desde a sua volta da Espanha. É que, no jogo festivo que marcaria o seu reencontro com a torcida, os cruzmaltinos não se fizeram de rogados, sapecando 2 a 0 nos alvinegros em outubro de 1960. E continuaram a dificultar a vida do time da Estrela Solitária em 1961, arrancando um sofrido empate – 1 a

1 – no jogo do primeiro turno. Porém, naquela tarde de 19 de novembro, alguma coisa dizia ao notável craque que as coisas iriam mudar.

Acostumado a ver as suas premonições raramente falharem, Didi entrou em campo ligado. Dessa maneira, já aos 14 minutos, após uma troca de passes com Ayrton e Amoroso, disparou uma bomba à meia-altura. Ita saltou no canto esquerdo, mas sabia que nada podia fazer: 1 a 0. Aos 22 minutos, é Didi quem faz um lançamento primoroso para Amoroso, que, numa entrada fulminante, aumenta para 2 a 0.

No segundo tempo, o time alvinegro segue no mesmo ritmo avassalador. Tanto que, aos 18 minutos, em mais uma triangulação entre Ayrton, Didi e Amarildo, quem é servido cara a cara com o goleiro é novamente Amoroso.

Rápido, ele apenas balança o corpo e toca a bola para as redes: 3 a 0. Com a goleada desenhada, o time de General Severiano impõe um "olé" em regra ao Vasco. O que não impede o quarto gol, aos 31 minutos. Aliás, o mais bonito de todos, pois Didi, percebendo Ita adiantado, chuta colocado, por cobertura. Como sempre, a bola pega um tremendo efeito, faz algumas curvas no ar e descai por detrás do goleiro vascaíno.

Para Didi, apontado como o grande nome da partida, a sua forra tinha custado. Mas, enfim, valera a pena. Para o Botafogo, o esperado título de campeão era apenas uma questão de dias. De uma, duas semanas no máximo. Afinal, era como dizia uma conhecida faixa exibida pela torcida alvinegra: "Nunca foi tão fácil!".

Botafogo 3 x Toluca 0 (Torneio Pentagonal da Cidade do México. Ano 1962) – Depois de realizar uma campanha apenas regular em 1961, o Toluca sonhava viver dias bem melhores no ano de 1962. Para tanto, pretendia fazer bonito no Torneio Pentagonal da Cidade do México, disputado no início da temporada, nos meses de janeiro e fevereiro. Mas o que ninguém imaginava era que, logo na estreia, o adversário dos "Diablos Rojos" fosse o campeão carioca, o poderoso Botafogo de Garrincha, Amarildo, Nilton Santos, Zagalo e do genial Didi.

Dessa maneira, o sonho ruiu já no primeiro jogo, pois os alvinegros venceram sem dificuldades por 3 a 0, com gols de Didi, Zagalo e Amoroso. Mesmo assim, o Toluca fez história naquela noite de 18 de janeiro, ao sofrer um gol inesquecível de Didi. A façanha aconteceu logo aos 17 minutos e significou a abertura da contagem no Estádio Asteca.

Arrancando decididamente, Amarildo, após passar por três adversários, é derrubado em plena corrida, pouco além da intermediária do Toluca. Aproximando-se, Didi ajeita a bola carinhosamente. Estuda bem a formação da barreira. Vê a colocação do goleiro Walter Gassire. E chuta como manda o figurino. A bola passa rente à cabeça do último homem da barreira. Dá a entender que vai para fora. Mas, aí, muda de direção. De repente, pega força e muito efeito. E descai no ângulo direito de Gassire. Uma *folha-seca* no melhor estilo!

Maravilhada, a torcida prorrompe em demorados aplausos pelo estádio inteiro. De uma só vez, resolve homenagear a bela jogada e o Botafogo, campeão, duas semanas depois, do Pentagonal da Cidade do México. Só que, jamais, ninguém ali imaginaria ter visto o que viu. O último golaço de Didi, vestindo a camisa botafoguense em um jogo internacional.

Botafogo 4 x Madureira 0 (Campeonato Carioca de 1962) – Na verdade, havia uma grande agitação em General Severiano. Vários comentários pairavam no ar. Mas, de certo mesmo, o que se sabia era que, naquela tarde de sábado, a maior atração do momento entraria em campo mais uma vez. O jogo seria em casa, no próprio Estádio de General Severiano. E o Botafogo, a tal "maior atração do momento", iria escalar metade do time do Brasil, bicampeão mundial: Didi, Garrincha, Nilton Santos, Zagalo e Amarildo.

Tendo pela frente o Madureira, os alvinegros estariam lutando para sair daquela sétima rodada como um dos líderes do primeiro turno. Afinal, já era hora de todos ali começarem a encarar a sério os velhos adversários. Times tradicionais, como o respeitável Madureira. Ainda mais que o Botafogo era o grande favorito à conquista do bicampeonato carioca.

Com o estádio superlotado, em pouco tempo Didi, Garrincha e Companhia já haviam liquidado a partida, que acabou se transformando em um simples amistoso. Quarentinha (2), Amarildo e Didi fizeram 4 a 0 no tricolor suburbano. Mas foi o gol de Didi, o terceiro, aos 42 minutos do primeiro tempo, que acabou altamente marcado pela emoção. É que, do outro lado, estava o já decadente goleiro Veludo, velho amigo de Didi, desde os tempos do Fluminense. O que não impediu o camisa 8 botafoguense de encobri-lo com calma e muita categoria, em cima da risca da grande área, depois de driblar a Apel e Milton Paquetá.

Vibrando com um lance do mais puro requinte, o que a torcida mal sabia era que estava assistindo a um gol memorável. Para não ser esquecido por quem viu, nem pela história. Dias depois, a agitação daqueles últimos dias aumentou de intensidade. Os comentários viraram pura realidade.

Aos 34 anos, o genial Didi deixava de ser jogador. Ia ser técnico no Peru. Porém, até no último grande lance, fizera questão de cravar a marca de sua classe inigualável. Em Veludo, não fizera apenas um gol. Deixara gravada uma última e autêntica obra de arte.

## AS JOGADAS

Brasil 3 x Chile 0 (Campeonato Pan-Americano de 1952) – Apesar de toda a empolgação da torcida chilena, é o Brasil quem manda no jogo, desde os primeiros movimentos em campo. Mesmo assim, é importante transformar esse domínio em gols. O mais rápido possível! Daí a tensão do técnico Zezé Moreyra, gritando sem parar no banco de reservas. E qual seria a melhor fórmula, senão através de Didi – o arco – e Ademir – a flexa?

A resposta a esse questionamento – na verdade, um desejo em forma de apelo –, acaba não se fazendo esperar. Aos 9 minutos, Didi se livra do seu marcador, Atílio Cremaschi, aplicando-lhe um drible largo, o que abre-lhe espaço para um primoroso lançamento de 40 metros. Encantada, a bola faz uma longa curva, caindo bem à frente de Ademir Menezes.

Imbatível, o *Queixada* engrena o seu famoso "rush", deixando três adversários para trás. E, já dentro da pequena área, prepara o desfecho do lance à sua maneira. Chuta forte de pé direito, mas com raiva. E vê a bola sair como um foguete, indo estufar as redes de Livingstone. Brasil 1 a 0. Aos 18 minutos, eis que o lance se repete. Tintim por tintim. Até que, na metade do segundo tempo, Pinga faz 3 a 0, novamente numa jogada de Didi.

No Estádio Nacional de Santiago a festa é toda em verde e amarelo. Pela primeira vez, o Brasil é campeão além-fronteiras. Campeão invicto!

Brasil 2 x Rússia 0 (Copa do Mundo de 1958) – Campeã olímpica, a Rússia – então URSS – entrou naquela Copa como uma das grandes favoritas. E acenava, logo de cara, com a proposta de que, nos sofisticados laboratórios de Moscou, estaria o futuro do futebol. Mesmo assim, no dia do jogo com os brasileiros nada disso adiantou. Os soviéticos nada puderam fazer, ante a arte diabólica de Didi, Garrincha, Pelé e Companhia.

É verdade que aquela Rússia possuía, sem dúvida nenhuma, um preparo físico invejável. Isso era público e notório. Mas apenas gastou fôlego os 90 minutos, enquanto Didi, como um autêntico maestro, comandava as ações numa zona neutra do gramado.

"Foi lá do meu canto que pude anular o capitão deles, o Igor Netto. Um grandalhão que me vigiava o tempo todo, praticamente esquecendo-se de jogar. E ainda achei os espaços para fazer os meus lançamentos em paz", comentaria, com tranquilidade, o magistral craque.

Aliás, foi ninguém menos que Didi o autor de uma jogada de sonhos. Logo no início do chamado "Jogo do Século". Caminhando à altura da intermediária russa, e depois de deixar Igor Netto no chão, com um daqueles seus dribles descadeirantes, o meia-armador brasileiro percebeu a brecha ansiada. Vislumbrou Vavá fechando em velocidade e fez-lhe então um excepcional passe de curva, com o lado externo do pé direito.

Rápido e decidido, Vavá se livra fácil de dois zagueiros russos e, na corrida, fuzila inapelavelmente a Lev Yashin. Naquele lance, logo aos 3 minutos de jogo, estava aberto o caminho para as quartas-de-final. E, também, para uma das mais mitológicas vitórias do Brasil na história das Copas do Mundo.

Brasil 1 x País de Gales 0 (Copa do Mundo de 1958) – Por mais que o ataque tente, o gol parece impossível de sair. Quando não é o goleiro Kelsey, com suas defesas inacreditáveis, são os zagueiros que salvam de qualquer maneira, já embaixo das traves. Ou, então, são as próprias traves que dificultam tudo, nas quais já explodiram cinco chutes brasileiros. Além do mais, o País de Gales se defende com oito, até 10 jogadores. Fechados lá atrás, formam uma autêntica muralha, quase impossível de ser ultrapassada.

Já são 26 minutos do segundo tempo e o massacre continua. Até que, pedindo calma ao time, Didi avança lentamente, esquadrinhando cada espaço do campo. Passa por dois adversários, aplica um drible em Derek Sullivan e toca rápido para Mazzola. Este cruza. Então, Didi faz uma tabela de sonhos com o garoto da camisa 10, prenúncio do que Pelé realizaria, pouco tempo depois, no campeoníssimo Santos, com os inesquecíveis Pagão e Coutinho.

O toque de cabeça de Didi é tão perfeito, que o garoto da camisa 10 passa a depender apenas do próprio talento. Aí, nada mais faz do que aplicar um inesperado *chapéu* no gigantesco Mel Charles. E completa a jogada chutando rasteiro – meio de canela, meio com o peito do pé direito –, com a bola entrando bem no cantinho esquerdo, surpreendendo a Kelsey, que esperava uma bomba pelo alto, talvez à meia-altura.

Aquele 1 a 0 era o suficiente. Garantia a nossa ida às semifinais. O que provocou mais tarde em Pelé uma afirmação categórica:

– Para mim, o Brasil só começou a ganhar o título a partir daquele jogo. Contra Gales, superamos todas as dificuldades em uma Copa. O time foi determinado. Jamais se desesperou. E a tabela com Didi, que coisa mágica! Não foi à toa que ele acabou considerado o *Maior Jogador do Mundial.* Comandou o time sempre com muito equilíbrio, sempre jogando demais. O Brasil foi campeão na Suécia, devendo muito à genialidade do Didi.

Real Madrid 4 x Barcelona 3 (Torneio Ramon de Carranza. Ano: 1959)
Poderosos, além de arqui-inimigos, Real Madrid e Barcelona iriam fazer a decisão dos sonhos da torcida, naquela tarde de domingo, 30 de agosto. Daí o Estádio Riazor, em Cádiz, se encontrar mais uma vez superlotado. Começando em ritmo acelerado, o Barça, campeão espanhol, foi logo fazendo 1 a 0, através do húngaro Czibor. Mas o Real era o tetracampeão europeu. E fez questão de mostrar a sua força, empatando através de Puskas.

Voltando para o segundo tempo com o placar em 1 a 1, os dois super times querem definir rápido aquele duelo histórico. O Real consegue saltar na frente, fazendo 3 a 1. Mas o Barcelona diminui. Só que, numa jogada em que reluz toda a genialidade de Didi, é que o jogo acaba se decidindo.

Absoluto no meio-campo, o meia-armador brasileiro avança com a bola dominada, chegando até a intermediária do Barcelona. Passa por Villaverde, driblando em seguida a Gensana e Segarra. É quando, numa fração de segundos, vê Puskas escapando de Rodri. Pensa rápido. E resolve fazer-lhe, dali mesmo, o tipo do lançamento perfeito. Medido à fita métrica.

Ante a aproximação de Olivella, Puskas apenas gira o corpo. E aí não conversa. Chuta a bola em pleno ar, como ela chega-lhe ao pé esquerdo. A bomba quase fura as redes de Ramallets. Com isso, o placar vai a 4 a 2. Mesmo assim, o Barcelona ainda faz o terceiro gol, já no finalzinho. Mas o Real

Madrid segura bem os 4 a 3, e é o festejado bicampeão do Torneio Ramon de Carranza, versão 1959.

---

Fluminense 1 x Flamengo 0 (Campeonato Carioca de 1951) – Um Fla-Flu, é sempre um Fla-Flu. Mas aquele era o tipo do clássico que iria significar muito para o Fluminense. Liderando o Campeonato – o que era uma surpresa para muitos –, o time dirigido por Zezé Moreyra precisa vencer a qualquer custo.

Tinha o Bangu de Zizinho nos calcanhares. E pior: não conseguia ver o Vasco do artilheiro Ademir Menezes se distanciar. Logo o Vasco! O famoso "Expresso da Vitória" de Barbosa, Danilo, Tesourinha e Maneca. Um time tão poderoso que era o bicampeão carioca. Um bi, sonhando com o tri.

Com o Maracanã cheio, tricolores e rubro-negros fazem um jogo dos mais equilibrados. Castilho e Garcia já defenderam várias bolas, que levavam grande perigo, evitando que o placar saísse do zero. Até que, na metade do segundo tempo, Didi percebe que Bria e Pavão começam a abrir espaços no meio da defesa.

Aproveitando uma dessas indecisões dos dois rubro-negros, faz um sinal e lança na medida para Orlando. Veloz, o "Pingo de Ouro" penetra com rapidez, ainda se livra de Biguá com um drible seco e vence Garcia irremediavelmente. Fluminense 1 a 0. Aos 27 minutos, estava decidido um Fla-Flu de arrepiar.

Fluminense 3 x Vasco 2 (Campeonato Carioca de 1951) – O jogo é tenso, catimbado, abala os nervos da torcida o tempo inteiro. Durante a semana, não se falara em outra coisa em todo o Rio. Daí o estádio lotado, com o Maracanã vivendo um dos seus domingos de gala. Mesmo com o calor intenso, o sol de quase 40 graus, os dois times correm o tempo inteiro. É porque quem perder fica de fora. Estará dando, ali mesmo, o adeus ao título.

Aos 22 minutos do segundo tempo, o Fluminense ganha de 2 a 1. Porém, o Vasco é todo pressão, sente que pode chegar ao empate. Tendo explorado as jogadas pelas pontas, sempre procurando Telê e Quincas para os cruzamentos, Didi resolve agora mudar de estratégia. Até ali, tudo havia dado certo. Quincas fizera um gol; Carlyle outro, de cabeça, aproveitando um cruzamento do próprio Quincas. Mas, nesse momento, a sua opção é pelo meio.

Penetrando com rapidez, passa por Maneca, driblando em seguida a Danilo Alvim. E quando percebe que Clarel e Augusto se perturbam, lança a Carlyle com rara perfeição. O artilheiro recebe a bola de Didi do jeito que bem gosta, cara a cara com o goleiro. Debochado, ainda dança diante de Barbosa. E finaliza com um senhor tirambaço, misto de raiva e euforia, sacudindo as redes vascaínas. O Fluminense faz 3 a 1. Naquele instante, uma dramática vitória ganha contornos reais.

O Vasco ainda faz o segundo gol, diminuindo para 3 a 2. Mas o sonho do tri vira apenas uma distante miragem. Até mesmo para o poderoso "Expresso da Vitória".

Fluminense 5 x Áustria 2 (Copa Rio de 1952) – Depois daquela sofrida vitória de 1 a 0, o tricolor das Laranjeiras procura uma certa tranquilidade neste segundo jogo. O gol mágico de Didi, já perto do fim, valera aquele 1 a 0 diante do Áustria, sim. Mas valera muito mais, pois agora o Fluminense podia administrar a vantagem. E é isso que o time do técnico Zezé Moreyra faz. Tanto que, aos 30 minutos do segundo tempo, arrasa o campeão austríaco por 4 a 2.

Criativo, com o faro goleador apurado, Orlando "Pingo de Ouro" é um dos destaques em campo. Já fez dois gols e fará o terceiro. Para variar, após receber mais um daqueles lançamentos açucarados de Didi.

Aos 34 minutos, o meia-armador tricolor se livra primeiro de Ocwirck, dribla em seguida a Huber e põe Orlando na boca do gol. O "Pingo de Ouro" ainda deixa Kowanck no chão após um drible de corpo e toca de leve no canto esquerdo. Está sacramentada uma goleada inesperada, que define o tricolor das Laranjeiras como um dos finalistas da II Copa Rio.

No ano do seu cinquentenário, o sonho de sair vencedor está mais vivo do que nunca em Álvaro Chaves. E o mais fantástico é que, duas semanas depois, o sonho iria virar realidade. Fluminense: campeão da II Copa Rio!

Botafogo 6 x Fluminense 2 (Campeonato Carioca de 1957) – Tudo se poderia esperar, envolvendo aquela grande decisão. Os dois times fizeram, até mesmo, campanhas bem parecidas. Daí o grande equilíbrio nos números; no retrospecto de suas campanhas. Se o Botafogo tem o ataque mais positivo, o Fluminense mostra a defesa menos vazada. Melhor nos clássicos, o tricolor perdeu aqueles tais pontos chamados de "irrecuperáveis" para os *pequenos*. Item no qual o Botafogo foi o mais eficiente dos *grandes*. Jamais perdeu um ponto sequer para os *pequenos*, vencendo os seus 12 jogos. Assim, com todos esses ingredientes, aquela só poderia ser mesmo uma senhora decisão. De arrasar corações.

Mas, mal começa o jogo e o que se vê é um Maracanã inteiramente estupefato. Mais de 150 mil pessoas não acreditam no que veem. Antes do final do primeiro tempo, o Botafogo já passeia em campo. E dá sinais de uma goleada histórica, vencendo por 3 a 0, três belos gols de Paulinho Valentim. O primeiro, logo aos 4 minutos. Praticamente decidindo o destino do Campeonato.

Recebendo um passe curto de Pampolini, Didi evolui no meio-campo, procurando sentir o clima da partida. Ainda nos vestiários, decidira com João Saldanha que deveriam *matar* o Fluminense com rapidez. Então, começa a procurar por Garrincha. Mas, antes, tem de ser livrar de Jair Francisco, em quem aplica um daqueles seus infalíveis dribles curtos. É quando descobre Paulinho, justamente aonde queria. Bem no meio de Clóvis e Pinheiro, de frente para Castilho.

Aí o lançamento de 40 metros sai perfeito, tirando um fiapo do topete de Jair Santana. Aceso, Paulinho se livra dos dois zagueiros com um corte largo e parte para cima de Castilho, fuzilando-o sem apelação: 1 a 0! O Botafogo inaugura o placar, caminhando para duas façanhas imorredouras. A maior goleada numa decisão, na história dos Campeonatos Cariocas. E a conquista do seu primeiro título de campeão, dentro do "maior do mundo".

Naquela tarde, finalmente o Maracanã seria todo alvinegro.

Botafogo 2 x América do México 1 (Torneio Pentagonal da Cidade do México. Ano: 1962) – Goleando, na penúltima rodada, aos húngaros do Újpest Dózsa por 4 a 2, o Botafogo só precisa de um empate, para ficar com o título do Pentagonal da Cidade do México. Na decisão, o seu adversário é o América, tão popular que parece o Flamengo de lá. Mas o que conta no momento é o rumoroso caso de amor que a torcida mexicana mantém com o campeão carioca. Melhor dizendo: com o talento cheio de ginga e picardia, exibido a cada partida por Garrincha, Didi, Amarildo, China, Quarentinha...

Assim, não é nada difícil ver o Estádio Asteca vibrando a cada jogada alvinegra. Ou aplaudindo entusiasticamente o gol de Zagalo – por sinal, o de empate, já que o América fizera 1 a 0. Mas a explosão de delírio chegaria mesmo ao seu auge no momento do gol da vitória, marcado aos 13 minutos do segundo tempo, numa jogada de raça de Amarildo. Um golaço! Que faria do próprio Amarildo o artilheiro da competição, dando ainda o título do torneio ao "Glorioso".

A jogada começa numa envolvente troca de passes entre Didi, Ayrton e Nilton Santos. Ganhando espaço, eles vão empurrando o América para o seu campo. Até que Didi, em meio àquele balé de pernas entrecruzando-se, consegue finalmente vislumbrar Amarildo. Daí ao lançamento longo, sob medida, é como se fosse um passe de mágica.

Fechando em alta velocidade, da ponta-esquerda para o meio, o futuro "Possesso" de Nélson Rodrigues entra rasgando. Ainda entorta a um beque, que tenta impedir-lhe o chute. E aí põe para fora toda a sua fúria e energia, desferindo um tremendo torpedo de canhota. Com aquele golaço de Amarildo, o Botafogo enfim chega aos 2 a 1, liquidando a questão. Enlouquece definitivamente a torcida. E sagra-se, com todos os méritos, campeão do Pentagonal da Cidade do México.

O Estádio Asteca é um êxtase só!

Botafogo 3 x Palmeiras 1 (Torneio Rio-São Paulo. Ano: 1962) – Djalma Santos, Vavá, Julinho Botelho e Chinesinho. Ou Servílio, Aldemar, Zequinha e Romeiro. Sem contar o recém-chegado Ademir da Guia. Em sã consciência, qual time não gostaria de escalar um desses craques – qualquer um deles? Pois o Palmeiras daqueles tempos escalava todos eles. De uma só vez. Daí a fama de "Academia do Parque", ali vivendo a sua primeira versão.

Pois foi com aquele timaço, que o grande Palmeiras foi campeão da Taça Brasil. E ganhou, inclusive, um emocionante Supercampeonato Paulista do Santos de Pelé. Por isso, impunha respeito ao próprio Santos. E também ao Botafogo, de tantos outros craques. Ainda mais numa decisão. Como aquela do Rio-São Paulo de 1962.

É bem verdade que o empate seria suficiente para o alvinegro carioca. Mas quem poderia prever o que faria um daqueles craques da camisa *esmeraldina*, em apenas um ou dois lances? Com a bola nos pés, eles poderiam mudar o curso dos acontecimentos. Em vez da sede de General Severiano, a taça poderia muito bem ir morar nos salões do Parque Antártica. Que ninguém duvidasse!

Felizmente, os receios de que as coisas não saíssem de acordo com os desejos da torcida alvinegra se dissiparam logo de saída. Mais uma vez, graças ao inigualável talento e ao imbatível poder de decisão de Didi, Garrincha, Amarildo e Companhia. Que, finalmente, haviam forjado um novo Botafogo. Audaz! Com o saudável vício de sempre ser campeão. Mas um campeão que flertava com o objeto de desejo do princípio ao fim. Até ficar de posse da nova grande conquista. Como a daquele Torneio Rio-São Paulo, o primeiro da história do clube.

Aliás, naquela noite a festa começou cedo, logo aos 30 segundos de jogo. Justo após um cruzamento de Amarildo, lá da ponta-esquerda, que Quarentinha testou para as redes. Só que o Palmeiras empatou. E o 1 a 1 perdurou até os 6 minutos do segundo tempo, quando a velha e irresistível jogada mais uma vez funcionou. Trocando passes com Ayrton, ali pelo meio-campo, Didi ficava apenas à espreita de que Amarildo escapasse, desse um jeito de se desgarrar do seu marcador.

Aí, era inevitável. Como agora, em que o lançamento mais que perfeito, de quase 40 metros, cai à feição do camisa 10. Amarildo apenas dribla o goleiro Waldir, detonando em seguida uma bomba de pé esquerdo, que ainda bate no zagueiro Waldemar Carabina, antes de ganhar o caminho das redes. Aos 16 minutos, é novamente Amarildo que marca, aumentando para 3 a 1.

Tal qual na Cidade do México, aquele é o tipo do gol providencial. Que faz dele, Amarildo, o artilheiro da competição, com 8 gols. E do Botafogo, o grande campeão do Torneio Rio-São Paulo de 1962.

A bela sede de General Severiano – com seu marcante estilo colonial –, se engalana toda para mais uma grande festa.

# CAPÍTULO DEZ

# SANTIAGO – ATO 1. COM DIDI, O BRASIL É CAMPEÃO DO I PAN-AMERICANO (1952)

> "A primeira glória não dá pra gente esquecer. Por isso mesmo, aquele Pan-Americano do Chile está marcado na minha mente. Eternizado na alma. Para sempre! E foi lá em Santiago. Que cidade! Bonita, acolhedora... Com aquela aura toda especial..."
>
> *(O Mestre Didi. Relembrando o Brasil campeão de 1952. Em Santiago do Chile.)*

A inacreditável derrota de 16 de julho de 1950, com um Maracanã superlotadíssimo – para muitos, o insuperável recorde de mais de 220 mil pessoas foi estabelecido ali, naquela tarde que não dá para esquecer –, havia sido o maior dos desastres, sim. Pelo menos, até hoje jamais se teve notícia, em todo país, de um drama emocional de tamanhas proporções coletivas. E aqueles inesperados 2 a 1, que deram ao Uruguai o seu bicampeonato mundial, iriam provocar mudanças drásticas na CDB, hoje CBF.

A começar pelos métodos de trabalho. E até pela mudança do uniforme, já que o branco era tido como "pé frio". Diziam que dava azar. Mas a principal mexida seria na escolha do técnico. Ainda mais que, para o presidente da entidade, Rivadávia Corrêa Meyer, havia chegado a hora e a vez de um jovem treinador assumir. Alguém com ideias renovadoras, sem vínculos com o passado. Capaz, inclusive, de reestruturar o grupo de jogadores. O que significava o afastamento do elenco que havia acabado de perder a Copa, em pleno Maracanã. Ou, pelo menos, de parte dele.

A bola da vez era Zezé Moreyra, recém-sagrado campeão carioca com o Fluminense. Um técnico também conhecido como disciplinador. Mas sem a rigidez, longe do estilo radical adotado por Flávio Costa. O homem que durante oito anos, pelo menos, fora uma espécie de ditador da Seleção. Um

Flávio Costa bem pouco afeito a concessões. Nada maleável. E que, mesmo sendo campeão do Sul-Americano de 1949 e tendo levado o Brasil a vencer, em 1945, uma Copa Rocca da Argentina, sofrera como nenhum outro a fase áurea do *platinismo.* E, aí, subentenda-se a esmagadora supremacia de argentinos e uruguaios na década de 1940.

Com efeito, ao ter o seu nome confirmado, logo após o Carnaval de 1952, Zezé Moreyra concedeu as costumeiras entrevistas de praxe. Como o novo técnico da Seleção não se fez de rogado, revelando logo a sua lista de convocados. Explicou pacientemente o porquê da surpresa de alguns nomes. E também não se esquivou de falar sobre algumas notórias ausências, particularmente a de Zizinho. Para grande parte da crônica internacional, o maior craque da Copa de 1950. Mas, com a derrota, um nome queimado dentro da CBD. Pelo menos, por ora.

Mantendo apenas Bauer e o artilheiro Ademir Menezes dos titulares de 1950, ele ainda iria utilizar Ely e Friaça, que também jogaram a Copa, em várias partidas do Pan. E logo efetivaria de vez Castilho, Nilton Santos, Baltazar e Rodrigues, reservas de 1950. O resto do time, no entanto, era todo montado segundo as modernas concepções de Zezé. Assim, o Brasil *made in 1952* era, realmente, um time renovado. Tanto em craques quanto no estilo de jogo.

Zezé Moreyra acreditava muito, por exemplo, na segurança, força física e virilidade do zagueiro Pinheiro, de apenas 21 anos. O tipo do beque de área ideal, em sua opinião. E que tinha lhe dado grandes alegrias recentemente, transformando-se numa das muralhas do surpreendente Fluminense, campeão carioca de 1951. Além do mais, contava com jovens com o talento de Djalma Santos, Julinho Botelho, Pinga e Brandãozinho, sagrados, há pouco, campeões do Torneio Rio-São Paulo pela Portuguesa de Desportos.

Por tudo isso, por toda essa mesclagem que ele considerava perfeita, Zezé levava uma fé tremenda naquele novo Brasil. Chegava, até, a acreditar que poderia quebrar um velho tabu: fazer desse Brasil, finalmente, um campeão além-fronteiras. Pela primeira vez em sua história. Mas havia quem não acreditasse no seu trabalho. Alguns tachavam-no, inclusive, como "um doidivanas; um louco!". E se a sua revolucionária "marcação por zona" mexia com a imaginação dos críticos, o que dizer de Didi?

Para um intrigante e convicto Zezé Moreyra, uma coisa era ponto pacífico: Didi era o melhor meia-armador do país. "Melhor, até, que Zizinho!" E ponto final. "Uma heresia!", na opinião de muita gente. Mas foi isso o que ele fez logo questão de provar. Tanto que, já na manhã do primeiro treino dos convocados, nas Laranjeiras, acenou-lhe com a camisa de titular. Gostava do estilo de Rubens, craque e ídolo do Flamengo. Achava, inclusive, que os dois poderiam chegar a jogar juntos, como jogaram, contra o Panamá. Mas o Brasil só seria campeão com Didi vestindo a camisa 8. E foi assim que, dividindo opiniões, lá se foi a delegação brasileira, rumo à sua aventura chilena.

Logo na estreia, diante do México, no dia seis de abril, uma categórica vitória por 2 a 0 – gols de Baltazar – deu a entender que o time poderia realmente engrenar, durante a competição. Só que um imprevisto 0 a 0 com o Peru, no segundo jogo, desencadeou uma série de protestos tão violentos que quase fez todo o trabalho de Zezé ir por água abaixo. No Brasil, por sinal, ele acabou sendo o mais malhado dos Judas do Sábado de Aleluia. E, lá em Santiago mesmo, começou a se precaver contra os que chamava de "escorpiões" e "antinacionalistas", que só queriam, na verdade, a sua derrota "e a de uma geração cheia de futuro", ainda segundo as suas próprias convicções.

As coisas voltariam aos devidos lugares, porém, com uma goleada no terceiro jogo, sobre o quase desconhecido Panamá. Que apanhou feio de 5 a 0, gols de Rodrigues (2), Baltazar, Pinga e Julinho Botelho e fez a confiança da torcida voltar, abrandando a sanha dos "escorpiões" e "antinacionalistas", detectados por Zezé. Além do mais, foi essa vitória que deu ao time a tranquilidade necessária para enfrentar o mais ansiado de todos os adversários. O mesmo Uruguai de Máspoli, Miguez, Rodrigues Andrade, Gigghia e Julio Perez, que nos havia tirado o título mundial, dentro de nossa própria casa, dois anos antes. Aquele fatídico Uruguai campeão de 1950.

Decidido a manter o time-base dos três primeiros jogos, Zezé Moreyra procurou conversar demoradamente com os seus jogadores. Deu-lhes mesmo liberdade, para que entrassem em campo na condição de revidar a qualquer provocação da Celeste, sim. Que tentassem ganhar na bola, mas que, na medida do possível, obtivessem "uma vitória completa". Um triunfo épico. Uma façanha que fizesse esquecer a história – ou seria estória? – do famoso "tapa" de Obdúlio Varela em Bigode, na decisão de 1950.

Mostrando, desde o início, um futebol objetivo e voltado para o gol, não foi difícil ao Brasil chegar aos 3 a 1 em cima dos campeões do mundo. Com pouco tempo de jogo. Gols marcados por Baltazar, Didi e Rodrigues

– o de Didi, o seu primeiro com a camisa da Seleção, aos 24 minutos. Por sinal, em um chute traiçoeiro, cheio de *graxa*, que acabou pegando desprevenido o famoso goleiro Máspoli, traindo-o inapelavelmente. Possivelmente, a primeira amostra internacional da famosa *folha-seca*.

Mas se aquele placar surpreendia, por outro lado dava bem a medida exata da superioridade dos jovens craques brasileiros sobre uma equipe já envelhecida. E ainda mostrava que, acima de tudo, revolução em matéria de esquema tático era a "marcação por zona" de Zezé. Um esquema, na verdade, que, se fechava a defesa, fazia o ataque não perder a sua força goleadora.

Mandando na partida, foi ainda o Brasil que marcou mais um gol, o quarto, através de Pinga. Só que, ao indício das primeiras provocações uruguaias, a confusão estava armada. Logo de saída, Eli do Amparo deu um safanão em Miguez, enquanto Bigode – que estava no banco – procurou o primeiro que encontrou pela frente – Rodrigues Andrade – para tirar a sua forra particular.

Serenados os ânimos a muito custo, eis que quem acaba não se contendo é Nilton Santos, que procura Gigghia e lhe dá uma violenta rasteira dentro da área, em um pênalti claro. Segundo ele, "só para que esses gringos não continuem a pensar que podem nos fazer de trouxas a hora que bem entendem".

Com 4 a 2, e mandando totalmente em campo, o Brasil venceu tanto na bola como no braço, chegando ao final do jogo aclamado com justiça pelo grande público, que lotava literalmente o Estádio Nacional de Santiago. É que fora, realmente, "uma vitória completa". Vindo com ela a indicação segura de que, diante do dono da casa, o Chile, não poderia ocorrer outro resultado que não fosse uma nova vitória. E, então, a consagração do primeiro título obtido no Exterior. Ainda por cima, invicto.

Quatro dias depois, com a torcida incentivando como nunca os chilenos, chegou a vez do jogo decisivo. O calendário marcava o dia 20 de abril e fazia uma temperatura agradável, com muito sol, céu aberto, em Santiago. Como era domingo, o Estádio Nacional superlotara desde cedo. Ao Brasil bastava o empate. Mas o que Zezé Moreyra mais havia recomendado era uma atuação irretocável. Com isso, aos poucos o entusiasmo dos andinos foi se arrefecendo, à medida em que os seus ataques esbarravam na segurança da defesa brasileira, cujo meio-campo começava a se soltar, municiando o ataque com mais consistência.

Foi assim então que, não mais que de repente, em um lançamento sob medida de Didi, Ademir penetrou na área como um raio e fuzilou o goleiro Livingstone, abrindo a contagem aos 12 minutos. O mesmo Ademir, em novo passe de Didi, praticamente liquidou o jogo, marcando 2 a 0 aos 18 minutos. Ainda do primeiro tempo. Só que os chilenos não se davam por vencidos, resolvendo partir com toda a fúria e desespero para cima de Castilho, na etapa final.

Isso foi o suficiente para que Zezé, mais uma vez, optasse por um trunfo decisivo: a entrada de Pinga. O tipo do atacante veloz e oportunista. Que não demorou a fazer 3 a 0, quando o cronômetro marcava apenas 22 minutos, definindo de vez a partida. Uma vitória límpida. Categórica. Fazendo do Brasil o primeiro *Campeão Pan-Americano* da história.

Pouco depois, tão logo o juiz inglês Charles Dean deu por encerrada a decisão, uma festa de grandes proporções explodiu nos vestiários. Jogadores e dirigentes se abraçavam e beijavam, enquanto alguns se enrolavam na bandeira brasileira, debaixo de forte choro. Carregado em triunfo pelos seus craques, Zezé Moreyra até mesmo se esquecia de que havia sido o mais malhado dos Judas. E, comovido, sentenciava:

– Esta foi uma façanha imortal, grandiosa sob todos os aspectos. Superamos tudo! E, praticamente sem tempo para um treinamento sequer razoável, saímos daqui campeões invictos.

Por sua vez, na consciente análise de Didi, sempre ponderado em suas opiniões, "a nossa vitória foi categórica, sem qualquer contestação. Por menor que seja."

– O time acabou crescendo dentro da competição. E era isso que a gente esperava. Mas o nosso grande momento, sem dúvida, foi a espetacular vitória sobre o Uruguai. Hoje, não há como negar: aquela noite de 16 de abril foi a noite do jogo da forra! Além do mais, tive o prazer de marcar um belo gol no Máspoli – que goleiraço, amigo! Aliás, o meu primeiro na Seleção Brasileira, e logo contra o Uruguai. Mas a vitória sobre o Chile também foi extraordinária. Esses 3 a 0 lavaram a nossa alma. E fizeram do Brasil um grande campeão, nesta tarde de domingo. Esquecemos um pouco 1950 – sentenciaria, por fim, um triunfante Didi.

Mais do que orgulhosa da grandiosa façanha no Chile, uma multidão em delírio invadiu o Aeroporto do Galeão na tarde de segunda-feira. E foi em uma gigantesca carreata, como ainda não se vira pelas ruas do Rio, que os campeões fizeram o percurso até o Palácio do Catete, onde os aguardava o Presidente da República, Getúlio Vargas.

Pouco depois, cada jogador recebia a sua comenda oficial do velho Gegê. Que, radiante, abraçou e conversou carinhosamente com todos. Quando chegou a sua vez, Didi foi efusivamente saudado por Getúlio. Que em sua mensagem – e no auge da exaltação – chegou a defini-lo, inclusive, como "a nossa mais autêntica maravilha negra. Um bravo!"

E concluiu:

– Ele soube, como poucos, honrar o nome do nosso país. Foi um herói, nessa árdua disputa vencida além-fronteiras.

Por sinal, este foi um momento que o próprio Didi sempre guardou com enorme carinho. A ponto de, em determinadas ocasiões, chegar a considerar aquela façanha quase tão importante quanto o título mundial, obtido seis anos depois, na Suécia.

– Na verdade, como eu poderia esquecer aquela conquista tão importante, a primeira com a camisa da Seleção? Foi ali que comecei a ganhar a confiança e o respeito do Brasil inteiro. Sem contar que era muito novo ainda, o que fez a emoção tomar conta de mim de uma maneira muito forte. Afinal, ser campeão logo na primeira convocação (e invicto) é um privilégio que muito pouco jogador obtém em sua carreira – costumava frisar, sempre que podia, o grande meia-armador brasileiro.

Com quatro vitórias e um empate em cinco jogos, além de apresentar um saldo favorável de 12 gols – marcou 14 e sofreu apenas dois –, o Brasil se tornou o primeiro campeão das Américas, mostrando um time-base sólido. Castilho; Pinheiro e Nilton Santos; Djalma Santos, Brandãozinho e Bauer; Julinho Botelho, Didi, Baltazar, Ademir Menezes e Rodrigues quase sempre começavam as partidas.

Mas Zezé Moreyra ainda utilizou, na conquista do Pan, Oswaldo Baliza para o gol, Eli do Amparo e Arati para a linha intermediária e Gérson dos Santos para a zaga. Rubens – o famoso *doutor Rúbis*, tricampeão pelo Flamengo – foi convocado para a meia-direita. Mas na goleada de 5 a 0 sobre o Panamá, na terceira partida, atuou ao lado de Didi. É que Zezé deslocou o próprio Rubens para a meia-esquerda, mantendo Didi com a camisa 8, na meia-direita.

E Zezé ainda pôde contar, ao longo do I Pan-Americano de Santiago do Chile, com Pinga, Ipojucan e Friaça – outro dos remanescentes da Copa de 1950 – para o ataque. Sendo que também fizeram parte da delegação vitoriosa o lateral Bigode, o centro-médio Ruarinho e o goleiro Cabeção, do Corinthians. Que, no entanto, não tiveram a oportunidade de entrar em campo.

A partir da glória suprema obtida lá no Chile, a realidade é que o Brasil passou a ser visto com outros olhos por qualquer adversário – e não podia mesmo ser diferente. Daí que, no ano seguinte, chegou ao Sul-Americano de Lima, no Peru, como o grande favorito. O que, em contraposição, o transformava numa espécie de inimigo público número um, dentro da competição. Afinal, quem não gostaria de tirar o selo do badalado campeão pan-americano de Santiago?

– Pois foi isso, infelizmente, o que mais nos prejudicou. O alto comando não funcionava. Os desentendimentos dentro do grupo eram uma constante. A vaidade subiu à cabeça de alguns dos novos convocados. Aí, acabou ficando fácil para o Paraguai. Muito bem dirigido, por sinal, por um técnico matreiro e vivido, como Don Fleitas Solich – recordaria Didi.

– Além do mais, o time deles tinha craques como o Romerito, o Gavillan e o Sylvio Paródi. Poderíamos ter vencido. Mas não tivemos humildade e união. Muito menos paz e determinação. Tudo o que aquele Paraguai campeão mostrou sempre. Até com sobras – afirmaria ainda Didi, não escondendo o desapontamento.

Com a proximidade da Copa de 1954, porém, eis que as esperanças acabaram por se renovar. Ainda mais porque Zezé Moreyra estava de volta, pois em Lima o técnico fora o seu irmão mais moço, Aymoré Moreyra. Que acabou pagando um alto preço pela inexperiência. Com Zezé, já se sabia, o grupo de 1952 estaria de volta. E se o Brasil havia brilhado no Chile, sagrando-se campeão invicto daquele I Pan-Americano, por que não sonhar com a conquista do mundo?

– Realmente, fomos para a Suíça com tudo. Mas, infelizmente, o nosso alto comando continuava vendo as coisas sob uma ótica amadora. Até o regulamento da Copa eles desconheciam! – revelaria, espantado, o grande craque.

A goleada na estreia, sobre um velho freguês de caderno, o México, por 5 a 0, gols de Pinga (2), Didi, Baltazar e Rodrigues, apenas adoçou a boca dos mais empolgados. Que logo se tornaram cautelosos, com o duro empate de 1 a 1 – gol de Didi – contra a Iugoslávia, no segundo jogo. Porém, a cautela deu lugar ao pânico, quando o sorteio apontou quem iríamos enfrentar nas quartas-de-final: a temida Hungria de Puskas, Kocsis e Czibor. Aquela mesma Hungria das grandes goleadas, que se sagrara campeã – com raro brilho! – das Olimpíadas de Helsinque, em 1952. E que estava invícta há quatro anos.

– Naquela tarde, posso dizer que houve de tudo. Eles realmente eram melhores. Jogaram bem mais. Mas o descontrole emocional liquidou-nos logo de saída. Éramos uma pilha de nervos. Aliás, com 10 minutos já estava Hungria 2 a 0. Eu, particularmente, mal parava em pé. Com chuteiras de trava baixa – da Adidas –, como podia me equilibrar em um campo pesado, pois havia chovido até quase a hora do jogo? Só melhorei um pouco no segundo tempo, quando coloquei travas altas – lembraria um atento Didi. Sem esquecer dos detalhes.

Nada no mundo, no entanto, impediria a vitória dos campeões olímpicos por 4 a 2. Assim como nada impediu as inúmeras brigas e as expulsões de Bozsik (Hungria), Nilton Santos e Humberto Tozzi (Brasil). Muito menos o conflito generalizado nos vestiários, ao final da chamada "Batalha de Berna". Um quiproquó daqueles, que apresentou dois saldos marcantes. Uma garrafada que abriu um corte profundo na cabeça do zagueiro Pinheiro. E a famosa chuteirada de Zezé Moreyra, que acertou em cheio o rosto do Ministro dos Esportes húngaro, Gustav Sebes.

Não assistindo, inclusive, à inacreditável derrota da Hungria para a Alemanha Ocidental por 3 a 2, na grande final – a mesma Alemanha que os húngaros golearam logo no início da Copa, por 8 a 3 –, os brasileiros levaram mais um longo período com a auto-estima lá embaixo. Parecia sina. Copa do Mundo não era com a gente. Algum dia ganharíamos uma?

Nesse período, eis que ocorre uma mudança que seria de fundamental importância na CDB. Sai Rivadávia Corrêa Meyer. E é eleito Sílvio Pacheco para a presidência. Um dos seus vices: o ex-campeão de natação e water-polo pelo Fluminense, o jovem João Havelange. Seria o prenúncio de um novo tempo, de novas ideias? Poderíamos voltar a sonhar? O futebol, enfim, seria tratado de uma maneira mais profissional, mais ousada?

Lembrando das glórias do Chile, Didi só podia torcer – e muito! – para que tudo realmente mudasse. Para que o jogador brasileiro, finalmente, pudesse mostrar a sua arte e o seu talento em paz. Com um mínimo de organização – tinha certeza! –, a criatividade inigualável do nosso craque voltaria a fazer a diferença. Agora, para o mundo inteiro! Como mostraram aquelas tarde inesquecíveis de Santiago.

– Realmente, tudo havia sido emocionante demais. Havia uma Santiago inteira a nos reverenciar. Era um Estádio Nacional repleto, a aplaudir um Brasil campeão! Só que não havíamos vencido de um adversário qualquer. Mas, sim, do próprio Chile, o dono da casa. E logo na grande decisão! – realçava um encantado Didi.

Aliás, ele sempre gostou de relembrar os seus grandes momentos nos campos do Chile. Quase sempre, saboreando uma generosa taça do mais legítimo vinho andino. Sem dúvida, um dos mais respeitados produtos fabricados aos pés da cordilheira e que goza, de há muito, de um renomado prestígio junto aos mais exigentes enólogos europeus.

Sua preferência era pela marca Concha y Toro. O mais conceituado e famoso dos vinhos chilenos. Mas essa preferência não era por acaso. "Gosto dele, por manter intocado o sabor especial. Fruto do paciente e cuidadoso trabalho em suas vinhas", dizia, com ar de bom entendedor. E fazia uma concessão, em particular, ao premiado tinto Don Melchor, da linha nobre da Concha y Toro.

Capaz de fazer um Didi cerimonioso, de comportamento quase sempre circunspecto, transbordar de alegria, esse cativante Chile conseguiu, também, eternizar o maior gênio produzido por sua literatura. Tanto que fez do monumental Pablo Neruda, o grande vencedor do Prêmio Nobel de 1971.

Admirador confesso de Neruda, Didi, certa vez, conversou por um bom tempo com o poeta. A conversa foi em Santiago mesmo. Contando com a enriquecedora presença de Thiago de Mello, grande poeta brasileiro e nosso adido cultural no país andino à época. E a prosa terá versado, certamente, sobre poesia, mulheres, a vida, vinhos e futebol. Não necessariamente nessa ordem.

"Hijo de aquellos ríos / me mantuve corriendo por la tierra / por las mismas orillas / hacia por la misma espuma / y cuando el mar de entonces / se desplomó como una torre herida / se incorporó encrespado de su furia / abrió una puerta verde / por donde entró la ola com su trueno / y se extendió mi vida / con un golpe de mar, en el espacio", teria recitado o poeta.

Mas o fato é que, bem antes da prosa com Neruda – e do inabalável prazer em curtir os seus doces momentos nos campos chilenos –, o notável camisa 8 brasileiro passou por períodos de incertezas. Esteve no olho de um furacão. Como sempre, de imprevisíveis consequências. E viveu mudanças que poderiam, sim, nos trazer dias bem melhores, ou não.

Mas a sua sorte, e de todo o futebol brasileiro, é que a dupla Sílvio Pacheco/João Havelange tinha o santo forte. Era iluminada! E, em bem pouco tempo à frente da CBD, mostrava que era realmente capaz de construir um novo tempo. Deixava às claras que tudo podia ser diferente. Que estávamos às portas de uma era de há muito esperada. A era das tão sonhadas vitórias. Dos títulos de campeão. Que um dia haveriam de vir. E vieram!

## CAPÍTULO ONZE

# SANTIAGO - ATO 2. NO VELHO CENÁRIO, O BICAMPEONATO MUNDIAL (1962)

"Não poderia mesmo ser diferente. Santiago sempre me traz as mais gratas recordações. Uma deliciosa cidade. Com um povo caloroso e amigo. Foi ali o começo de tudo. E o glorioso momento final também. Em Santiago, o Brasil foi várias vezes campeão."

*(O Mestre Didi. Emocionando-se com as doces lembranças da capital chilena.)*

Estávamos em plena metade da década de 1950. E foi como um forte, poderoso clarão, que se anunciou a nova era. Na quase vetusta CDB – a mais que desgastada Confederação Brasileira de Desportos –, tudo parecia haver mudado. De uma hora para outra; da noite para o dia. Uma mudança em regra. Pra valer!

Dessa maneira, várias competições de nível continental (a Taça Oswaldo Cruz, as Copas Rocca e O'Higgins e a Taça do Atlântico) acabaram sendo criadas ou reestimuladas. Uma excursão-laboratório da Seleção foi programada para a Europa, local de disputa de mais um Mundial. E ainda mandamos uma valorosa Seleção Gaúcha nos representar no Pan-Americano do México, de onde voltou com uma histórica façanha. Fez do Brasil bicampeão das Américas. Invicto!

Pois é. Realmente, os tempos eram outros. E os testes, as experiências, se multiplicaram até às vésperas da Copa da Suécia. Ao todo, realizaram-se 42 partidas, com 24 vitórias, nove empates e apenas nove derrotas. Nada menos de nove títulos foram conquistados: três Taças Oswaldo Cruz, uma Copa O'Higgins, uma Copa Rocca, uma Taça Presidente Craveiro Lopes, uma Taça do Atlântico e um bicampeonato do Pan-Americano. Agora, sim, podíamos dizer que aquele era um Brasil vencedor. Um Brasil com cara de campeão.

Nesse festival de conquistas, não foi nenhuma surpresa a presença de Didi em vários momentos marcantes. Como quando resolveu decidir a Taça Presidente Craveiro Lopes, contra Portugal, no Maracanã, em 1957.

– Vencemos por 2 a 1. O Tite fez o primeiro gol. O Matateu empatou. Mas em um chute de fora da área, cheio de veneno, fiz 2 a 1. Aí recebemos aquela bela taça do sorridente Presidente Craveiro. Tão sorridente quanto o nosso Presidente Juscelino – sorria também Didi. Gostosamente. Imitando JK e Craveiro Lopes.

Uma emoção especial, porém, foi ter sido campeão junto com Zizinho. É que, por ironia do destino, os dois extraordinários jogadores – na verdade, dois *Monstros Sagrados* do nosso futebol – atuaram bem poucas vezes no mesmo time. Lado a lado, ganharam a Taça do Atlântico, em 1956. Mas a conquista mais gostosa foi a da Taça Oswaldo Cruz, em 1955.

– Aquele jogo com o Paraguai simplesmente lotou o Maracanã. É que ele acabou se transformando em um grande acontecimento, pois marcou a volta do Zizinho e do Flávio Costa à Seleção. Naquela tarde, o que posso dizer é que o Ziza, simplesmente, arrebentou! Fez dois golaços, tramou jogadas incríveis comigo. E depois de realizarmos uma tabela perfeita, ainda pude lançar o Sabará na cara do gol. Aí ele matou o lance, fazendo 3 a 0. Foi assim que ganhamos, pela segunda vez, a belíssima Taça Oswaldo Cruz – detalhava, com um misto de orgulho e prazer, um envaidecido Didi.

No ano do tudo ou nada – ou seja: 1958 –, aí mesmo é que o grande meia-armador jogou tudo o que podia e sabia. Tudo e algo mais. Aos 30 anos, procurou se preparar como nunca havia feito em toda a sua carreira. Mas mantinha a calma habitual. Ainda mais por saber que aquele podia ser mesmo o seu último Mundial.

– Fui para a Suécia convicto de que teria de ser um jogador decisivo. O nosso ponto de equilíbrio. Uma espécie de pensador, de coordenador do time. E procurei fazer isso desde o primeiro jogo. Felizmente, tudo deu certo. O Brasil foi um brilhante campeão. E eu acabei ganhando um prêmio que muito me honrou. O de melhor jogador da Copa – sempre se emocionava Didi, ao rememorar a façanha imortal.

Trocando o Botafogo pela aventura espanhola do Real Madrid, pouco mais de um ano depois da glória inesquecível nos campos suecos, Didi só retornou à Seleção em 1961. Mas retornou como saíra: jogando o fino da bola.

Dono absoluto da posição. Mesmo com o aparecimento de craques como Chinezinho (Palmeiras), Mengálvio (Santos) e Bené (São Paulo). Além de uma grande revelação: um meia-armador canhoto, chamado Gérson. Altamente habilidoso. E que acabara de levar o Flamengo ao título de campeão do Torneio Rio-São Paulo.

Para dar ritmo de Copa do Mundo ao time, o Brasil disputou a Taça Oswaldo Cruz com o Paraguai, em Assunção. E também a Copa Bernardo O'Higgins com o Chile, em Santiago. Ambas as competições, em meados de 1961. Para variar, ficamos novamente de posse dos dois valiosos troféus. Sendo que um importante detalhe ficou por conta dos 2 a 1 contra o Chile, no Estádio Nacional. O verdadeiro golaço marcado por Didi em Escuti. Justo o gol da vitória brasileira.

– O curioso é que ele previu o lance. E preparou-se, inclusive, para a defesa. Mas a curva que dei no chute foi muito em cima do seu corpo. Não deu tempo para o Escuti tentar se virar no ar. Ou trocar de mão, espalmando a bola – procurou detalhar o lance o camisa 8 brasileiro. Autor do mais famoso e temido dos chutes do futebol mundial.

Campeão carioca, do Torneio Rio-São Paulo e do Pentagonal da Cidade do México com o Botafogo, o Didi que vamos encontrar às vésperas da Copa de 1962 é um craque em plena forma. Com uma longa experiência. A essa altura, um mago da bola. Repleto de sabedoria. E que corria, apenas, atrás do fecho de ouro para uma carreira plenamente vitoriosa. De uma façanha que ficasse de vez na história. Para todo o sempre.

Antes do começo do Mundial do Chile, em mais uma disputa da Taça Oswaldo Cruz, Didi faria no goleiro Maggereyer o seu último gol pela Seleção. O Brasil goleou o Paraguai por 6 a 0, sagrando-se campeão pela sexta vez da preciosa taça, que levava, por sinal, o nome do mais ilustre médico sanitarista brasileiro. O seu gol foi o quinto, em um chute traiçoeiro da intermediária. Bem no ângulo direito do arqueiro guarani.

Poucos dias depois, a delegação brasileira, otimista, levantava voo, chegando à concentração no sossegado povoado de Quilpuê, em Vinã del Mar. Era lá, na bonita e calma cidade situada à beira do Pacífico, que se iniciaria a saga do bicampeonato.

Como se previa, uma batalha e tanto era travada a cada partida. Às vezes, com ares de uma verdadeira guerra. Mas, após a decisão Brasil 3 x

Tchecoslováquia 1, acabou prevalecendo a justiça dos deuses. Dos matreiros – e muitas vezes injustos – deuses do futebol. O Brasil de Didi, Garrincha, Nilton Santos e tantos outros heróis consagrava-se, afinal, como o grande bicampeão do mundo.

Aliás, demonstrando sempre o mesmo prazer em falar daquela histórica conquista, o que Didi procurava salientar bem é que não podia haver mesmo um outro campeão. Destacava o trabalho pioneiro realizado em 1958. E frisava que a manutenção da base campeã da Copa anterior, havia sido o grande trunfo brasileiro em 1962.

– É lógico que estávamos quatro anos mais velhos, com os músculos e nervos mais cansados. Mas, em compensação, quem poderia mostrar mais conjunto e mais experiência numa competição como aquela do Chile? – questionava, convicto.

O fato de o grupo da Suécia ter-se mantido para a Copa do Chile, sempre foi, pela vida afora, um motivo e tanto para que o grande meia-armador brasileiro se orgulhasse daquela façanha inédita. Aí, era um Didi desafiador que proclamava:

– Olha: não há, em toda a história das Copas, uma equipe tão bicampeã como aquela nossa. Tão gloriosa! E provo bem o que digo. Veja: a Itália, que ganhou em 1934 e 1938, repetiu apenas dois jogadores naquelas duas Copas: o Meazza e o Ferrari. Já o Brasil foi praticamente o mesmo. Em 1958 e 1962.

E concluiria Didi, mais orgulhoso ainda:

– Fomos bicampeões mundiais, repetindo nada menos de nove jogadores. E não dois, como os italianos. Lá estavam Gilmar, Djalma Santos, Zito, Nilton Santos, Didi, Garrincha, Pelé, Vavá e Zagalo. E os dois que entraram em 1962 – Mauro e Zózimo –, estavam no grupo desde 1958. Novidade mesmo, só o Amarildo. E que santa novidade! Pergunto, então: é ou não é pra gente se orgulhar de verdade?

Com efeito, até a comissão técnica de 1962 acabou sendo praticamente a mesma da Copa anterior. O Doutor Paulo Machado de Carvalho, definitivamente consagrado como o "Marechal das Vitórias", continuava como o chefe da delegação. E, com ele, o médico Hilton Gosling, o dentista Mário Trigo, o preparador físico Paulo Amaral e o supervisor Carlos Nascimento. A troca ficaria por conta da entrada de Aymoré Moreyra no lugar de Vicente Feola, que se recuperava de uma nefrite aguda, no cargo de treinador.

Quanto ao time, a ideia fixa era a de se manter a formação-base dos últimos anos. E Aymoré ficou ainda mais convicto disso, ao ouvir do doutor Paulo Machado:

"Você está agindo da maneira mais correta. É claro que devemos manter os campeões de quatro anos atrás. Ainda mais que nunca devemos contrariar a velha máxima: em time que vence não se mexe."

– Aliás, foi esse tipo de decisão que levou o Zózimo, que havia sido reserva em 1958, a ocupar o lugar de Orlando, vendido pelo Vasco ao Boca Juniors da Argentina. E também fez com que, na saída do Bellini, a zaga central fosse ocupada pelo Mauro. Também reserva em 1958, além de ser um dos mais antigos jogadores do grupo – esclareceria Didi.

Invicta há muito tempo, e gozando da idolatria e confiança de todo o país, a chamada "Seleção de Ouro" ainda realizou seis amistosos preparatórios, antes de seguir viagem. Sem problemas, venceu o Paraguai – 6 a 0 e 4 a 0, pela Taça Oswaldo Cruz –; Portugal – 2 a 1 e 1 a 0 –; e País de Gales – 3 a 1 e 3 a 1 –, enfrentando o México, na estreia, com Gilmar; Djalma Santos, Mauro, Zózimo e Nilton Santos; Zito, Didi e Zagalo; Garrincha, Vavá e Pelé. Praticamente, o mesmo time que havia se sagrado campeão na Suécia.

Com Mauro vestindo a camisa 3, pois ganhara definitivamente a posição de Bellini nos derradeiros treinos, e jogando com relativa facilidade, os campeões do mundo chegaram aos 2 a 0 – gols de Zagalo e Pelé diante dos aguerridos astecas, que mostraram um Carbajal em grande forma no gol. O que evitou que o placar alcançasse números mais dilatados ainda.

Já nos dois compromissos seguintes, bem que a situação andou se complicando. Pelé sofreu um grave estiramento na virilha, diante da Tchecoslováquia, dando adeus ao resto da competição ali mesmo. Mas se, no 0 a 0 com os tchecos, a estrela de Mané Garrincha não havia brilhado, contra a Espanha deu-se exatamente o contrário. A ponto de, via suas irresistíveis pernas tortas, o Brasil acabar transformando um angustiante 1 a 0 numa consagradora vitória por 2 a 1.

Naquele jogo, por sinal, duas apreensões tomaram conta de toda a delegação brasileira. A estreia de Amarildo, no lugar de Pelé; e a vontade, quase obsessão, de Didi em se vingar de Di Stefano, por grande parte da imprensa acusado de havê-lo sabotado nos tempos de Real Madrid.

Com Adelardo abrindo o escore para a *Fúria*, aos 30 minutos e com Didi preso em campo, sem render metade do que podia e sabia, chegou-se realmente a temer pela sorte do Brasil, no segundo tempo. Mas foi justamente na etapa final que Amarildo se soltou, marcando os dois gols da vitória. E Didi pôde reencontrar a calma para, aos poucos, ir dominando a zona do meio-campo.

Depois da grande virada, na festa dos vestiários, já em meio a gritos de desabafo, com direito a choro e riso, o que se via era Amarildo ser beijado por Pelé, para delírio dos fotógrafos. Já Garrincha explicava uma centena de vezes como havia driblado toda a defesa espanhola para, em seguida, cruzar no espaço vazio. Justamente para a cabeçada fulminante de Amarildo, aos 42 minutos, isto é, a três minutos do fim, no tão sofrido gol de desempate. O gol da vitória brasileira.

Porém, era em um canto daquele festivo vestiário, numa conversa reservada entre Didi, Zito, Zagalo e Nilton Santos, de um lado e Aymoré Moreyra, de outro, que se definiria o futuro do Brasil naquele Mundial. Daquele dia em diante, Garrincha teria mais liberdade ainda para se mexer lá na frente. Poderia fazer o que bem entendesse. Decidir os jogos e a própria Copa. Dar, em suma, o bicampeonato ao Brasil. Como, aliás, Mané acabou dando.

Mas enquanto Garrincha decidiria as coisas lá na frente, Zózimo e Mauro teriam de passar a atuar de maneira mais atenta. Bem mais plantados na defesa. E Zagalo ficaria com uma incumbência cada vez mais desgastante. Continuaria ajudando na armação das jogadas e na cobertura a Nilton Santos, sim. Mas, sempre que possível, se faria presente nas jogadas de linha de fundo. Uma das nossas armas letais.

Quanto ao eterno Nilton Santos, guardaria com atenção redobrada a sua atual posição: a lateral esquerda. E faria com a constância de um exuberante quarto-zagueiro, o que já era, há algum tempo, no Botafogo, a cobertura dos beques de área. Seria, mais do que nunca, a *Enciclopédia do Futebol*. O maior jogador de defesa do mundo. Como havia sido exaltado na Suécia, quatro anos atrás, pela respeitada crítica europeia.

Mesmo assim, sempre que pressentisse, o velho Nilton bem que poderia executar os seus preciosos lançamentos por cobertura, à altura da meia-esquerda. Porém, a sua principal missão, após aquela reunião, era a de injetar no maestro Didi, ainda acabrunhado, por não ter podido mostrar o seu melhor futebol aos olhos de Di Stefano, a dose exata de alento para as batalhas futuras. Quando cada partida iria significar uma autêntica decisão.

E não foi outro, senão um Didi mais solto e, acima de tudo, altamente cerebral, que pisou o gramado do Estádio Sausalito, em Viña del Mar, o mesmo dos três jogos anteriores, naquele 10 de junho. Justamente para enfrentar a Inglaterra. Em jogo valendo por uma das quartas-de-final.

Então, liberando Zito no momento exato para, com a sua conhecida fogosidade, subir ao ataque, era um Mestre Didi diferente, extremamente bem articulado, que estava em campo. Usando da sua inacreditável visão de jogo para filtrar as jogadas, indicava os espaços a Vavá e Amarildo. Além de, já mais sereno, poder ser visto executando os seus mágicos lançamentos. Com a precisão costumeira.

Aquele novo Didi também ia para o sacrifício sem pensar duas vezes, sendo visto com constância cercando o adversário ou dando *carrinho* na entrada da área brasileira. E mais: abria caminho, com uma até então insuspeitada e desconhecida humildade, para a afirmação definitiva do endiabrado Mané Garrincha como o *Rei* daquela Copa em campos chilenos. Um *Rei* tão grandioso quanto ele, o grande Didi, havia sido na Suécia, quatro anos antes.

Como era de se esperar, a essa altura aquele time já havia engrenado de vez. E, engrenado, aí mesmo é que não tomou conhecimento da Inglaterra, ainda mais que Garrincha havia resolvido fazer gol de cabeça e, até, de *folha-seca*. Em pouco tempo, o jogo estava definido. Transformando-se o placar final de 3 a 1, gols de Garrincha (2) e Vavá, numa prova definitiva de que, muito dificilmente, o Brasil deixaria escapar o bicampeonato.

O encontro seguinte, que valeria por uma das semifinais com o dono da casa, o Chile, até que chegou a ser revestido de aspectos dramáticos. E isso se fez sentir ainda mais quando a torcida, instigada pela imprensa local, deixou que ecoassem por toda a Santiago frases e *slogans* ameaçadores. Dos quais, "Com Pelé ou sem Pelé, haveremos de tomar café" e "Com Didi ou sem Didi, haveremos de fazer xixi", eram apenas uma pequena amostra.

Mesmo assim, na hora da verdade, Mané Garrincha, sempre Mané Garrincha, foi lá e se encarregou de pôr as coisas nos devidos lugares. Primeiro, marcando um golaço de pé esquerdo; e, depois, mais outro de cabeça. Ponto de partida para que Vavá também deixasse os seus, já no segundo tempo, selando a sorte chilena com uns definitivos e sonoros 4 a 2.

Contaria Didi que, naquele dia, Mané Garrincha acabaria sendo expulso de campo, pela primeira e única vez na vida. Só porque resolvera revidar, com um simples bico no traseiro de Rojas, as muitas agressões com que ele e seus companheiros de defesa resolveram contemplá-lo, enquanto esteve em campo.

– Aliás, aquela expulsão, de tão absurda, alcançou tamanha repercussão que até o Tancredo Neves, nosso Primeiro Ministro, se meteu na jogada. Foi ele quem acabou solicitando ao presidente da Fifa, Stanley Rous, que o Mané tivesse condição de enfrentar os tchecos na decisão – acrescentaria Didi.

E por falar em Tchecoslováquia, era ela a equipe ideal para fazer aquela final de 17 de junho de 1962 com os brasileiros, em um domingo aquecido por um gostoso sol morno, no mesmo Estádio Nacional de Santiago do Chile. Exatamente, o cenário da conturbada semifinal com os donos da casa.

A equipe tcheca havia sido realmente consistente, durante as várias etapas da competição. Merecia estar ali. Formada à base do Dukla de Praga, bicampeão nacional, tinha um conjunto afinado e harmonioso. Afinal, Masopoust, Kavasniak, Schroif, Novak, Populhar e Jelinek eram, todos eles, do campeoníssimo Dukla. Jogavam juntos há anos.

E se a defesa, apesar de segura, se inspirava mais no talento do goleiro Schroif e do quarto zagueiro Populhar, do meio de campo para a frente a coisa mudava de figura. Ali, o que se via era um futebol que unia, na medida exata, a habilidade e um real sentido de objetividade. Ainda mais quando as jogadas saíam dos pés de um Kavasniak ou um Masopoust, eleito *o craque do ano* na Europa em 1962.

Assim, não chegou a causar surpresa o gol de Masopoust, logo aos oito minutos, concluindo para as redes uma perfeita triangulação pelo meio entre ele, Kavasniak e Kadraba. E foi aquele 1 a 0 que passou a valer, como uma perfeita e notória amostra de que os tchecos estavam ali mesmo. Decididos a brigar até o fim pelo título. A rigor, foram eles quem dominaram as ações durante metade do primeiro tempo. E somente o gol meio espírita de Amarildo, chutando direto a gol quase sem ângulo, depois de ameaçar cruzar, foi que aliviou um pouco a situação do time brasileiro.

A sorte dos campeões do mundo, no entanto, foi que, no segundo tempo, todo o time se autodeterminou em busca da vitória. Além do mais, Garrincha começava a superar a febre de 40 graus, com a qual entrara em campo. Então, a partir daí começou a prender de dois a três marcadores pelo lado esquerdo da defesa tcheca, com os seus dribles infernais. O que possibilitava a Amarildo usar a sua habilidade e rapidez, para chegar com facilidade à linha de fundo.

Pois foi em um cruzamento do garoto Amarildo, pelo alto, mas um cruzamento sob medida, depois de driblar seguidamente a três adversários, que nasceu o segundo gol. Um gol que deixou cravada, para sempre, a marca da garra inconfundível de Zito. Um Zito incansável. Que se desprendeu lá de trás. E, invadindo área inimiga adentro, conseguiu subir de cabeça lá no segundo andar, colocando o Brasil, mais uma vez, com a mão na Copa.

Quase no finalzinho, Vavá ainda fez 3 a 1, após o sol atrapalhar o goleirão Schroif, que acabou largando a bola nos seus pés. Mas os cinco minutos finais acabaram sendo mesmo um *show* à parte de Mané Garrincha. E se a torcida andina andava lhe devendo uma satisfação, essa foi dada em forma de uma estrondosa salva de palmas.

Naquele instante, todo o Estádio Nacional resolveu se pôr de pé. E, de pé, reverenciou-lhe toda a genialidade de "Maior Jogador", de Rei absoluto daquela Copa disputada aos pés dos Andes. Só que a cena, na verdade, era de morrer de rir. O jogo praticamente parara. E a bola, como que magnetizada, estava colada aos pés de Mané. Então, três tchecos, estáticos, se postaram enfileirados diante dele. Estavam hipnotizados, ante a magia diabólica dos seus dribles. Se Garrincha mandasse, os três certamente ficariam de quatro. Ou beijariam a grama. Placidamente.

De repente, o encanto acabou. É que o impecável juiz russo Latchev resolvera encerrar a decisão. Aí o campo foi totalmente invadido por um monte de brasileiros. É que muita gente se deslocara até o país vizinho, para acompanhar, confiante, a jornada do bicampeonato. Na importante solenidade de premiação, o capitão Mauro fazia questão de repetir o gesto marcante de Bellini, erguendo a Taça Jules Rimet. Ao seu lado se postava Paulo Machado de Carvalho, transbordante de emoção. Já Amarildo chorava copiosamente. E procurava conforto no ombro amigo do experiente Didi.

Aliás, Didi apenas repetia ali o gesto da Suécia, quando amparara as doces lágrimas da glória do então menino Pelé. Agora, em Santiago, o que fazia era confortar carinhosamente o sucessor do próprio Pelé naquela Copa. Um jovem meia-esquerda tinhoso, de apenas 21 anos. Campeão com ele desde o Botafogo. Com um futuro imenso pela frente.

Um Amarildo que, além do futebol de dribles e penetrações rápidas, tinha um chute mortal, sempre violento e certeiro, com o pé esquerdo. E um temperamento destemido. Nascido em Campos,* como Didi, era capaz, até, de encarar as provocações do time chileno inteiro. E era por tudo isso que deixava aquele certame como a sua grande revelação. Definitivamente batizado como "O Possesso", na entusiasmada verve de Nélson Rodrigues.

Pouco depois, já conseguindo dominar um pouco a sua emoção, Amarildo dizia aos repórteres que, aparentemente, parecia fácil jogar naquele time.

– O ataque era quase todo do Botafogo. E, lá atrás, havia o Nilton Santos. O problema é que eu entrava no lugar do Pelé. Logo numa Copa do Mundo! Com os nervos à flor da pele, só aos poucos fui conseguindo me acostumar. Aí o Didi tomou conta de mim, me passando uma estranha sensação de certeza. De repente, voltara a acreditar no meu jogo. Só então, recuperei a confiança no que podia fazer – afirmaria, agradecido, "O Possesso".

Mas era observando o divertido diálogo de Mané Garrincha com Zito, que os nervos do velho campeão pareciam relaxar de vez. Ainda mais que os dois times se perfilavam para ouvir os hinos nacionais. E Mané teimava em manter um estranho boné na cabeça.

– Que boné é esse, afinal? – pergunta Zito.

– Sei lá, foi um cara aí que me deu. Um torcedor brasileiro – respondeu Mané.

– Pois tira logo isso da cabeça, que você não está em Pau Grande – replica Zito.

– Que tira nada, Chulé. Taí. Gostei dele. Vou mais é tirar uma onda por aí – define o assunto Garrincha.

E continua, mesmo depois de encerrado todo o cerimonial de entrega das medalhas aos campeões e vice-campeões, com o estranho boné na cabeça. Acabando por responder a um locutor chileno, que pedia apenas algu-

---

* Campos sempre foi o maior celeiro de craques do Estado do Rio, e um dos maiores do país. Na Seleção bicampeã de 1962, era a única cidade com dois jogadores no time titular: Didi e Amarildo. E também tinha dois no Brasil campeão do Pan-Americano de 1952: Pinheiro e Didi.
Até hoje, o futebol campista já cedeu 32 jogadores à Seleção principal. No Sul-Americano de 1923 no Uruguai, por exemplo, lá estavam Mário Seixas, Soda e Amaro Silveira (pai de Amarildo). E na primeira Copa do Mundo, também realizada no Uruguai, em 1930, o ponta-direita era Poli (do Americano), escalado logo no jogo de estreia, contra a Iugoslávia.

mas palavras do mais destacado jogador do Mundial, e cedia "el micrófono para sus despedidas", com um simples e desconcertante "adeus, micrófono".

Cena suficiente para abrir o sorriso de um Didi mais do que nunca reverenciado por sua larga experiência. Cortejado, aqui e ali, como um grande herói. Mas que só se emocionou mesmo na hora do abraço de Nilton Santos. Particularmente, ao ouvir dele:

"Não te falei? O que foi que te disse? Você é bi, Crioulo. Bi! E o Di Stefano, cadê?!"

CAPÍTULO DOZE

# LENDAS, HISTÓRIAS, FOLCLORE. O INACREDITÁVEL TAMBÉM FAZ PARTE DO JOGO

"Tem o bom jogador e aquele que engana. O ladrão de treino, mas que desaparece na hora do jogo. O craque já é outra coisa. É aquele que resolve sempre. Que entra pra decidir!
Aliás, craque mesmo é o Didi. Que joga futebol como quem chupa uma simples laranja."

*(Neném Prancha. Talvez, o mais festejado filósofo do futebol. Botafoguense folclórico e descobridor de Heleno de Freitas.)*

Com uma carreira marcada pelo brilho, mas rica o bastante em detalhes, Didi viveu intensamente, observando sempre, com olhos atentos, muitos momentos inesquecíveis. Foram jogadas de tirar o fôlego, gols que decidiram, títulos para ficar na história.

Em contraposição, confusões não faltaram. Houve brigas que deixaram marcas eternas. Fraturas e contusões que liquidaram, até, com algumas carreiras. Mas também aconteceram fatos que viraram lenda. Cenas que se transformaram em puro folclore.

São algumas dessas histórias, por si sós imortalizadas pelo tempo, que fazem parte desta coletânea especial.

• Cerimônia de encerramento da Copa de 1958. Com o Brasil campeão, Didi se consagra, por sua vez, como o *Maior Jogador* da competição. E é quando está recebendo os cumprimentos do Rei da Suécia, Gustavo Adolfo VI, que se sente puxado pelo ombro.

É o dentista Mário Trigo, que, afoito, afasta Didi rapidamente, arrastando o Rei quase que pela lapela. "Vem comigo, ô King. Vem comigo, vem...", segue dizendo, até colocá-lo frente a frente com o chefe da delegação brasileira, Paulo Machado de Carvalho.

– Olha o homem aí, Dr. Paulo. Agora cumprimentem-se, vamos! – estimula, quase ordenando, um entusiasmado Trigo.

Ante a estupefação geral, o Rei apenas sorri, divertido. O desconcertado Dr. Paulo, idem. Enquanto Mário Trigo, feliz, dá como encerrada a sua nobre missão.

– Na hora, garanto que foi de morrer de rir. Primeiro veio o susto. Depois, a gargalhada. De uma coisa tenho certeza: o Rei Gustavo nunca tinha visto uma quebra de protocolo tão esculhambada assim. Uma coisa bem à brasileira mesmo – lembraria em detalhes, um descontraído Didi.

• Ainda a Copa de 1958 e mais outro momento inusitado. O Brasil vence a Rússia por 2 a 0, no famoso " Jogo do Século", garantindo assim o primeiro lugar no Grupo 3. No jantar, a alegria é contagiante, mas o Dr. Paulo Machado constantemente faz sinais para Didi. Deseja falar-lhe em particular.

Pouco depois, enquanto os jogadores se distraem pelos salões do Tourist Hindas Hotel, o Dr. Paulo se aproxima, sugerindo-lhe uma discreta ida ao bar. Didi segue-o e, lá, o chefe da delegação solicita duas doses de uísque ao *barman*.

– Como você sabe, Didi, eu não bebo. Mas hoje foi uma vitória colossal. Então brinde, por mim e pelos jogadores. Lembre-se: isso é uma ordem! – disse-lhe o Dr. Paulo.

E Didi, sem nem mesmo olhar para os lados, sorve em rápidos goles as duas doses. Saboreando, naquele brinde, uma vitória que entrou para a história.

• O épico também marcou presença na Suécia. E logo em um momento mágico. Decisivo.

A cena é inesquecível, e sempre emociona. Aos quatro minutos da partida final, os donos da casa já vencem por 1 a 0. O que faz Didi ir buscar a bola no fundo das redes brasileiras. Só que, na volta, levando-a de cabeça erguida até o centro do campo, sai falando duramente com o time inteiro.

Lembra que andara por aquelas bandas meses atrás, ganhando sempre de goleada. Comenta inclusive sobre uma excursão do Flamengo que, logo depois de ganhar o tricampeonato carioca, arrumara vários jogos na Suécia e outros países escandinavos, "nunca vencendo por menos de 8 a 1, 10 a 0 ou 12 a 2".

Até que, para encurtar a conversa, define de vez a questão:

– Acabou! A sopa deles acabou! Vamos encher a caçapa desses gringos de gols. Aqui dentro da casa deles mesmo!

O final da história ninguém desconhece. O Brasil enfiou 5 a 2 nos suecos, sagrando-se campeão do mundo pela primeira vez. E Didi saiu do Estádio Rasunda definitivamente consagrado, apontado como o Maior Jogador de toda a Copa.

Mas o que bem poucos enxergaram naquele gesto, ainda mais com a alegria sem tamanho vivida logo depois, foi que a atitude altiva e determinada de Didi revestiu-se de uma magnitude e de um simbolismo profundamente emblemáticos. A partir daquele gesto caíram de vez tabus que pareciam se eternizar. Dogmas que aprisionavam o jeito de pensar e agir de todo um povo, uma gente, no mínimo, diferente. Na maneira de ser, de encarar e viver a vida.

O mais inacreditável é que, pouco antes da convocação para o Mundial, um fato, no mínimo, intrigante e, pior, altamente sigiloso, havia ocorrido nos bastidores. É que um relatório tendencioso, quando não discriminatório, para alguns, com um ranço puramente "nazista", chegara às mãos do presidente da CBD, João Havelange.

Nele, os negros eram abertamente acusados de tudo. E, o mínimo que se dizia deles, era que tremiam sempre nos momentos decisivos. Que não sabiam se comportar socialmente. E que, longe daqui, viviam na mais cava depressão, "morrendo de saudades da família, do sol tropical e do popular feijão preto". Ou seja: não eram realmente capazes de ganhar uma competição da importância de uma Copa do Mundo.

Estranhamente, no dia da estreia contra a Áustria, só quando o Brasil posou para um batalhão de fotógrafos é que se pôde perceber: havia apenas um negro no time. Assim mesmo, por motivos imperiosos. Afinal, Didi era o maior, além de o mais caro e famoso jogador de futebol do país. E o seu reserva imediato, Moacir, era mais negro ainda. Ou seja: era um típico "preto retinto".

A sorte é que, depois de aparadas algumas delicadas arestas, e de, por fim, haver prevalecido o tão esperado bom senso, as coisas foram aos poucos entrando nos eixos. E se pôde comemorar, com juros e correção monetária, o triunfo da chamada "fórmula mágica".

Afinal, nos retumbantes 5 a 2 contra a Suécia, aquele time de negros, mulatos, um descendente direto de índios, Mané Garrincha, e, apenas, alguns poucos brancos, havia simplesmente exibido "o maior espetáculo da terra". O Brasil fora um campeão extraordinário, apresentando o maior time já visto em uma Copa do Mundo e aplicando, ainda por cima, a maior goleada na história das decisões.

Os Didis, Pelés e Garrinchas, Djalmas Santos, Bellinis e Niltons Santos haviam encantado o mundo, ensinando uma coisa bem diferente. O seu jogo era repleto de ginga e malícia. Tinha magia, alegria, um monte de gols. Mas o que eles também faziam questão de deixar no ar era uma outra grande lição. A da força de uma até então desconhecida, mas poderosa, mistura de raças.

Porém, nada daquilo era sem razão. Ainda mais porque o Brasil vivia tempos de grande euforia. Tempos do governo revolucionário do Presidente Juscelino Kubitschek. Do ambicionado Plano de Metas dos "50 anos em 5". Da batida diferente do violão de João Gilberto, do Cinema Novo de Nelson Pereira dos Santos...

Sorte que tudo aquilo tenha chegado também ao futebol. Campeão do mundo finalmente, na grande vitória do homem brasileiro.

• Por conta também da Copa da Suécia, um fato nada comum acabou acontecendo com o psicólogo João Carvalhaes. Levado pelo Dr. Paulo Machado de Carvalho, durante um bom tempo não fora bem visto pelos jogadores, pois quase cortara Garrincha ainda no Brasil.

Em plena Copa, porém, com o clima já serenado, eis que de uma hora para outra uma onda de nostalgia começa a tomar conta do psicólogo. Logo ele, o homem que fora convocado para cuidar da saúde mental dos jogadores. Com isso, passou a andar sempre pelos cantos, arredio. E, pior: tornara-se um supersticioso contumaz.

Até que, no dia do jogo com o País de Gales, Didi resolve animá-lo. Primeiro brinca: "E aí, Dr. Carvalhaes, vamos fazer um testezinho?" Depois, de propósito, sobe mais cedo no ônibus, sentando-se no banco habitualmente ocupado pelo psicólogo.

Entrando em pânico, ao ver o seu lugar ocupado, o professor Carvalhaes fica sem ação. Não sabe bem o que fazer. Até que se decide.

– Por favor, Didi, sente-se lá com o Nilton Santos. Fico nessa cadeira desde o primeiro jogo. E o Brasil vem ganhando. Você me entende, não? – desabafa, recebendo o abraço compreensivo de Didi.

Resultado: o professor Carvalhaes continuou em sua poltrona. O Brasil seguiu ganhando, sagrando-se por fim campeão. Mas, na volta, foi o professor que perdeu de vez o assento, não comparecendo à campanha do bicampeonato, em Santiago do Chile.

• Aliás, o "fenômeno professor Carvalhaes" foi um caso totalmente atípico na Seleção Brasileira.

Quando começaram os longos preparativos para a Copa da Suécia, a Seleção andou em estâncias hidrominerais, como Poços de Caldas e Araxá. Fez detalhados exames médicos e odontológicos, uma intensa preparação física... Coisas até então jamais imaginadas. Mas foi aí que resolveram unir ao Dr. Hilton Gosling, ao dentista Mário Trigo e ao preparador Paulo Amaral a enigmática figura de um psicólogo: o professor João Carvalhaes.

Seu maior defensor, no entanto, era ninguém menos que o chefe da delegação, o Dr. Paulo Machado de Carvalho, que o trouxera do São Paulo. E era o próprio Dr. Paulo que atestava a sua competência, ao afirmar:

– O São Paulo só foi campeão porque o Canhoteiro jogou uma barbaridade. Vocês viram, não? Ora, se o Carvalhaes conscientizou até o Canhoteiro de suas responsabilidades, certamente fará um bem enorme à Seleção!

Acontece que o primeiro problema do psicólogo iria acontecer ainda em Poços de Caldas. E atenderia pelo estranho apelido, para ele, de Garrincha. Daí preferir chamá-lo pelo nome: Manoel Francisco dos Santos.

– Seu Manoel, desenhe-me a figura de um homem, por favor – pediu-lhe, no dia do aguardado exame psicotécnico.

E Garrincha, sem qualquer esforço, traçou de imediato a figura de um sujeito de bigodinho, vestido de jogador. Porém, com uma cabeça enorme.

– Mas, seu Manoel, este aqui não seria um homem normal... – retrucou o psicólogo.

E Garrincha, gargalhando:

– É que o senhor não conhece o Quarenta! Esse aí é o Quarentinha, o Cabeça lá do Botafogo! Joga muito, sabe? O senhor precisa conhecer um dia desses...

Foi o bastante para o professor João Carvalhaes desaconselhar a ida de Garrincha à Suécia. Concluindo em seguida, no seu relatório:

"Sem condições emocionais para disputar uma Copa do Mundo! Imaturo. Mentalidade de uma criança de 10 anos. Reprovado!"

Se o professor Carvalhaes, ao menos, tivesse visto um simples treino de Mané...

• Esperto para uns, ingênuo para muita gente, a grande verdade é que Garrincha tinha uma lógica toda especial para resolver os seus problemas. Como na Itália, por exemplo, quando decidiu não atender a uma determinação do supervisor Carlos Nascimento, aparecendo de chapéu e guarda-chuva na estação de trem de Florença.

– Seu Manoel, tire isso já! O uniforme de nossa delegação não permite esses aparatos.

– Não posso!

– Não pode? Por quê?!

– São presentes pro meu pai. O guarda-chuva não dá na mala. O chapéu, amassa. Então...

E foi do jeito que estava até Milão.

Já na Copa do Chile, destruiu todo o time da Inglaterra, quando o seu alvo era apenas um jogador: Flowers, para ele, *Fralda*.

Explica-se. Querendo motivá-lo ainda mais, Nilton Santos e o jornalista Sandro Moreyra andaram espalhando que o seu marcador havia declarado que ia entrar em campo e acabar logo com ele. Só que, na hora do jogo, não lhe mostraram quem era o autossuficiente Flowers.

Jogando de médio-volante, na verdade Flowers sequer abrira a boca. Usava a camisa 5, e nem seu marcador era. Mas Mané, aborrecido, arrasou o *English Team* inteiro. Para depois, já satisfeito, apenas perguntar:

"Mas, e o tal de *Fralda*? Ainda nem sei quem ele é..."

Como não quis saber, aliás, quem era quem durante a Copa inteira. Queria apenas ganhar. Por ele e por Pelé, contundido, sem poder entrar em campo.

Na sua estranha lógica, o escolhido da hora era ele. E foi assim que, simplesmente irresistível, deu ao Brasil um bicampeonato de sonhos. Inesquecível.

Encantado Mané!

• A primeira briga de Didi na Seleção aconteceu logo na competição de estreia. Foi no Pan-Americano de 1952. Para variar, diante do sempre temido Uruguai.

O jogo era aguardado com enorme ansiedade. Por isso mesmo, não podia haver clima mais tenso, propício a muita confusão. Mas o que piorava ainda mais as coisas, era o fato de que aquele seria o primeiro Brasil e Uruguai depois da Copa de 1950. Daí os comentários de que os brasileiros só pensavam em vingança, enquanto os uruguaios, sempre que pudessem, mostrariam nos dedos os 2 a 1 de dois anos atrás.

Tudo isso realmente aconteceu. Mas o jogo foi simplesmente eletrizante. Nele, Didi marcou o seu primeiro gol com a camisa da Seleção. E o Brasil, perdendo logo no início, em pouco tempo virou o placar, dando assim um passo gigantesco para sagrar-se campeão do Pan, quatro dias depois. No entanto, sem briga aquele não seria um Brasil e Uruguai.

Com a derrota de 1950 atravessada na garganta, à primeira provocação uruguaia o pau quebrou. E mais três brigas aconteceram. A última delas, com o Brasil goleando por 4 a 1. Uma confusão envolvendo logo Bigode e Ely do Amparo, dois dos remanescentes de 1950.

– Quando o Ely partiu pra cima do bolo, foi logo acertando um pescoção no Miguez. Só que este, malandramente, ainda tentou argumentar: "Mas que es isto, hombre? Estás loco?" O pior é que, nessa hora, entrou também o Bigode. Aí, o caldo engrossou de vez pro lado deles, relataria Didi. Que ainda ressalvaria:

– O mais incrível, porém, ficou mesmo para o fim do jogo. A gente dava um baile neles. Era um *show* de bola memorável. Mas o Nilton Santos não se conteve, dando uma tremenda rasteira no Gigghia. Dentro da área. No pênalti, eles diminuíram o vexame: Brasil 4 a 2. Mas nada impediu o Nilton de proclamar noite adentro em Santiago do Chile:

"Está provado, e mais que provado. Jogador é o brasileiro. O uruguaio? Um *maricón*! Ou alguém duvida?"

• A outra grande briga com o Uruguai foi no Sul-Americano de 1959, em Buenos Aires. Uma verdadeira batalha campal, que dominou os noticiários durante vários dias. Segundo Didi, bem antes do jogo já se sentia no ar um clima pesado. As provocações uruguaias não paravam, e isso era um prato cheio para a imprensa portenha.

Então, mal o arbitro Carlos Robles apitou o início da partida, não houve sequer um lance mais disputado em que um Pelé, um Bellini, um Almir Pernambuquinho não fossem xingados. Era preciso ter nervos de aço para não explodir, o que só faria o time brasileiro cair na armadilha preparada por Sasia, Escalada e Companhia.

– Mas, no final, não houve mesmo jeito. Eles tanto fizeram, tanto fizeram, que o conflito acabou estourando e logo se generalizou. O Almir disputou uma bola pelo alto com o goleiro deles, o Leivas e os dois caíram abraçados. Mas o capitão uruguaio, o Wiliam Martinez, nem quis saber. Chegou logo chutando o Almir. Aí o tempo fechou de vez, afirmaria Didi.

Socorrido por Orlando e Pelé, Almir acabou derrubando o grandalhão Martinez com uma rasteira, indo à forra do chute que levara. Porém, Orlando teve o lábio inferior rachado por um soco e Bellini é quase massacrado, após escorregar e ir ao chão. Quem salvou-o foi Didi, com uma cinematográfica tesoura voadora.

– Só me lembro que foi tudo muito rápido. Com o Bellini caído, o Escalada e mais dois foram com tudo para cima dele. Parecia que queriam trucidá-lo. Saí então em alta velocidade e saltei bem no meio do bolo. As travas da chuteira fizeram um bom estrago e o Escalada soltou um forte gemido. Foi o tempo suficiente para o Bellini se recompor.

Mas Didi só se sentiu aliviado quando viu Paulo Amaral, Paulinho Valentim e o massagista Mário Américo, um ex-lutador de boxe, botando os uruguaios para correr.

– Os três não eram fáceis. Sabiam brigar, encaravam qualquer parada. Quando o jogo recomeçou, com oito jogadores de cada lado, o Paulinho Valentim fez três belos gols (Brasil 3 a 1), liquidando de vez com a empáfia da tal Celeste Olímpica. No final, ganhamos deles convincentemente, tanto na bola como no braço. E a minha "tesoura voadora" ainda viraria manchete no outro dia, com direito até a fotos de primeira página, comentaria um divertido Didi.

• Tenso também foi o Brasil x Hungria da Copa de 1954, na Suíça. Era um duelo dos mais aguardados, pois colocava frente a frente duas equipes vencedoras. O Brasil era o campeão do I Pan-Americano de Futebol, mostrando várias caras novas como Nilton e Djalma Santos, Didi, Pinheiro, Brandãozinho e Julinho Botelho. Já a Hungria era a grande campeã olímpica. Estava invicta há quatro anos e tinha Puskas, Kocsis, Bozsic, Czibor e Hidegkuti.

Esperava-se muito, portanto, daquele jogo. Da força e da técnica de dois times do mais alto nível. Mas o que não estava previsto era o destempero brasileiro. De uma hora para outra, espalhou-se um medo apavorante do "fantasma húngaro". Em plena concentração! E, no dia do grande duelo, os dirigentes fizeram ver aos jogadores que a Seleção era, simplesmente, "a própria pátria de chuteiras".

Com os nervos em frangalhos, todos já estavam trocando de roupa nos vestiários, quando alguém exortou cada jogador a vingar os mortos de Pistóia. Ou seja: não havia momento melhor que aquele para lavar a honra dos pracinhas mortos na II Grande Guerra e enterrados naquele cemitério italiano.

Um grupo de dirigentes começou também a cantar o Hino Nacional. Em altos brados! E, por fim, um exaltado Luís Vinhaes, supervisor da Seleção, vociferou em lágrimas, enquanto beijava a bandeira brasileira:

– Lá dentro, nós temos é de ser machos! Machos, ouviram? Machos!!

– Pois foi dessa maneira que entramos em campo. Parecia que revivíamos, até, o pesadelo de 1950. Em 10 minutos, a Hungria já vencia por 2 a 0. Mas quando recuperamos um pouco do equilíbrio emocional, jogamos inclusive de igual para igual. O problema é que havia o intervalo. E, lá dentro do vestiário, montaram aquele circo outra vez. Resultado: o time voltou inteiramente perdido para o segundo tempo. Nilton Santos e Humberto foram expulsos. Houve briga depois que o jogo acabou..., lamentaria Didi, sem esconder um grande desapontamento.

Aliás, a coisa foi bem mais séria do que muitos supõem. Nilton Santos acabou expulso justamente, pois trocara pontapés com Bozsic e ambos foram punidos por Mr. Ellis, o juiz inglês. Mas Humberto Tozzi, alucinado, saltou com os dois pés nas costas de Lantos. Um gesto impensado, sim. Mas altamente condenável. E, no corredor que levava aos vestiários, de repente ficou tudo no escuro.

Com as luzes apagadas, foi o bastante para que todos brigassem. No ato, estilhaçaram uma garrafa na cabeça do zagueiro Pinheiro, enquanto jogadores dos dois times se engalfinhavam por todo lado. Para culminar, o técnico Zezé Moreyra acertou em cheio uma chuteirada no rosto de alguém. Só que esse alguém era o próprio Ministro dos Esportes da Hungria, Gustav Sebes.

A "Batalha de Berna" apenas atingira o seu clímax.

• Das confusões ao drama, são bem poucos os atalhos por onde fugir. Ao contrário. Quase sempre, é curto e estreito o caminho que une os dois lados. Em janeiro de 1952, por exemplo, Didi vivenciou em dois tempos uma tragédia de há muito anunciada. Angustiante desde o começo. Angustiante até o fim.

Quando se enfrentaram pelo primeiro turno do Campeonato Carioca, Fluminense e Bangu fizeram um jogo de arrepiar. O Fluminense ganhou de 5 a 3, com Didi marcando um golaço por cobertura, surpreendendo Osvaldo Topete no contrapé. Mas, já ali, ouvira ameaças de Mirim, de Mendonça e de Pinguela. Em especial, de Mirim.

– Não enfeita pra cima de mim! Dribla sem enfeitar, senão ainda te quebro!, ouviu dele.

No segundo turno, chegou a vez do Bangu. Um time que jogava sob a inspiração de Zizinho, o celebrado Mestre Ziza. E que, por isso mesmo, conseguiu dobrar o tricolor da rua Álvaro Chaves, vencendo por 1 a 0, gol de Vermelho. No entanto, nem assim Didi teve um pouco de paz.

– Não esqueço daquele outro jogo! Pode anotar: ainda acabo com a sua banca. É só esperar pra ver, voltou a ameaçar Mirim.

Com o Campeonato terminando empatado, os dois times se viram obrigados a decidir o título numa série extra. Uma "melhor de três", que ficou para janeiro do ano seguinte, com o calor do verão carioca acirrando ainda mais os ânimos.

No duelo inicial, até que o Bangu lutou muito para sair na frente, mas, no fim, acabou não resistindo. E isso facilitou a vida do Fluminense, que venceu por 1 a 0, gol de Orlando Pingo de Ouro. Porém, o que Didi tanto temia aconteceu antes dos 10 minutos.

– Durante a semana, bem que o Mirim deitou falação. Dizia que ia entrar rachando, que jogador que enfeitava ia sofrer o diabo com ele... Dizia isso e aquilo. Era um recado mais que direto. Tratei, então, de me prevenir. Não podia ser de outro jeito, comentaria.

Por ironia, para quem esperava ver pela frente um Mirim com toda a sua fúria, a surpresa foi das mais inesperadas, e infelizes. Quem apareceu para o combate foi Mendonça, um zagueiro apenas viril.

– O problema é que ele deve ter ouvido demais o Mirim. Quando chegou, veio decidido a me quebrar. Naquele lance, eu apenas me defendi. Era ele ou eu. Dei sorte, consegui me safar; ele quebrou a perna. E aí começou toda aquela falação, confessaria Didi.

Na semana seguinte, o Fluminense voltou a vencer do Bangu, desta vez por 2 a 0, gols de Telê, sagrando-se enfim campeão carioca de 1951. Mas o fato é que Didi ficou marcado por um bom tempo, apontado como um jogador frio e maldoso. Quanto a Mendonça, nunca mais se recuperaria inteiramente. Acabando por abandonar o futebol, pouco depois.

• Caçado constantemente por vários brutamontes, perseguido por jogadores deliberadamente desleais, o estigma do grande craque da Seleção Brasileira ainda iria durar por várias temporadas. Campeão do Pan-Americano com o Brasil, e novamente campeão com o Fluminense, desta vez, da II Copa Rio Internacional, o futebol de Didi mostrava-se a cada dia mais reluzente. Mas, ante a maldição daquele estigma da decisão com o Bangu, só mesmo o tempo...

Até que, em 1956, um lance aparentemente isolado, no qual tentava mais uma vez se defender, acaba por redimi-lo publicamente. O jogo acontece em um sábado à tarde. O adversário, o Flamengo. E o palco, o que mais gostava de atuar: o Maracanã. Só que Didi veste agora a camisa do Botafogo, para o qual havia se transferido, pouco depois do início da temporada.

Desesperado em estar dando adeus às suas últimas chances, o Flamengo daquela tarde nem parece o festejado tricampeão carioca de alguns meses atrás. O Botafogo vence por 1 a 0, e aquele gol de Paulinho Valentim teima em se isolar no placar, deixando o Vasco praticamente com a mão na taça.

Cada vez mais descontrolados com o correr do tempo, os jogadores rubro-negros passam a apelar, inclusive, para a violência. E a zaga formada por Tomires e Pavão, só para o ataque botafoguense à base da pancada. Tomires, com a sua fama de "o cangaceiro do futebol", é quem mais bate, indo caçar os adversários em toda parte.

Idolatrado por alguns na conquista do tricampeonato, o zagueiro nordestino havia acertado em cheio o tornozelo direito do meia argentino Alárcon, do América, na grande decisão, tirando-o de campo ainda no primeiro tempo. Desde então, muito se dizia que o Flamengo só fora campeão devido à violência de Tomires, e ele gostava daquela pose de herói.

Naquele jogo, no entanto, já inteiramente desarvorado, acabou indo parar até no meio do campo, aproveitando para cometer duas faltas desleais em Didi.

– É só um cartão de visitas, ainda provocou.

Mas Didi sabia esperar. Sem pressa, nem se preocupou em ver o tempo passar. E quando Tomires quis acertá-lo mais uma vez, apenas deixou a sola da chuteira no caminho.

Na hora, o violento zagueiro da Gávea chutou tudo o que viu pela frente, inclusive a bola. E, em seguida, saiu caminhando normalmente, exibindo a conhecida pose de valente. Mas, minutos depois, era ele quem passava pela pista, carregado pelo massagista e por um enfermeiro. Direto para os vestiários.

Moral da história: o terror dos atacantes do futebol carioca acabara de provar do próprio veneno. E o que se sabe é que, a partir daquela jogada, nunca mais voltaria a vestir a camisa titular do Flamengo.

• Estilista e refinado, Didi sempre conquistou candentes admirações por sua elegância com a bola nos pés. Mesmo assim, nunca houve ninguém que conseguisse exaltá-lo melhor que o tricolor Nelson Rodrigues. "Numa simples ginga de Didi, há toda uma nostalgia de gafieiras eternas", proclamava, maravilhado, o maior dos nossos dramaturgos.

Mas Nelson gostava sempre de ir mais além. Como quando enfatizava as virtudes do seu personagem, já em pleno Mundial da Suécia:

"Quantas vezes ouvi: 'Didi não é jogador para ir à Copa!' Quantas vezes! Outros preferiram partir para o exagero absurdo: 'Não tem espírito de Seleção! Só pensa nele e na Guiomar!'

Mas, agora, finalmente pude chegar à mais límpida conclusão. Não se podia desejar mais de um homem, pois Didi foi o mais brasileiro dos brasileiros lá na Suécia. Ninguém jogou com mais gana, mais garra, mais decisão. E, sobretudo, ninguém jogou com mais dignidade, com mais seriedade.

O Brasil foi um grande campeão, todos nós sabemos. Mas Didi não foi só o jogador único, que os críticos europeus mais exigentes consideraram o *Maior da Copa*. O nosso Didi foi mais, foi muito mais do que isso..."

O grande problema, no entanto, foi quando Nelson sugeriu que levassem, para as páginas da *Manchete Esportiva*, uma versão de "O Príncipe Etíope". Encenada por Didi, ela ocuparia as páginas coloridas da publicação da Bloch Editores. E, desde já, estava fadada a mexer com o público, pois *Manchete Esportiva* era a maior publicação do gênero e, também, a que mais vendia em todo o país.

Com textos do próprio Nelson Rodrigues e fotos do consagrado Jáder Neves, "O Príncipe Etíope" iria nos mostrar, enfim, a elegância e nobreza de um Didi especial. Algo só dimensionado, pela ótica privilegiada de Nelson.

"Com sua malemolência única, seu gingado maravilhoso, ele, em pleno jogo, me dá uma sensação de que lhe pende do peito não a camisa normal. Mas um manto de cetim azul, com barra de arminho.

Em campo, a imagem que vejo de Didi não é a de um jogador. Mas a de um rei, ou a de um Príncipe Etíope de Rancho!" – deixaria escapar um contagiante Nelson Rodrigues.

Antevendo, desde já, o sucesso de mais um dos seus delírios geniais sobre o craque preferido.

Os problemas começaram a pipocar, porém, quando da escolha do cenário para as fotos. O preferido de Nelson era o Teatro Municipal, no Centro do Rio. E o seu desejo foi prontamente atendido pelo próprio Adolfo Bloch, diretor-presidente da Bloch Editores.

Mas calorento em excesso, com o ar condicionado em pane constante, o majestoso Municipal transformou-se em um sofrimento só para os principais envolvidos no projeto. Ainda mais, para os que tinham de ficar debaixo dos refletores e do espocar dos *flashes*. E Didi ficou ali por mais de três horas, vestindo aquelas pesadas roupas que a produção havia lhe escolhido. Tudo por conta da encenação da história de Nelson Rodrigues.

– Foi de doer! Mas o Nelson, desde o princípio, queria tudo de acordo com as suas ideias. Então, o jeito foi caprichar. Mas no final, valeu! Ficou tudo perfeito!

Tão perfeito, aliás, que, duas semanas depois, *Manchete Esportiva* foi a mais vendida das revistas nas bancas do Rio. Com um Didi charmoso e convincente na capa. Posando de Príncipe Etíope!

• Tendo observado e vivido as mais diferentes histórias nos gloriosos tempos da Seleção Brasileira, Didi também colecionou uma infinidade delas nos clubes onde jogou. No Botafogo, por exemplo, uma que ficou famosa envolveu diretamente um velho amigo: Zagalo.

É que, por preferir uma chuteira justa e macia no pé direito, o grande craque procurou o roupeiro Aloísio Verruma para uma troca de ideias.

Ardiloso, Verruma se gabava em ter sempre uma pronta solução para qualquer tipo de problema. E, daquela vez, não foi diferente.

– Já sei, Didi. Vamos usar o Zagalo!

– Usar? Como?!

– Ele é louco por uma chuteira novinha. Então, vou arrumar dois pares pro Zagalinho. Mas ele vai amaciar um deles só pra você.

– Será?

– Ele nem vai perceber. Ou você não confia em mim?, se fez de rogado Verruma.

Conforme o combinado, logo no dia seguinte Zagalo recebeu os dois novos pares. E, radiante, começou a colocá-los no jeito durante os treinos. Até que o roupeiro, passados uns 15 dias, trocou o mais macio por outro, entregando-o de imediato a Didi.

– Mas ele vai perceber..., comentou o craque.

– Que nada! Já pus outro par no lugar. É um pouco novo. Mas o Zagalinho vai adorar!

O mais intrigante é que, do ambicionado par, só o pé direito, de número 40, seria usado. No pé esquerdo, Didi continuaria calçando a antiga chuteira, de número 41.

O barato é que, sem jamais saber, Zagalo acabou prestando um grande favor ao velho amigo. E a engenhosa malandragem de Aloísio Verruma iria continuar ajudando a manter em alta o prestígio da *folha-seca*, dos passes de curva de 40 metros e dos dribles descadeirantes que só Didi sabia dar...

– Pro Botafogo ser campeão, eu faço qualquer negócio! E negócio com craque, é "bicho" certo no bolso! É taça nova na prateleira, lá na sala de troféus, filosofava um janota Aloísio Verruma. Cada vez mais cheio de si.

• E por falar em "bicho", uma máxima que Didi adorava ouvir acabou partindo do goleiro Adalberto.

Após ter sido campeão carioca, o Botafogo não teve uma semana sequer para comemorar o título. Partiu em pleno dia de Natal, para uma longa excursão pelas Américas. O que significava que não haveria nenhum tipo de férias, com os jogadores passando o final do ano de 1957 e, evidentemente, o Revèillon, fora do Brasil.

Mesmo chateados, todos procuravam se distrair ao máximo nas horas de folga. E, como "vingança", tratavam de vencer a maioria dos jogos, pois as vitórias naqueles amistosos significavam sempre um bom faturamento em prêmios.

Quase no fim da excursão, o time já estava extenuado, mas a proximidade da viagem de volta era um estímulo e tanto para novas vitórias, e os polpudos prêmios também.

Mas Adalberto, sempre esperto, ainda procurou injetar um ânimo a mais junto aos companheiros. Com a famosa máxima, no mínimo, genial:

– O Garrincha é metade de um "bicho" certo. Concordam? Então, os outros 10 que tratem de arranjar a outra metade. Correto?

– E não é que era a mais pura verdade?, concordaria também Didi, abrindo um largo sorriso.

• Por sinal, foi numa excursão à Alemanha Ocidental que Didi praticamente selou o seu destino na Espanha.

Corria o mês de outubro de 1959 e o Real Madrid havia acertado dois amistosos por lá, contra o Eintracht Frankfurt e o Bayern Munique. Iria receber o cachê de 40 mil dólares por partida, um recorde na época, pois Don Santiago Bernabeau sabia valorizar como poucos a sua mercadoria.

Possuindo uma verdadeira *Legião Estrangeira*, o Real Madrid era tetracampeão europeu, mas Don Santiago só o chamava de "o maior e mais caro time do mundo". E tinha a maior das razões o presidente do Real, já que, além de colecionar títulos atrás de títulos, o time espanhol sempre maravilhava as plateias onde quer que jogasse.

Agora, na ida até a Alemanha, chegaria ostentando uma nova conquista. Acabara de ganhar o bicampeonato do Torneio Ramon de Carranza. E levaria no elenco a sua última grande contratação: o brasileiro Didi. O mesmo Didi que fora o maior jogador de um brilhante Real, bicampeão em Cádiz.

Farejando no ar todo tipo proveitoso de negócio, o ladino Don Santiago rapidamente mandou fazer milhares de fotografias de Didi, que foram espalhadas pela Alemanha, tão logo o Real pisou em Frankfurt.

Distribuindo autógrafos no aeroporto, estações de trem, na porta dos hotéis e dentro e fora dos estádios, Didi virou a grande atração para os torcedores. Não podia mesmo ser diferente.

– Era uma loucura! Centenas de garotos lourinhos, me cercavam por todos os lados. Cheguei a ter cãibras na mão direita, de tanto assinar dedicatórias naquelas fotos, confessaria Didi.

O resultado final, porém, é que não foi nada satisfatório. Ao contrário. Transformou-se em um verdadeiro desastre.

É que, enciumado ao extremo, o argentino Alfredo Di Stefano não engoliu em momento algum a habilidosa estratégia de *marketing* de Don Santiago. E se já andava engasgado com Didi desde a conquista do Carranza, depois da excursão à Alemanha então...

Na volta, com o Real desandando no Campeonato Nacional, aí mesmo é que tudo ficou pior ainda. E mesmo com o time indo bem na briga pelo inédito penta da Europa, Didi virou o bode expiatório favorito para o fracasso doméstico.

Mesmo sem ser escalado. Sem, sequer, entrar em campo...

• Dos tempos vividos nas Laranjeiras, Didi sempre lembrou com grande carinho e uma infinita saudade dos amigos de fé que ali fizera. No time do Fluminense campeão de 1951, por exemplo, houve uma época em que a dupla Didi-Pinheiro era praticamente inseparável, ainda mais porque ambos haviam nascido em Campos (Estado do Rio de Janeiro), tinham quase a mesma idade e acabaram chegando juntos à Seleção Brasileira.

Uma lembrança rica, certamente. Profunda! Que faz com que, até hoje, o gigantesco zagueiro Pinheiro se emocione quando fala daquele tempo.

– A grande verdade é que, naquela época, a vida era bem mais feliz. O Rio de Janeiro estava sempre em ebulição. Tudo era motivo para descontração. E não havia essa frescura toda do jogador de hoje. Eu e o Didi fomos campeões com o Fluminense no Rio. Ganhamos um Pan-Americano para o Brasil no Chile. Fizeram, então, muita festa pra gente. Mas ninguém ficou afetado com isso. Ninguém mudou o comportamento por causa da fama –

ou da glória. Nossos amigos eram os mesmos de sempre. E, lá nas Laranjeiras, continuamos sendo uma grande família.

Mas Didi também gostava das longas conversas com o *capitão* Píndaro. Da companhia de Orlando Pingo de Ouro. E da de Telê, de Castilho, de Lafayette, de Carlyle. Além do mais, ria muito com as histórias do meia-esquerda Robson, conhecido como o "Pequeno Polegar".

– Metido a esperto, o Robson tinha uma alfaiataria em Niterói, junto com dois sócios. Mas o que me tirava do sério, era quando ele dizia que era tão bom, que tirava as medidas de um cliente só na batida de olho. É possível isso?, questionava, divertido.

Mas a melhor de Robson foi junto com Orlando Pingo de Ouro e o vice de futebol, Benício Ferreira Filho. Os três voltavam de um jantar no carro de Benício, quando quase atropelaram um casal bêbado, já no bairro das Laranjeiras.

Na freada brusca, Orlando acabou testando a porta, criando um hematoma. O que o levou a não perdoar, gritando furioso:

– Casal de pretos sem-vergonha! Depois reclamam da sorte!

Ao que Robson, chocado com a reação do amigo, apenas observou:

– Não faz isso não, viu Orlando? Antes de você vir para o Fluminense, bem que também era da cor. Igual a mim. Igualzinho a eles. Ou você já não se lembra?

Quanto a Carlyle, Didi não conseguia esquecer de sua irreverência, nem do seu jeitão de metido a importante. Filho de um rico fazendeiro em Minas, estava sempre querendo tirar um sarro com a cara dos outros. Como fazia com o goleiro Oswaldo, do Bangu, sempre zeloso do seu cabelo brilhantinado, daí o apelido sob medida: Oswaldo Topete.

– Ou faço um gol ou desarrumo o seu cabelo, provocava.

E, nas bolas altas, saltava com as mãos espalmadas de propósito. Só para desmanchar o ajeitado topete do goleiro, que ia à loucura com os gols e os abusos do atacante tricolor.

Um sofrimento do qual não escapou nem o grande Barbosa, vítima em um Fluminense 3 x Vasco 2, em 1951. O Vasco, a partir dali, ficando fora do páreo e o Fluminense sagrando-se campeão, algumas semanas depois.

–Tá olhando o quê, ô palhaço?! Não tá comigo, não tá contigo... Então, tá lá dentro!

E apontava para a bola, dormindo mansamente no fundo das redes cruzmaltinas.

• Antiga admiração de Didi, o técnico Gentil Cardoso foi um dos mais ricos personagens do folclore do nosso futebol. Inteligente e competente, o mal de Gentil, segundo alguns, era "sempre falar demais". Só que, para os mais variados casos, o velho Gentil nunca deixava de ter explicações convincentes.

Marinheiro na juventude, Gentil rodou mundo desde cedo. E foi graças a essas andanças que trouxe o revolucionário sistema WM para o Brasil. Primeiro, implantando-o no Bonsucesso, onde descobriu e lançou Leônidas da Silva, o celebrado "Diamante Negro". Depois, fazendo sucesso com ele nos grandes clubes do Rio de Janeiro.

Adepto da alta literatura, Gentil absorvia com o maior interesse filósofos como Nietzsche, Kant e o Prêmio Nobel francês, Jean Paul Sartre. E, não satisfeito, aplicava habilmente os seus conhecimentos no futebol, o que iria lhe render a fama de grande frasista.

"Quem desloca, recebe; quem pede, tem preferência", seria talvez a mais conhecida de suas máximas. Mas existiram muitas outras. Assim como a sua vida foi repleta de lances quixotescos.

Em 1946, por exemplo, foi o primeiro negro a treinar o Fluminense. E, certamente por isso, fez questão de chegar às Laranjeiras cheio de pose. "Deem-me Ademir e lhes darei o título!", disse na bucha a um incrédulo presidente Manoel de Moraes Barros Netto, acompanhado do vice Dílson Guedes. Uma frase, no mínimo, bombástica.

Gastando uma fortuna, Manoel de Moraes e Dílson Guedes tanto fizeram que conseguiram tirar Ademir Menezes do Vasco, satisfazendo-lhe assim a vontade. E não se arrependeram em momento algum. Ainda mais porque, na grande decisão, o time tricolor venceu o Botafogo de Heleno de Freitas por 1 a 0. O Fluminense de Gentil Cardoso, saía do Estádio de São Januário com o pomposo título de supercampeão carioca. Gol de... Ademir!

Já em 1952, achando que estava sendo *fritado* pelo presidente vascaíno Ciro Aranha, pois dizia-se que Ciro não demoraria muito em trocá-lo, e logo pelo maior rival, Flávio Costa, decidiu mais uma vez apostar nas frases de efeito. Acreditava piamente que, usando a velha artimanha, se manteria firme no cargo. Ainda mais, que era fã de carteirinha do Presidente Getúlio Vargas e um seguidor ferrenho do chamado *populismo* do "Pai dos Pobres".

Então, antes do jogo das faixas, com o Estádio de São Januário superlotado (o Vasco ganharia do Olaria por 1 a 0, gol de Sabará), Gentil entrou em cena:

– Ressuscitei o "Expresso da Vitória"! Recuperei Ademir Menezes, Barbosa, Maneca, Friaça, Danilo Alvim... Sou campeão com o Vasco, e essa façanha ninguém pode me tirar! Mas, o mais importante é que estou com as massas. E um homem apoiado pelas massas derruba qualquer Governo! Qualquer um!

Infelizmente, não derrubou. Foi demitido ali mesmo, com a faixa de campeão ainda pendurada no peito. E o mais irônico: com as massas em delírio, gritando o seu nome em coro.

Aliás, a mania de perseguição era um dos traços mais marcantes da personalidade de Gentil. Tanto que, na única vez em que foi técnico do Brasil (por sinal, o primeiro e único técnico negro na história da Seleção), mal se aguentou.

Finalmente havia chegado lá, depois de ser campeão com o Sport Club Recife. Como sempre, com grande brilho. Mas com muito folclore no meio, elegendo o atacante Traçaia como o seu grande craque, na campanha vitoriosa. E agora estava ali em Guayaquil, Equador, dirigindo uma Seleção Pernambucana com a camisa da Seleção Brasileira.

O que o levou a um desabafo, no mínimo, caricato:

–Para o *Moço Branco* (Vicente Feola), são liberados o Garrincha, o Pelé, o Didi, o Bellini, o Gilmar... Não há problema algum! Mas, para o *Moço Preto* aqui, tome Traçaia, Zé de Mello, Biu, Goiano, Waldemar... É discriminação ou não é?

Pior é que a popular "Seleção Cacareco" foi realmente um vexame e tanto, perdendo de quase todo mundo naquele Sul-Americano Extra de 1959.

Coisas que só aconteciam, na verdade, com um Gentil Cardoso. Um personagem inesquecível, quase mitológico, e que tanta falta faz ao robotizado e sisudo futebol dos dias de hoje.

- Mais três deliciosas historinhas de Gentil Cardoso:

1. Pela quarta vez, Gentil dirige o Bangu. E, querendo estimular o ânimo de um time combalido, faz questão de lembrar Napoleão Bonaparte, um dos seus heróis de infância:

– Meus craques! A batalha nos espera. Lá fora, 40 mil pessoas estarão a nos contemplar. Precisamos, pois, vencê-la!

– Ora, vê se não enche, Gentil! Vamos logo pro jogo, reclama o capitão banguense.

E Gentil, profundamente decepcionado, prefere apenas resmungar com os seus botões:

– Coitados! Não passam de uns infelizes! Vai ver, Napoleão para eles é só uma marca de conhaque...

2. O Vasco está concentrado na Ilha do Governador. E há um clima de total otimismo no ar, pois o "Expresso da Vitória" engrenou outra vez. Líder absoluto, está a um passo de se sagrar campeão. Mesmo assim, o banho de mar anda proibido.

É quando Ademir Menezes, o famoso Ademir Queixada, entra na água. De comum acordo com ele, o médio-volante Danilo Alvim parte firme para cima de Gentil Cardoso, dando o brado de alerta:

– Olha lá, Gentil! Assim não dá! O Ademir está aproveitando o mar à vontade...

– Só mais dois mergulhinhos, meu craque! Só mais dois!, grita Gentil, cá de fora.

E usando toda a sua esperteza e presença de espírito, finge confidenciar para Danilo:

– Para relaxar a musculatura, liberei uma entrada no mar pro Ademir, viu Danilo? Mas, só pra ele! Ou não é o Ademir que garante o nosso "bicho"?

3. No Sport Club Recife, Gentil Cardoso mandava e desmandava. Em 1958, por exemplo, fez do Sport um campeão histórico, acabando com um longo jejum de títulos vivido pelo rubro-negro pernambucano.

Cheio de moral com o presidente, sempre era obsequiado com valiosos presentes após cada vitória. Mas, agora, o sonho de consumo de sua mulher passara a ser uma radiovitrola, produto de luxo em Recife.

Conversa vai, conversa vem, a promessa caminha a passos largos para se concretizar. Mas o Santa Cruz precisa perder o jogo de domingo. É quando Gentil manda chamar o seu jogador preferido, Traçaia, prometendo-lhe um presente inesperado. Caso vencessem o clássico de domingo, o atacante ganharia do técnico "uma lembrancinha especial".

O Sport realmente vence por 3 a 0, com dois gols de Traçaia, ficando praticamente com a mão na taça. E Gentil faz questão de cumprir a promessa. Presenteia-o com um disco de... Nat King Cole!

– Este é o melhor de todos, meu craque! O maior cantor lá da América, procura adoçar-lhe a curiosidade musical.

O presente, no entanto, parece não empolgar muito o atacante. Mas Gentil não desanima. Leva-o até a sua casa e faz uma troca que julga mais que perfeita: Nat King Cole por Jackson do Pandeiro.

– Taí! Gostei, seu Gentil! O Jackson é porreta que só ele. É o *rei do coco* por aqui. Olha como é bom da gente dançar! –Diverte-se Traçaia.

E Gentil, com aquela cara redonda que Deus lhe deu e os olhos miúdos bem abertos, apenas aplaude com entusiasmo o rebolado de Traçaia no meio da sala. Era importante que o seu craque ficasse feliz, ele sabia. Além do mais, em breve Traçaia iria embora. E aí...

Então, finalmente Gentil teria o seu tão sonhado momento de prazer. Poderia curtir "com a patroa", o LP mais recente do grande Nat King Cole.

Para variar, na moderna rádio-vitrola chegada na véspera.

Com os efusivos cumprimentos do feliz presidente do Sport.

• Considerado o maior filósofo do nosso futebol, e logo por gente da importância de um Armando Nogueira, um João Saldanha, um Nelson Rodrigues, um Sandro Moreyra, Neném Prancha era realmente um frasista incomparável.

Descobridor de Heleno de Freitas nas areias de Copacabana, Neném sempre foi um botafoguense ardoroso. O que não o impedia, no entanto, de achar o milionário Ermelindo Matarazzo um goleiro apenas esforçado. E de dar força a uma história vivida pelo próprio Ermelindo, tendo como personagem principal o folclórico Oswaldo Baliza.

Fã incondicional de Oswaldo, que fora campeão com o Botafogo em 1948 e acabara de chegar à Seleção Brasileira, Ermelindo sempre se derretia em elogios, quando o avistava:

– Acredite, Oswaldo. Eu daria tudo para ser um goleiro como você!

E Oswaldo, cínico e direto:

– E eu, Ermelindo? Como daria tudo para ser filho do seu pai!

Mas era o Neném Prancha frasista, repleto de máximas geniais, que empolgava de vez:

o "O pênalti é tão importante, que devia ser batido sempre pelo presidente do clube."

o "Se concentração ganhasse jogo, o time da penitenciária não perdia uma. Era campeão todo ano."

o "Quer dar bicicleta, meu filho? Se com a bola no chão já está difícil, imagine você jogando de cabeça pra baixo..."

o "Não tem essa de altitude! O tri no México vai ser fácil! A maioria já morou em favela. Vai estranhar altura de que jeito?"

o "Garoto pobre tem de correr atrás da bola como quem corre atrás de um prato de comida. Só assim vai vencer no futebol."

o "Goleiro, para ser bom, tem é de dormir grudado com a bola. Se for casado, dorme com as duas."

o "Se macumba ganhasse jogo, o Campeonato Baiano terminaria sempre empatado."

o "Craque é que nem sorveteria. Tem de ter diversas qualidades."

o "Craque que é craque decide tudo em um lance. Um Campeonato, inclusive. Mas o cabeça-de-bagre tem de se matar em campo. Precisa sempre provar alguma coisa."

o "Deus ajuda, mas não põe a bola nas redes. Quem põe é o craque, ou o artilheiro."

Até que, ao ser perguntado sobre Didi, Neném deixou essas duas pérolas no ar:

o "Ora, craque de verdade é aquele ali. O Didi! Que joga bola como quem chupa uma simples laranja."

o "Hoje, ele é o que é. Mas, quando vi aquele crioulinho todo empertigado, ainda no tempo do Madureira, jogando de cabeça em pé e com aquela elegância toda, logo comentei:

'Esse aí nasceu pra ser alguém na vida'. Olha no que deu!"

• Um dos destaques do time do Botafogo, campeão de 1957, era o seu meio de campo. Formado por craques consagrados, como Didi e Pampolini, ainda contava com a providencial ajuda do meia-esquerda Edson, recém-promovido dos juvenis e, portanto, com fôlego de sobra, para dar e vender.

Mesmo assim, havia dias em que a maior estrela do time, Didi, parecia estar apenas passeando em campo. Era quando dizia que, “hoje, os fluídos não estão nada positivos.” E aí quem penava eram os outros dois. Como naquela tarde diante do Madureira, em Conselheiro Galvão, um jogo da maior importância, já que o Campeonato entrara na reta final.

Correndo para todo lado, Pampolini estava que não aguentava mais. Até que, em determinado momento, resolveu interpelar o camisa 8 alvinegro:

– Assim não dá! O que está havendo, Crioulo?

Ao que Didi, sempre sereno, apenas retrucou:

– Vai com calma, Pampa. Você é a força; eu, a inteligência. É por isso que a gente se entende tão bem. Vai com calma!

– Calma, Didi?! O jogo não sai do 0 a 0, e eles estão começando a acreditar que podem nos vencer. E agora?

– Calminha, Pampa. Calminha!

– Então faz o seguinte: põe um pouco de força nessa sua inteligência, põe! Quem sabe assim as coisas não melhoram?

Melhoraram tanto que, em menos de meia hora, tudo mudou por ali. Inclusive, o curso de uma história que ameaçava perigar. Os alvinegros golearam o Madureira por 4 a 2, com Didi marcando dois gols. E, três semanas depois, era um Botafogo brilhante que saía do Maracanã como campeão carioca.

Coisas de um gênio: o campista Didi. E de um mineiro de temperamento guerreiro, chamado Américo Pampolini. Um meio de campo do maior respeito, quem há de duvidar?

• E, para completar esta coletânea especial de histórias sobre o futebol, nada como desnudar a paixão incontida do torcedor. Em particular, a do torcedor botafoguense.

Corria o ano de 1957, e o Campeonato Carioca já estava quase na metade do segundo turno. Dos grandes clubes do Rio, apenas o Vasco e o América (Sim! O América também era grande naqueles tempos) estavam fora do páreo. Botafogo, Fluminense e Flamengo brigavam ponto a ponto a cada rodada, e isso fazia com que vivessem se revezando na liderança. Era um duelo e tanto. Apaixonante!

Mas, mesmo vendo o seu time realizar uma grande campanha, o desespero do jornalista Salim Simão parecia se acentuar cada vez mais. E Salim, com sua voz pesada, tronitoante, não se estendia em muitas explicações. Sentado ao lado do amigo Nelson Rodrigues, procurava acomodar-se da melhor maneira na tribuna de imprensa do Maracanã. Para, só então, apontar para o campo:

– Olha ele lá! Nem parece se preocupar com o meu sofrimento...

E procurava, de imediato, pela compreensão das palavras de Nelson, enquanto mostrava o centroavante Paulinho Valentim.

Na verdade, o camisa 9 alvinegro atormentava Salim Simão há mais de um ano. E o próprio Salim se sentia um dos grandes culpados, pois ajudara a trazê-lo para General Severiano. Uma contratação que saíra a peso de ouro, pois Paulinho acabara de dar um inédito pentacampeonato ao Atlético Mineiro, valorizando, cada vez mais, o seu nome no mercado.

– Olha lá! Vejam como perde gols! São coisas que só acontecem com o Botafogo. Como fomos comprar um bonde desses, meu Deus?, vociferava aos quatro ventos.

O pior é que as suas reclamações haviam se popularizado. Já faziam parte ativa do folclore carioca. A ponto de os torcedores dos outros clubes, não deixarem por menos:

– Sabem quem está no Pinel? O Salim! Caiu no conto do mineiro. Agora é Minas que vende bonde pro Rio!

Mesmo perdendo várias noites de sono e, até mesmo, o descomunal apetite, nem assim Salim Simão deixava de ir aos jogos. É que o Botafogo seguia firme na briga. E Paulinho tinha começado a marcar os seus gols. Mas bastava perder duas ou três oportunidades, para Salim recomeçar.

– Não joga nada! Nada! Como é que ele pode ser um artilheiro, perdendo os gols que perde?, lamentava-se, com aquele vozeirão sendo ouvido até por João Saldanha, na boca do túnel.

Conseguindo a invejada proeza, no entanto, de vencer todos os jogos contra os chamados "pequenos", superando, assim, as dificuldades típicas dos temidos "alçapões" da rua Bariri, de Teixeira de Castro, de Conselheiro Galvão e de Figueira de Melo, a verdade é que o Botafogo havia chegado ao último jogo pronto para a glória. Bastava vencer o Fluminense, e sairia do Maracanã com a faixa no peito.

E não deu outra! Jogando uma partida irrepreensível, o alvinegro de General Severiano simplesmente arrasou o tricolor das Laranjeiras. Foi um baile! A ponto de aqueles 6 a 2 se transformarem na maior goleada da história das decisões cariocas. Quanto a Paulinho...

Bem, Paulinho Valentim apenas aproveitou as mil bolas açucaradas, que tanto Didi como Garrincha faziam questão de lhe entregar numa bandeja. Fez nada menos de cinco gols, outra marca recorde em decisões no Rio e tornou-se o maior artilheiro do Campeonato, com 22 gols.

Com o gramado invadido pela torcida, rixas e brigas antigas foram imediatamente esquecidas. A euforia era total. E, no dia seguinte, o que aparece na primeira página de todos os jornais? Uma grande foto do time do Botafogo, o heróico campeão. E outra, maior ainda, do goleador Paulinho Valentim carregado nos ombros. Certamente, por um torcedor enlouquecido.

O torcedor? Ninguém menos que... Salim Simão!!

Vá entender o que se passa na alma de um torcedor apaixonado!

CAPÍTULO TREZE

# UM TÉCNICO COM ALMA DE CIGANO. PERU, TURQUIA, ARÁBIA SAUDITA...

"Eu era apenas um garoto. Mal acabara de ser campeão com o Alianza. Mesmo assim, ele disse que via em mim um grande futuro. Me encorajou. E fez mais: me convocou para a Seleção. Eu, apenas um garoto! Aí chamou o Sotil, o Mifflin, o Baylon, o Perico... Uma rapaziada cheia de vontade, ansiosa por uma chance. Seu trabalho foi espetacular. Foi o maior técnico que conheci."

*(Teófilo Cubillas, maior jogador peruano da história. Revelação da Copa de 1970, na qual o Peru de Didi foi uma das sensações.)*

– Taticamente, quero um Fluminense bem armado. Surpreendente. Mas, acima de tudo, desejo um time inventivo. Com alto poder de criatividade. Tocando a bola com facilidade, jogando pra frente. Sem medo. Sempre que possível, mordendo o adversário desde a sua área.

Jeito pausado na fala, preferindo a conversa em tom baixo, quase intimista, Didi chegou a Álvaro Chaves confiante. Naquele início de setembro, parecia até mesmo otimista. E era esse estado de espírito que procurava passar aos jogadores, naquele aguardado primeiro contato.

Revendo o velho vestiário das Laranjeiras, que conhecia tão bem, estava de terno e gravata, mostrando a mesma elegância dos tempos de craque. Mas o que queria deixar bem evidenciado, na conversa inicial com Rivelino, Paulo César Caju e Companhia, era que, lá no campo, o seu time seria uma amostra perfeita dos grandes esquadrões das décadas de 1950 e 1960.

Aliás, se havia algum time com predicados para tal, esse era o Fluminense que estava conhecendo naquele encontro. Campeão carioca, quando foi dirigido pelo promissor Paulo Emílio, o tricolor contava com quatro campeões mundiais de 1970: Rivelino, Paulo César Caju, Félix e Marco Antônio. Além do mais, possuía craques como Manfrini, Mário Sérgio e Carlos Alberto Pintinho. E havia acabado de revelar um zagueiro do porte de Edinho.

Daí o sonho dourado do presidente Francisco Horta, que só pensava no Fluminense em termos de visibilidade internacional. Então veio a ousada troca de Paulo Emílio por Didi, um desejo que acalentava desde que assumira a presidência. "Com Didi e sua sabedoria, tudo ficará mais fácil", pensava. E não sossegou enquanto não conseguiu tirá-lo da Turquia, onde havia sido várias vezes campeão com o Fenerbahçe, de Istambul e onde ganhava altos salários em dólares, além de prêmios especiais pelas seguidas conquistas.

Com o Fluminense tomando conta do noticiário nos jornais, rádio e televisão, até um simples treino provocava tumulto. Quem não conseguia entrar, se descontrolava. Mas Horta sabia como direcionar a ansiedade do torcedor rumo aos estádios. O que transformou o badalado time tricolor na grande atração de bilheteria, naquele segundo semestre de 1975.

Com efeito, desde os primeiros jogos do Campeonato Brasileiro, as entusiasmadas plateias passaram a ver um futebol diferente, solto em campo. E, mais do que solto: alegre, criativo, cheio de gols. O Fluminense de Didi jogava e ganhava. Ganhava e encantava. Assim, a cada domingo os estádios do país lotavam, onde quer que o tricolor fosse jogar. Afinal, todos queriam ver de perto a nova sensação. E aquela máquina azeitada passou a ser chamada simplesmente de *A Máquina*, tal qual o campeoníssimo argentino, o River Plate, durante a década de 1940.

Com as vitórias se sucedendo e as exibições, cada vez mais, encantando a torcida e os críticos, era natural que o Fluminense ganhasse de vez as manchetes. Um presente e tanto, para os ambiciosos planos de Francisco Horta. Assim, de uma hora para outra, passou a ser considerado como um dos favoritos, senão o maior de todos, ao título de campeão.

Didi já era visto, até mesmo, como o futuro técnico da Seleção Brasileira. Rivelino podia, muito bem, posar de "maior do mundo" na atualidade. E Paulo César Caju voltara a ser chamado de gênio. Quanto a Edinho, Gil e Manfrini, e os outros dois campeões mundiais, Félix e Marco Antônio, eram tidos como convocações certas. Em breve, *A Máquina* viraria a nova Seleção.

Pois foi nesse clima de intensa euforia, que o time se preparou para uma das semifinais. O seu adversário seria o Internacional de Porto Alegre, com o jogo marcado para o Maracanã. Dessa maneira, com o estádio lotado e com o Rio vivendo um domingo de sol bem carioca, foi sob intenso delírio que o Fluminense despontou na boca do túnel. Uma chuva de pó de arroz denunciava que se esperava o habitual: uma grande vitória. Mais um novo show de bola da *Máquina*. Só que não foi isso o que aconteceu.

Pouco falado até então, o Inter era, na verdade, uma grande surpresa. E das mais desagradáveis. Tanto que nem Didi, nem o presidente Horta, sequer Rivelino ou Paulo César Caju, poderiam supor do que o hexacampeão gaúcho seria capaz. Muito menos, que viesse mostrando uma *pegada* avassaladora. Um estilo arrasador, que asfixiava o Fluminense em seu próprio campo.

Mas se o Inter era agressivo, capaz de jogar sempre voltado para o gol, podia contar também com jogadas de alta categoria. Craques como Paulo César Carpeggiani, Falcão, Lula e Figueroa criavam lances de raro efeito, desequilibrando ainda mais a partida. E a filosofia do técnico Rubens Minelli ainda exigia fôlego dobrado, pois a determinação do time era vista pelo campo inteiro. Durante 90 minutos.

Como resultado dessa surpresa brutal, o Fluminense sequer andava. Vieram, então, os gols de Carpeggiani e Lula, golaços, por sinal. E, em pouco tempo, o campeoníssimo gaúcho estampava 2 a 0 no placar. Um pesadelo para a torcida tricolor. Uns 2 a 0 que, mesmo com Didi fazendo entrar Pintinho e Cléber, não iriam se modificar. O que levou o Internacional, duas semanas depois, ao título de campeão brasileiro, vencendo o Cruzeiro de Minas por 1 a 0, na decisão no Estádio Beira Rio, em Porto Alegre.

Com o maior sonho de Horta desfeito, eis que várias mudanças passaram a ocorrer na rua Álvaro Chaves, logo no início de 1976. Um *troca-troca* com o Flamengo, trouxe o artilheiro Doval, o lateral-esquerdo Rodrigues Neto e o goleiro Renato para as Laranjeiras. Já o ponta-esquerda Zé Roberto e o goleiro Roberto foram parar na Gávea. Assim como o lateral-direito Toninho, com quem Didi cismara, dizendo que possuía um grave *bloqueio mental*, "pois não consegue entender, sequer, uma simples instrução que tento lhe passar".

Apesar do intenso mexe-mexe promovido pelo presidente Francisco Horta, o Fluminense continuava a contar com as suas principais estrelas: Rivelino e Paulo César Caju. Mantinha Edinho, Gil, Cléber e Carlos Alberto Pintinho. E recebia os três grandes reforços vindos da Gávea. Quer dizer: A *Máquina* estava mantida, apesar da troca de algumas peças. E Didi pôde respirar aliviado, já que preservara os jogadores mais importantes ao seu esquema de jogo. Em pouco tempo, já encaixava Doval e Rodrigues Neto, e passara a revezar Renato e Félix no gol.

Com as esperanças renovadas de vez, eis que o *Fluminense Modelo 76* parte para a disputa do Torneio Quadrangular de Viña del Mar, no Chile. Uma cidade na qual Didi era a grande atração. E onde, nos fins de tarde, costumava lembrar os dias de glória ali vividos. Ainda mais que os fãs chilenos não cansavam de ouvir as histórias do bicampeonato mundial do Brasil, vividos em Viña del Mar e em Santiago do Chile, no ano de 1962.

Entrando decidido a ganhar o título, o time tricolor não teve, como era de se esperar, maiores dificuldades em superar os adversários chilenos. Sagrou-se campeão invicto do Quadrangular de Viña del Mar, com Doval tornando-se o artilheiro da competição. Sem dúvida, aquela saída do Brasil havia sido boa para unir a renovada *Máquina*. Com Rivelino, Paulo César Caju, Doval, Rodrigues Neto, Edinho, Gil e o goleiro Renato, o sonho do presidente Horta ressurgia das cinzas.

Campeão finalmente com o Fluminense, Didi dava mostras de estar realmente mais leve. Andava mais solto. Dando a entender, assim, que se livrara de um peso enorme que carregava nos ombros. Na verdade, vislumbrara novos horizontes com aquela conquista. Ainda mais, que a temporada estava apenas começando.

O mais importante, é que conseguira demonstrar que se recuperara da decepção no Brasileiro de 1975. E que, agora, a sua grande meta era dar o bicampeonato carioca ao Fluminense, vencendo a guerra contra os arqui-inimigos Flamengo, Vasco e Botafogo.

– Foi bom ser campeão no Chile. Ainda mais, em Viña del Mar. O Fluminense realmente mereceu o título, mostrando que o passado é passado. Estamos prontos para a luta pelo bicampeonato, dizia aos jornalistas um renovado Didi.

Mas um amistoso contra o Flamengo, para marcar a estreia de mais um reforço de peso, o também campeão mundial Carlos Alberto Torres, acabou por transformar-se em um novo pesadelo. Tão incômodo quanto imprevisto. A ponto de determinar a sua saída do clube, três dias depois.

O jogo valia a Taça Nelson Rodrigues, um dos mais históricos tricolores de que se tem notícia, servindo ainda para que Doval fosse apresentado à torcida com a camisa do Fluminense. Só que, quem não estava nem ali para a festa tricolor era Zico, que fez o que quis em campo.

No final, o Flamengo goleou espetacularmente por 4 a 1, com quatro gols de um irresistível Zico, o segundo em uma magistral cobrança de falta, no ângulo direito de Renato. Não se vendo, em momento algum, nem sombra do Fluminense que encantara os chilenos, sagrando-se campeão do Quadrangular de Viña del Mar. Muito pelo contrário. Tanto que, o que se percebia, era uma grande euforia rubro-negra.

A festa, que era para ser toda do Fluminense, acabou sendo mesmo do Flamengo. E foi coroada com o quarto-zagueiro Luís Carlos, capitão do time, indo receber a bela Taça Nelson Rodrigues das mãos do famoso dramaturgo, nitidamente desconfortável, depois daquela acachapante derrota em pleno Maracanã.

Praticamente em polvorosa, após os inesperados 4 a 1 da véspera, o presidente Francisco Horta se reuniu logo na segunda-feira pela manhã com Didi. Juntos, procuraram analisar todos os erros cometidos pelo time no Fla-Flu. E, se pouco disseram, tinham certeza absoluta de uma coisa: um esquadrão, como aquele que o Fluminense possuía, tinha sempre de justificar o codinome de *A Máquina*.

Após o inesperado encontro de segunda-feira, Didi ainda concedeu algumas entrevistas. Falou, inclusive, que queria ter um tempo para pensar. "Talvez, reformulando alguns conceitos sobre o que ando vendo no nosso futebol." Só que, dois dias depois, era ele o mais novo técnico demissionário da praça. Motivos? Vários. Um deles: "Vontade não me falta. Mas não vejo espaço para as reformulações que pretendia implantar. Infelizmente, ainda não é hora."

E mantendo a mesma elegância e a velha cordialidade, ainda encontrou tempo para um adeus aos repórteres:

– É... Parece um mal sem fim. Uma coisa profundamente enraizada. O tempo passa, mas a mentalidade dos nossos dirigentes... Nada mudou! Nem sei se um dia mudará. E é isso que me entristece, me decepciona cada vez mais, se despediu Didi, cruzando pela última vez o portão principal da sede de Álvaro Chaves.

Mas o que teria havido, afinal, em suas últimas conversas? Ou entre ele e o presidente Horta, seu fã confesso? Seria o ambiente pesado da CBD? O permanente amadorismo dos dirigentes brasileiros?

Numa conclusão mais aprofundada, parece ter havido um pouco de tudo para a decisão repentina de Didi. É bem verdade que, pelos anos afora, nunca houve uma crítica aberta de sua parte às atitudes de Horta. E o próprio presidente tricolor, sempre se disse seu "fã de carteirinha". Ainda mais, porque a admiração por Didi vinha de longe. "Comecei a me encantar com ele ainda garoto. Simplesmente, por ter visto o Didi ser campeão com o Fluminense. Que jogador!", afirmava, empolgado, Francisco Horta.

Mas, o que teriam realmente conversado os dois, naquela estranha segunda-feira, ainda mais depois de um trágico Fla-Flu? Indo mais longe, também não custa lembrar que o grande sonho de Didi sempre foi dirigir a Seleção Brasileira. E mais: queria ser campeão do mundo com ela. Então, a sua volta ao país fazia parte de um plano bem arquitetado. Planejado discreta e pacientemente, bem ao *estilo Didi*.

Talvez o presidente Horta, inteligente e altamente sagaz, fosse um parceiro importante na elaboração do "plano Didi". Talvez não. Mas o mais provável, ou quase certo, é que fosse o principal incentivador à realização do mais ambicionado desejo do velho gênio da bola. Até mesmo, pelo fato de o reinado de Zagalo na Seleção ter chegado ao fim, pois, mesmo tricampeão, a perda da Copa de 1974 lhe fora fatal.

A saída do amigo de fé João Havelange, que deixara a CBD para ser o novo presidente da FIFA, poderia dificultar um pouco as coisas. Mas o almirante Heleno Nunes, que entrara em seu lugar, escolhera o novo técnico sob reservas. Oswaldo Brandão havia assumido o cargo pela terceira vez. Mas estava ali, muito mais por conta dos títulos acumulados com a *Academia do Palmeiras*. Poderia, inclusive, cair a qualquer hora, como de fato caiu, menos de dois anos depois.

Com o Fluminense campeão brasileiro, quem chegaria ao paraíso seria o presidente Francisco Horta. Mas Didi também se glorificaria. Assim como Rivelino e Paulo César Caju. Dessa maneira, todos estariam a caminho das metas mais ambicionadas. Horta trataria de levar A *Máquina* a ganhar a Libertadores da América e, depois, o Mundial de Clubes. Didi, Rivelino e Paulo César Caju seriam as estrelas reluzentes da nova Seleção Brasileira.

Tudo estava bem encaminhado. Era apenas uma questão de tempo e de um pouco de paciência. O problema é que, de repente, houve um Internacional no caminho. E, depois, o Flamengo de Zico...

Desarvorado a princípio, Didi certamente se lembrou dos tempos do Real Madrid. Ali, lhe faltara o chão pela primeira vez. Como agora. Sonhava com a Seleção desde quando parara de jogar. Sentia que faltava aquele gostinho especial. Já pensara nela em 1968, quando Aymoré Moreyra caíra. Porém, já estava apalavrado com a Seleção Peruana. Mas, desta vez, a chance que lhe escapara era imperdível. Que fazer?!

Quando iniciava a carreira de técnico, por volta de outubro de 1962, vários eram os objetivos que passavam pela sua cabeça. Mas três eram primordiais. Inicialmente, queria colocar em prática todo o conhecimento acumulado em dezoito anos como jogador. Em consequência, o que Didi mais imaginava é que iria rapidamente se destacar, inclusive acumulando títulos. Atalho mais que seguro para chegar à Seleção Brasileira. Já o terceiro objetivo deveria transformá-lo em um *globetotter* do futebol, pois passaria a levar uma vida cigana, em busca de fama e dinheiro nos mais diferentes países e continentes.

Assim, quando recebeu a tentadora proposta do Sporting Cristal, do Peru, sentiu que não poderia deixar para depois. Já estava com 34 anos e o Cristal lhe oferecia excelente estrutura e ótimos salários. Além do mais, o clube pertencia ao poderoso Grupo Cristal de Empreendimentos. Dono, dentre outros interesses, da maior cervejaria da Região dos Andes e da qual a cerveja Cristal, comercializada em toda a América do Sul, era o maior destaque.

Dono de um cartel imenso de conquistas, a verdade é que o interesse em ser técnico já vinha dominando os pensamentos de Didi há, pelo menos, uns três anos. Dentro de campo, conhecera a glória como bem poucos. Fora bicampeão mundial. E saíra da Suécia, em 1958, não só campeão com o Brasil, mas também consagrado como o *Maior Jogador da Copa*.

Além do mais, ganhara vários títulos importantes no Botafogo e no Fluminense. Fizera parte, até, da celebrada *Legião Estrangeira do Real Madrid*. Sagrando-se campeão, no Real, do famoso Torneio Ramon de Carranza, apesar dos ciúmes de Don Alfredo Di Stefano. Portanto, não tinha mais nada a ganhar como jogador. Chegara, enfim, a hora do técnico Didi.

Motivado, dedicou-se em tempo integral às novas funções, tão logo chegou a Lima. Em poucos meses, o Cristal já era um time competitivo. Mostrava, inclusive, um futebol vistoso, mas carecia de craques de verdade. E isso pesou, na hora da briga pelo título. O que o fez ficar apenas entre os finalistas, dois anos consecutivos. Período em que os campeões foram dois vencedores tradicionais: o Alianza e o Universitário. Por sinal, os dois recordistas de títulos na história do futebol peruano.

Um pouco frustrado com os resultados obtidos no início da nova carreira, o que ainda vinha ocorrendo com Didi atendia por um só nome: melancolia. O que bem poderia ser traduzido como "saudades do Maracanã." Ou dos inesquecíveis lançamentos de curva; dos dribles curtos, sempre desmoralizantes; da insinuante e lendária *folha-seca*... Em suma: dentro dele, o técnico Didi ainda não conseguira ocupar espaço. Em seu íntimo, o que permanecia latente era o jogador. O gênio Didi, bicampeão mundial.

Àquela altura, o remédio era mesmo dar um tempo. Ou melhor: largar tudo e voltar ao Botafogo. Tanto que jogou várias partidas do Campeonato Carioca, partindo depois para uma excursão pelas Américas do Sul e Central.

Estava feliz outra vez. Ainda mais, por jogar ao lado de Gérson, seu sucessor. E por voltar ao convívio de amigos queridos, como Garrincha e Nilton Santos. Mas a maior emoção ficara mesmo por conta do reencontro com a torcida, com os estádios cheios. E com uma velha namorada: a bola.

Saudade aplacada, eis que Didi parece viver momentos de paz. Então aceita ser técnico outra vez. Agora, do Vera Cruz do México. Com um time apenas regular, ainda briga com as grandes forças do país. A meta é o título nacional. Mas o campeão é o América, da Cidade do México. Um conhecido papão de conquistas do futebol asteca. O pior é que Didi também aceita, pouco depois, voltar ao Brasil.

Agora, a atitude por ele tomada é mais inverossímil ainda. Retorna aos gramados como jogador do São Paulo, atendendo a um convite de uma velha admiração: o técnico Vicente Feola. Aos 38 anos, e fazendo parte de uma das piores equipes da história do clube, as coisas não poderiam mesmo acabar bem. E é só aí, que o velho mágico da bola sente que é hora de uma mudança. Definitiva, radical. O jogador genial sai de cena. Entra em ação, também de vez, um técnico cheio de truques, altamente imaginativo. Certamente, revolucionário.

Voltando decidido ao Peru, Didi procura logo de saída manter uma longa conversa com os homens do Grupo Cristal. Dá garantias de que, a partir de agora, é o técnico Didi que dominará a boca de cena. Pouco depois, reassume o Sporting Cristal. E arma um time que, talvez, seja o maior da história do clube. O maestro é o habilidoso meia-armador Mifflin, de apenas 21 anos. Mas há um De La Torre e um Eloy Campos na defesa, o experiente Rubiños no gol. E, no ataque, o talento de Alberto Gallardo.

Triturando os adversários como um rolo compressor, em pouco tempo o Cristal dispara na liderança. Até que, na reta final, vence sem problemas aos arqui-inimigos Alianza e Universitário, sagrando-se campeão peruano com duas rodadas de antecipação. Uma façanha e tanto, naquele ano de 1968. O suficiente para que Mifflin e Gallardo (que já havia sido campeão, dois anos antes, pelo Palmeiras de São Paulo), virassem ídolos absolutos. E Didi, o grande herói do imbatível Sporting Cristal.

Com o cartaz nas alturas, o convite para dirigir a Seleção Peruana vem uma semana depois. Alegre com os resultados obtidos nos últimos meses, não podia deixar de ver aquela proposta como um prêmio que chegara na hora exata. Agora, sim, a América do Sul inteira iria conhecer de perto o quanto podia o técnico Didi.

Do time campeão do Cristal, além das estrelas Mifflin e Gallardo, levaria De La Torre, Campos e Rubiños para compor o time-base. Convocaria o já veterano, mas ainda vigoroso zagueiro Chumpitaz, do Universitário, que seria o capitão. E completaria a sua Seleção ideal com revelações como Hugo Sotil, também do Universitário e três craques do Alianza: Teófilo Cubillas, Baylon e Perico León. Era esperar para ver.

E quem viu, e bem de perto, o quanto podia o Peru de Didi, foi a temida Argentina. No jogo que decidiu o primeiro lugar do Grupo 3, realizado em Lima, vitória peruana por 1 a 0, gol de Cubillas. No jogo final, em Buenos Aires, empate em 2 a 2. Um resultado que bastava para Didi e seus jovens craques, quase todos, ainda desconhecidos. Que venceram, com todos os méritos, as Eliminatórias de 1969, desclassificando Artime, Onega, Mas e Companhia, garantindo oficialmente o Peru entre os 16 finalistas da Copa do Mundo, no ano seguinte.

Vistos com grande curiosidade no cenário da Copa, os peruanos pouco se importaram com os olhares inquisidores dos críticos europeus. Foram surpreendendo desde o início, venceram a Bulgária e Marrocos, perdendo apenas da Alemanha, até chegarem às quartas-de-final. Caso superassem o próximo obstáculo, seriam um dos quatro semifinalistas.

"E aí, garanto que seria mesmo o que Deus quisesse. Poderíamos até decidir o título, quem sabe?", comentaria Didi, algum tempo depois. Porém, o tal obstáculo a ser transposto era o Brasil. Justamente o Brasil de Tostão, Gérson, Pelé e Rivelino, futuro tricampeão mundial. Só então o surpreendente Peru capitulou. Mas em um jogo espetacular. Com grandes lances e seis belos gols: Brasil 4 a 2.

Loucos de alegria com as façanhas de sua Seleção, aos torcedores incas pouco importava a derrota para os brasileiros. Na volta, uma verdadeira multidão aguardava os jogadores no aeroporto. Carregados em triunfo, foram depois recepcionados pelo Presidente da República, o General Juan Velasco Alvarado. Momento em que Didi, tratado como verdadeiro herói nacional, ouviu baixinho, ao pé do ouvido, do próprio General Alvarado:

"Aqui, você é amado, idolatrado por todos. Então, que tal passar a ser um de nós? Basta rasgarmos o seu passaporte..."

Assustado a princípio, mas emocionado com o carinho do povo e a distinção do Presidente Juan Velasco Alvarado, Didi apenas respondeu em poucas palavras, dizendo-se honrado por tudo. Mas, alguns dias depois, já raciocinava calmamente sobre os dividendos que aquele grande feito traria à sua carreira, e à dos jogadores que haviam brilhado no México.*

Ainda embalado pelos grandes feitos no Mundial, foi um entusiasmado Didi que comandou o Sporting Cristal na arrancada final rumo ao título de campeão de 1970. Uma conquista que veio com a mesma base de dois anos atrás, com Mifllin e Gallardo comandando a festa. Só que, ali, já estava sendo sondado pelo River Plate, da Argentina. A proposta era irrecusável. Porém, Didi pediu um tempo para pensar, pois o mais aristocrático clube de Buenos Aires não via a cor de um título desde 1957, tendo sido campeão a última vez ainda nos tempos de Labruna e Carrizo, e quando explodia o talento de Sívori.

Mas, mesmo deixando o Peru com tristeza, pois ali era uma espécie de herói do povo, além de ter visto a sua carreira de técnico decolar em Lima, resolveu aceitar a oferta do River. No fundo, algo lhe dizia que ainda devia ficar um pouco mais onde sabia sentir-se amado. Mas a inquietude de sua alma cigana acabaria por falar mais alto. E foi assim que, nos primeiros dias de março, Didi já estava no Monumental de Nuñes, assumindo todas as categorias do River Plate.

* Depois da Copa do Mundo de 1970, vários peruanos acabaram indo brilhar no Exterior. Hugo Sotil, por exemplo, foi ser campeão no Barcelona, ao lado de Cruyff. Já Teófilo Cubillas virou a grande estrela do Porto, pelo qual se sagrou campeão português e da Taça de Portugal. Mifflin esteve no Santos e no Cosmos, de Nova York. Baylon, Perico Leon, Challe e Gallardo também se destacaram fora do país, após o Mundial do México.

Vacinado contra boicotes e os tradicionais grupinhos, sua intenção, ao assumir o futebol desde as divisões de base, era promover uma revolução no River. Assim, em pouco tempo os medalhões que pouco rendiam, impondo sempre as suas vontades e ganhando altos salários, estavam barrados. Várias jovens promessas foram promovidas e o time começou a vencer partidas importantes, chegando a liderar o Campeonato.

Todavia, uma greve do Sindicato dos Jogadores acabou paralisando a competição, já em pleno segundo turno. O que fez com que, na volta, houvesse uma queda de produção, com a garotada sentindo o peso da responsabilidade. Foi o suficiente para o primeiro lugar mudar de mãos, indo parar no bairro de Avellaneda, com o Independiente, que, afinal, se sagraria o campeão da temporada. Sentindo-se desgastado, Didi pede então para sair. Mesmo a contragosto, deixam-no ir embora. Mas a semente que plantou, iria dar belos frutos.

Pouco tempo depois, um River Plate diferente começou a impor o seu estilo rápido e envolvente, herdado dos tempos do brasileiro. E foi com uma lenda do clube, Angel Amadeo Labruna, como técnico, que Daniel Passarella, Fillol, Merlo, Luque, J.J. Lopez e o maestro Beto Alonso, todos eles garotos revelados por Didi, tiraram o alvirubro portenho da fila. Após 18 anos, o River voltava a ser campeão argentino.

Enquanto isso, passando uma temporada no Rio, era um pensativo Didi que analisava as possibilidades do nosso mercado. Continuava com o sonho de, um dia, dirigir a Seleçao Brasileira. Mesmo assim, sabia que tinha de esperar a vez. O momento, agora, era de um velho amigo: Mario Jorge Lobo Zagalo. Tricampeão no México, Zagalo tinha acabado de levar o Brasil a um novo título: o de campeão da Mini-Copa, ou Copa do Sesquicentenário da Independência. Além do mais, a conhecida inquietude da vida cigana começava a mexer novamente com o velho gênio. Era hora de pôr o pé na estrada. Europa? América do Sul?

Desta vez, o seu trabalho pioneiro iria abrir caminho em um mercado até então desconhecido. O país escolhido no mapa, é a misteriosa Turquia, encravada numa região europeia pouco visitada. Assim, o mês de julho de 1972 vai encontrá-lo em Istambul, dedicado por inteiro ao novo projeto. Com o apoio irrestrito do presidente Emin Cankurtaram, responsável direto por sua contratação, promete fazer do Fenerbahçe um clube conhecido no Velho Mundo.

E, a rigor, é isso que começa a acontecer. Em pouco tempo, Didi faz o clube mais popular do país viver um tempo de glórias. Em três anos, o Fenerbahçe é bicampeão nacional e da Copa do Presidente, ganha a Copa do Chanceler e, por fim, é campeão da Copa da Turquia. Seus principais jogadores são o armador Ogün Altiparmak e o meia-direita Osman Arpacioglu. Mas é o goleador Cemil Turan, que se transforma no maior ídolo do futebol turco nos anos 70. Destaques sobre os quais, Didi faz questão de comentar:

"Bem trabalhados, são jogadores para brilhar em qualquer lugar da Europa. Principalmente, o Cemil Turan."

Aclamado onde quer que aparecesse na capital turca, Didi também vira um ídolo popular em Istambul. Depois de ser tantas vezes campeão com o Fenerbahçe, leva o clube a participar de várias competições europeias.* Finalmente, o futebol da Turquia começava a ganhar visibilidade internacional.

Pelas grandes façanhas obtidas em apenas três anos, pelos altos salários que recebia e por seu enorme prestígio em todo o país, a lógica dos fatos indicava que Didi ainda ficaria um bom tempo por lá. Mas, é aí que surgem o presidente Horta, o Fluminense, o sonho renovado da Seleção Brasileira...

Poucos meses depois, no entanto, com as coisas não dando certo no Fluminense, com o sonho da Seleção ficando apenas no sonho, Didi opta, enfim, por se afastar do futebol um bom tempo. Precisava descansar, vivenciar outras coisas, reciclar as ideias. Passa então um período de tranquilidade. Viaja. Revê as filhas, netos. Fica mais perto da família... Até que, em meados de 1977, surge um convite especial. Tentador. Ele parte do Oriente Médio, recheado de petrodólares. A velha alma cigana se inquieta. E Didi parte, mais uma vez, em busca do desconhecido.

Com a antiga vocação de ensinar futebol novamente aflorada (o que abria caminho para o seu desenvolvimento, criando novos mercados para técnicos e jogadores), o que vê surgir diante dos seus olhos é uma agradável Jeddah, na Arábia Saudita. Desta vez, quem o cumula de gentilezas é o Prín-

---

* Técnico campeão nacional com o Fenerbahçe, Zico logo lembrou-se de Didi. Tanto que fez questão de dedicar-lhe o título da temporada 2006/2007.

– Foi ele quem começou tudo por aqui. Com o mestre Didi, o Fenerbahçe foi campeão seguidas vezes. Dominou o futebol turco. Graças ao seu trabalho pioneiro, a Turquia teve projeção pela primeira vez. Passou enfim a ser vista pelo resto da Europa. Ao mestre, pois, com enorme carinho!, comentaria um emocionado Zico, abraçado ao irmão Edu.

cipe Khalid Abdul Aziz, presidente do Al Ahli Sporting Club. E Didi, como de costume, logo começa a executar o seu plano de trabalho.

Rapidamente, os resultados aparecem. Ainda mais que levara o ex-craque Delém, campeão com o Vasco, nos tempos de jogador e seu auxiliar no River Plate, para cuidar dos treinos táticos e das divisões de base. Contando com o total apoio do Príncipe Abdul Aziz e do diretor de futebol Ali Othman Mustafa, pede e ganha uma moderna estrutura para treinamentos. Fundamental no período de preparação, visando às competições da temporada.

Fazendo o seu time jogar um futebol em estilo moderno, tocando a bola com rapidez e procurando sempre o caminho do gol, Didi leva o Al Ahli a se sagrar bicampeão da Arábia Saudita, faturando também a Copa do Rei. Os grandes destaques do time são o meia-armador Tariq Kaial e o atacante Al-Sagheer. Mas a estrela mais fulgurante é o meia-esquerda Amin Dabo, eleito nas duas temporadas o maior jogador de toda a Arábia.

Mais uma vez vitorioso, o fato é que, se Didi olhasse para trás naquele instante, veria o quanto já tinha feito pelo futebol mundo afora. Graças ao seu pioneirismo revolucionário, fizera o chamado *Esporte-Rei* ganhar outras praças, emocionando novas multidões. A magia que um dia emanara dos seus pés de artista, estava viva. Não iria morrer jamais.

Pena que, em seu próprio país, as coisas nunca acontecessem. Nem no Fluminense, nem no Cruzeiro. Muito menos no Botafogo, ou no Bangu. Pena mesmo. Azar do nosso futebol. Assim como acabaram sendo cruéis os tantos descaminhos que impediram Didi, um dia, de ser técnico da Seleção Brasileira, seu sonho dourado. Jamais confessado abertamente.

---

* Vocação pioneira, alma cigana, o certo é que as revoluções implantadas por Didi sempre se fundaram em um trabalho minucioso. Nele, se misturavam vivência e habilidade, visão e uma vasta sabedoria. "Primeiro, olho o que tenho em mãos. Só aí, adapto a matéria-prima aos meus conceitos, nunca deixando de privilegiar o craque. Tem dado certo", afirmaria Didi, após dar o bicampeonato nacional ao Fenerbahçe, em 1975.

* Apenas uma vez, o velho mestre tocaria no tema Seleção Brasileira. Mesmo assim, discretamente. Não escondeu, por exemplo, que sempre sonhou ser o técnico do Brasil em uma Copa do Mundo. Foi além, dizendo que pensara nisso desde quando começara a car-

reira de treinador. Mas também fez questão de esclarecer: jamais forçara qualquer situação. Ainda mais por considerar o assunto "dos mais delicados".

– Aqui, futebol é como religião. Imagina o que o Zagalo vai pensar, se falo nisso por aí! Logo ele, que é meu amigo há tantos anos... ressalvaria Didi, por volta de 1973. Época em que Zagalo, tricampeão com o Brasil, no México, era absoluto no cargo.

## CAPÍTULO QUATORZE

# QUANDO OS DEUSES ENTRAM EM CAMPO. GARRINCHA, PELÉ; PUSKAS, KOPA...

"Vivi uma época de ouro, jogando ao lado de gênios de verdade. Mas também tive muito 'cobra' como adversário: Sívori, da Argentina; Bozsic, da Hungria; Kopa, da França... E o que dizer do Garrincha, que parecia de outro planeta? Metade do bi que o Brasil ganhou lá no Chile, sei bem que devemos a ele. E o Pelé, que inventava coisas de que até Deus duvidava!
Quanta saudade..."

*(Entusiasmado, Didi chega facilmente a uma lista com mais de 50 grandes craques do seu tempo.)*

Foram mais de 50 anos de intensa observação. Um longo período, em que os olhos atentos de Didi puderam analisar da maneira mais minuciosa, o estilo e a arte de alguns dos maiores gênios dos campos internacionais. Jogando em uma época considerada como A *Era Dourada do Futebol*, ele bem sabia que havia vivido em um momento privilegiado. Certamente, um tempo mágico. De sonhos.

Por isso, pôde ter ao seu lado a companhia de vários daqueles gênios. Tanto na Seleção Brasileira, como nos clubes onde atuou, Botafogo, Fluminense e Real Madrid. Mas também sentia prazer em enfrentá-los, "pois lá em baixo, no campo, via todo aquele espetáculo bem de pertinho. E de graça!"

Mesmo assim, resistindo sempre, Didi jamais aceitou a ideia de escalar o chamado "time dos sonhos" de sua preferência. Dizia que tinha inúmeros amigos no futebol. "Uma turma grande, espalhada pelo Brasil, América do Sul, Europa... Gente querida, capaz de ficar magoada ao não ver o seu nome lembrado. É ruim machucar um amigo, sabe? Então, melhor não falarmos disso!"

Até que, certo dia, o reverenciado maestro do Brasil campeão na Copa da Suécia (na verdade, a Copa que iria eternizá-lo como a sua maior estrela), decidiu que era hora de baixar a guarda. E resolveu, afinal, falar um pouco de suas admirações. Com uma ressalva: não estaria escalando o tão esperado "time dos sonhos."

Preferia, isso sim, fazer comentários sobre alguns grandes craques. Talentos que o haviam impressionado em suas posições. O que fez com que, entre os 30 nomes por ele escolhidos, aparecessem certas surpresas. Mas, também, craques admiráveis. Alguns gênios, inclusive. E cinco ou seis que foram além, bem além. Simplesmente, transformando-se em deuses. Como um certo Didi.

## GOLEIROS

**GILMAR** – "Pelo histórico, e por tudo o que jogou, é o que me deixa as mais gratas lembranças. No início, papava alguns *frangos* memoráveis, o que o levava a entrar em rota de colisão com a torcida. Mas, quando o Corinthians foi campeão do IV Centenário de São Paulo, quem estava lá fechando o gol? O Gilmar, ora!

Já na Seleção, havia uma completa transformação. Ali, ele era absoluto. Foi bicampeão mundial comigo, sempre jogando muito. Com enorme personalidade.

Confiante, elegante, tinha um grande domínio do jogo e dos companheiros de defesa. Além do mais, era ágil, seguro. Extremamente técnico. E se as saídas do gol não eram o seu forte, tinha controle emocional para não correr atabalhoadamente atrás dos atacantes, ou tentar cortar aquelas bolas altas impossíveis".

(Gilmar jogou no Corinthians, Santos e Seleção Brasileira. Pelo Corinthians, foi campeão paulista em 1951, 1952 e 1954 e bicampeão do Torneio Rio-São Paulo, em 1953/54. Pelo Santos, foi bicampeão mundial e da Libertadores da América (1962/63), dentre outras conquistas. E com a camisa número 1 do Brasil, chegou ao bicampeonato mundial (1958/62). Também foi campeão da Copa do Atlântico (1960), Copa Rocca (1957/60/63), Copa O'Higgins (1955/59/61) e da Taça Oswaldo Cruz (1955/58/61).)

**CASTILHO** – "O oposto do Gilmar. No Fluminense, era o *São Castilho*. Operava milagres. As bolas batiam nele, ou nas traves, e não entravam. E ainda tinha a mania de pegar pênaltis. Alto, de mãos grandes, tinha uma colocação impressionante. E muita coragem também. Por isso mesmo, metia medo nos atacantes. Fomos campeões em 1951, bem sei, com o Fluminense devendo muito aos seus milagres, principalmente nos clássicos com o Vasco, o Flamengo e o Bangu.

O problema do Castilho era a Seleção. Não sei bem, mas acho que era psicológico. Nela, soltava bolas impossíveis, que grudavam em suas mãos lá no Fluminense. E quando estava em grande forma, melhor que o Gilmar, se machucava demais.

Uma pena, pois o Castilho era um monstro no gol. Mesmo assim, ainda brilhamos juntos. Fomos campeões com o Brasil em 1952, naquele memorável Pan-Americano do Chile".

(Castilho construiu a sua carreira no Fluminense. No tricolor, foi campeão carioca em 1951, 1959 e 1964 e do Torneio Rio-São Paulo de 1960. Pelo Brasil, foi campeão do Pan--Americano de 1952, em Santiago do Chile e bicampeão mundial, na reserva de Gilmar. Também ganhou a Copa O'Higgins (1955) e a Copa Rocca (1957).)

**VELUDO** – "Se tivesse juízo, seria o maior goleiro do Brasil de todos os tempos. Enorme, forte, mãos e pés enormes também, tinha mais era físico de estivador. Debaixo das traves, era de assustar qualquer um. Só que era ágil e seguro como nenhum outro. Além do mais, quando cismava pegava tudo!

Nas Eliminatórias da Copa de 1954, em Assunção, acabou levando a torcida do Paraguai à loucura. Além das bolas, segurava também as garrafas, pedras e pedaços de pau que jogavam das arquibancadas. Naquela época, vivia uma fase tão boa que barrou o Castilho no Fluminense e na Seleção Brasileira.

Infelizmente, uma goleada de 6 a 1 para o Flamengo, no Campeonato Carioca de 55, aliada a muita bebida, liquidaram rapidamente com um negro que poderia ter sido maior que Barbosa. Outro a quem rendo as minhas eternas homenagens".

(Projetando-se no Fluminense, Veludo também chegou a brilhar no Nacional de Montevidéu. Mas o seu único título de campeão, foi no Atlético Mineiro (1958). Com a camisa número 1 do Brasil, no entanto, deu mais sorte. Sagrou-se bicampeão da Taça Oswaldo Cruz, contra o Paraguai (1955/56) e foi campeão da Copa do Atlântico (1956).)

**DOMÍNGUEZ** – "Já vi muita gente boa em Seleções e times estrangeiros. A escola argentina me mostrou um Carrizo, um Roma... O uruguaio Máspoli, o inglês Banks e o húngaro Grocsis também foram notáveis. E ainda teve o grande Yashin, o *Aranha Negra,* da Seleção da Rússia. Mas, de todos eles, quem me encantou mesmo foi o Domínguez. Tinha o físico perfeito para o gol, pois era alto e forte, sem ser atarracado. E, debaixo das traves, era perfeito. Tinha segurança nas mãos, colocação, elasticidade...

Vi-o pela primeira vez no Sul-Americano de 1957, no Peru, quando a Argentina tirou o pão de nossa boca. Era ele defendendo tudo, lá atrás e o Sívori fazendo os gols, lá na frente. Mas foi na Espanha, que pude conhecê-lo melhor.

Além de ser um verdadeiro paredão, sabia como poucos sair do gol. E não era de se intimidar com os gritos do Di Stéfano. Na defesa, quem mandava era ele.

Fomos campeões do Ramon de Carranza, nos tempos do Real Madrid. E viramos, logo, bons amigos".

(Começando no Racing de Buenos Aires, Domínguez viveu o seu auge no Real Madrid, da Espanha. Lá, chegou a pentacampeão europeu e espanhol e ganhou o primeiro Mundial Interclubes, em 1960. Na volta, ainda brilhou no Nacional de Montevidéu, sendo campeão uruguaio, em 1966. Mas a sua projeção começou mesmo ao barrar Carrizo e Roma. Logo depois, iria sagrar-se campeão do Sul-Americano de Lima, com a Argentina (1957). Estava aberto o caminho para a glória e a fama.)

## DEFENSORES

**DJALMA SANTOS** – "Este era um fenômeno! Tanto na qualidade do jogo, como em longevidade. Alguns falam que o Carlos Alberto Torres foi mais moderno. Outros comentam que o Leandro era mais completo. Mas, pergunto: quem foi escolhido o maior lateral-direito em três Copas seguidas? Ou, quem se consagrou como o melhor de sua posição, na Copa de 1958, jogando apenas a última partida?

O Djalma tinha uma saúde de ferro, marcava como nenhum outro e sabia sair jogando com a maior classe, um avanço para a sua época. Na hora de atacar, lá estava ele também. E ainda fazia os seus golzinhos... Foi uma honra jogar por 10 anos ao seu lado, pois iniciamos juntos na Seleção."

(Djalma Santos começou na Portuguesa de Desportos, sagrando-se campeão do Torneio Rio-São Paulo em 1952 e 55. Depois, se eternizou no Palmeiras, sendo campeão paulista em 1959, 63 e 66; do Rio-São Paulo de 65; e da Taça Brasil em 60 e 67. Na Seleção Brasileira, além de bicampeão do mundo e de campeão do Pan-Americano de 1952, foi o primeiro a completar 100 jogos (1968). Também, foi o primeiro brasileiro a vestir a camisa da Seleção da FIFA (1963).)

**CARLOS ALBERTO TORRES** – "Mal pus os olhos nele e logo diagnostiquei: craque! O que estranhei foi o seu tamanho: alto e elegante. Naquele tempo, os laterais eram baixinhos. Acho que só o Nilton Santos é que era alto. Conheci o Carlos Alberto em 1964. Naquele ano, passei uma temporada no Rio, tendo a chance de ver o Carlinhos sagrar-se campeão com o Fluminense.

Depois, no Santos, ele teria a grande oportunidade de aperfeiçoar o seu estilo de lateral clássico e revolucionário, um estilo que iria fazer escola por aí. Técnico e altamente habilidoso, sabia como dar conta do ponta-esquerda sem maiores problemas. Cobria bem a área e atacava com enorme facilidade. Para mim, o Carlos Alberto foi o Nilton Santos da lateral-direita.

Acho que isso diz tudo!"

(Carlos Alberto Torres viveu o seu auge no Santos de Pelé, ganhando inúmeros títulos. O tricampeonato paulista (1967/68/69), o Roberto Gomes Pedrosa (1968), o Torneio de Nova York (1966) e o Octogonal do Chile (1968), foram algumas das conquistas mais importantes. Mas a sua imagem inesquecível é a da Copa do México, em 1970. Com o Brasil tricampeão, é o capitão Carlos Alberto que aparece em alto-relevo. Erguendo em triunfo a Jules Rimet, para o mundo inteiro ver.)

**NILTON SANTOS** – "Sobre o Nilton, a verdade é que já se disse tudo. Além de possuir uma técnica fantástica, tinha uma enorme habilidade. Não foi escolhido à toa o maior lateral-esquerdo de todos os tempos. E jogou o fino também de quarto-zagueiro, já no final da carreira.

Quase intransponível na marcação, inventou de avançar e apoiar o ataque, quando nenhum outro fazia aquilo. Até gol em Copa do Mundo acabou marcando, e que golaço, nos tirando do sufoco naquela estreia com a Áustria, em 1958.

Era meu parceiro de fé, no Botafogo e na Seleção. Então, sou suspeito para falar. Mas falar o quê, se ele foi apenas o maior da história? A *Enciclopédia do Futebol*?"

(Nilton Santos jogou apenas no Botafogo, de 1948 a 64. Foi campeão carioca em 1948, 1957, 1961 e 1962; e do Rio-São Paulo, em 1962 e 1964. Também ganhou várias competições internacionais importantes, com destaque para o Pentagonal da Cidade do México, em 1962 e o Torneio de Paris, em 1963. Estreou na Seleção Brasileira com o título do Sul-Americano de 1949. Foi campeão Pan-Americano, em 1952. E se consagrou de vez, ao se tornar o mais velho bicampeão do mundo da história, com 37 anos de idade).

**ORLANDO PEÇANHA** – "Em se tratando de jogador de defesa, não houve surpresa mais agradável que o Orlando, na Copa de 1958. Imbatível no jogo aéreo, por baixo então era muito difícil de ser vencido.

Tinha um grande senso de cobertura e era perfeito na antecipação. Fazia uma marcação forte, sabia como roubar a bola do adversário. Além do mais, não era de dar chutão. Entregava a bola limpa, tinha habilidade no passe. E transmitia uma raça que contagiava a gente.

Dizem por aí que ele e o Domingos da Guia formariam a maior zaga do Brasil, se jogassem na mesma época. Não vi o Domingos no auge, mas vi o Orlando. E votaria nele sem pensar duas vezes".

(Orlando começou no Vasco, como quarto-zagueiro. E foi no Vasco que fez a sua fama. Foi campeão carioca em 1956 e 1958, e também do Rio-São Paulo de 1958. Depois, foi brilhar no Boca Juniors, onde virou capitão do time e ganhou os títulos argentinos de 1962 e 1964. Na volta, ainda ganhou a Taça Brasil (1965) e foi três vezes campeão paulista com o Santos de Pelé. Campeão mundial com o Brasil na Suécia, também venceu a Taça Bernardo O'Higgins (1959) e a Copa do Atlântico (1960).)

**SANTAMARÍA** – "Eu já tinha ouvido falar dele, por causa dos Campeonatos Sul-Americanos que a gente disputava por aqui. Porém, só fui conhecê-lo de perto no Real. Era o tipo do louro boa pinta. Alto, forte, olhos azuis. Um sujeito educado, de boas maneiras. Mas bastava o jogo começar, pra que o homem se transformasse. Aí, baixava nele a velha garra uruguaia, e fosse então o que Deus quisesse.

Passar pelo Santamaría era o tipo da missão impossível, já que ele tinha tudo o que um beque precisava ter. Usava bem o corpo, sabia como dar combate. Apelava até para o *carrinho*, se preciso fosse, para não perder as jogadas por baixo. E no jogo aéreo, era com ele mesmo.

Como tinha grande habilidade, saía com a bola e ia armar as jogadas no meio-campo, se houvesse brecha para isso. Até gols marcava, pois ia para a área adversária nas cobranças dos córneres e faltas.

Acredito que tenha sido o maior beque da história do Real. Definitivamente, marcou época por lá".

(Uma das estrelas da famosa Legião Estrangeira do Real Madrid, Santamaría foi contratado logo após ser bicampeão uruguaio, com o Nacional de Montevidéu (1955/56). Foi trazido a peso de ouro, para resolver o eterno problema da defesa madrilenha. E como resolveu! A ponto de, pelo Real, ganhar todos os títulos possíveis e imagináveis: do pentacampeonato espanhol ao pentacampeonato europeu. Ainda pelo Real, foi campeão do primeiro Mundial Interclubes, em 1960.)

**BOBBY MOORE** – "O Pelé acha, até hoje, que ele foi o seu maior marcador. E, pelo que apresentou nas Copas de 1966 e 1970, o Bobby Moore bem que mereceu toda a fama que passou a ostentar.

Poderoso no jogo aéreo, também era bom no combate direto por baixo, quase sempre o grande drama dos beques de área.

Tinha espírito de liderança, o que também é importante na vida de um zagueiro. Aliás, foi essa qualidade que o levou a ser o capitão da Inglaterra campeã, em 1966. Quer dizer: ele é o sujeito que aparece nas fotos, ao lado da rainha Elizabeth, erguendo a Copa do Mundo em Wembley.

Conheci-o quando nos enfrentamos em Viña del Mar, no Mundial de 1962. Era muito jovem, então. Mas, mesmo assim, já impressionava, mostrando qualidade e personalidade.

Deu no que deu".

(Bobby Moore foi escolhido o melhor quarto-zagueiro das Copas de 1966 e 1970, pela crítica internacional. Era o capitão do time, o mais jovem de todos, com apenas 25 anos, quando a Inglaterra se tornou campeã do mundo de 1966, no Estádio de Wembley, em Londres. Em clubes, conquistou a Copa da Inglaterra (1964) e a Recopa da Europa (1965), pelo West Ham inglês)

## MEIO-CAMPISTAS

**BAUER** – "Formou uma dupla admirável com o Danilo Alvim, na Copa de 1950. Tanto que o chamaram de "O Monstro do Maracanã". Clássico, elegante, o estilo do Bauer era um colírio para os olhos.

Quando driblava o adversário, parecia, às vezes, que sequer saía do lugar. E seus passes eram milimétricos. Iam no pé do companheiro. Aliás, era difícil ele errar um passe, tamanha a sua facilidade na distribuição do jogo ali no meio do campo.

Tive o prazer de jogar com ele, uns dois anos na Seleção. E, depois, mais um ano no Botafogo.

Fomos infelizes na Copa de 1954, na Suíça. Mas o Brasil foi campeão do I Pan-Americano, comigo e com ele formando o meio-campo no Chile".

(José Carlos Bauer era, ao lado de Danilo Alvim, a dupla mais clássica de centro-médios do país. Danilo fez parte do "Expresso da Vitória" do Vasco, campeão carioca em 1947, 1949, 1950 e 1952. Mas Bauer brilhou intensamente na chamada "Universidade" do São Paulo, o time de Leônidas da Silva. No tricolor paulista, foi bicampeão em 1945/46 e 1948/49 e campeão em 1953. Pela Seleção Brasileira, Bauer foi campeão do Pan-Americano de 1952, em Santiago do Chile e capitão do time na Copa do Mundo da Suíça.)

**BOZSIC** – "Quando falavam daquela máquina que era a Seleção Húngara, invencível no início da década de 1950, se falava primeiro em Puskas, em Kocsis, no Czibor. Quer dizer, dos caras que faziam gols. Mas, quando olhavam melhor as manobras do time, não podiam deixar de se maravilhar com o Bozsic.

Clássico, elegante, um precursor do estilo do Beckenbauer e do nosso Bauer, se transformava em um autêntico guerreiro também, dependendo das circunstâncias do jogo. E como tinha liderança, comandava o time quase tanto quanto o Puskas. Era o capitão, sempre que o Puskas não podia jogar.

O que eu achava incrível no Bozsic, além da sua perfeita colocação em campo (estava sempre no lugar certo, na hora exata), é que ele não errava passes. Enfiava com perfeição aquelas bolas em diagonal para o Czibor e o Budai. Ou então dava aquelas *espichadas* na medida para o Puskas e o Kocsis. Era como se estivesse colocando a bola com as mãos nos pés deles.

Sei lá... Mas acho que o Bozsic levava meses sem errar um passe, sequer".

(Josef Bozsic é apenas Bozsic no dicionário do futebol. O suficiente para transformá-lo em uma lenda. Grande amigo de Puskas desde os tempos da infância, acabou por formar com ele a famosa espinha dorsal do poderoso Honved, tetracampeão húngaro e base da Seleção Magiar que encantou o mundo.)

A Hungria conheceu o seu auge em 1952, quando conquistou, com sobras, o título de campeã olímpica em Helsinki, Finlândia. Porém, uma catástrofe a aguardava. Como o Brasil em 1950, acabou perdendo o único jogo que não podia perder: a final da Copa de 1954, na Suíça, para a Alemanha de Fritz Walter.)

**BECKENBAUER** – "Ele foi chamado de *Kaiser*. E isso, por si só, já justifica a grandeza do seu futebol.

No Beckenbauer, o que mais me marcou foi o seu gesto heróico, jogando a semifinal da Copa do México, contra a Itália, com a clavícula quebrada. Porém, quatro anos depois, teve a sua grande recompensa, levantando a taça de campeão do mundo, como capitão da Alemanha. Naquela época, ele exercia uma liderança que só trazia benefícios à equipe. E estava jogando o fino, no auge da maturidade.

Por último, uma observação: em termos de classe, de elegância, creio que não vai aparecer por aí outro igual. Com uma ressalva: o Beckenbauer também era cracão. Jogava de cabeça em pé, procurando os espaços do campo.

Tratava a bola com ternura, refinamento. Cada passe que dava, tinha endereço certo. Ela chegava lá macia, rolando suave na grama. E juntar elegância, habilidade e antevisão do jogo, é para poucos. Bem poucos mesmo".

(Franz Beckenbauer fez o seu nome no Bayern de Munique, pelo qual foi várias vezes campeão da Alemanha, tricampeão europeu e campeão do Mundial Interclubes, em 1976. Centro-médio clássico, transformou-se depois em uma espécie de líbero avançado, certamente, o mais elegante de todos. Campeão da Europa em 1972, dois anos depois teve a honra de levantar, como capitão do time, a Copa do Mundo para a Alemanha Ocidental, no Estádio Olímpico de Munique.)

**ZIZINHO** – "Quando vim para o Rio, o Zizinho era o jogador mais famoso do Brasil. Havia se consagrado como o maestro do primeiro tricampeonato do Flamengo, e tudo o que fazia, dentro e fora de campo, logo virava notícia. Era Mestre Ziza pra lá, Mestre Ziza pra cá... Mas o Ziza merecia toda aquela fama. Era seu fã. E fiquei mais fã ainda, depois de vê-lo jogar seguidamente.

Com o tempo, criaram uma rivalidade entre nós. Afinal, brigávamos pela mesma posição na Seleção Brasileira. Mas o Flávio Costa, malandramente, ajeitou as coisas. Tanto que, em 1955, o Brasil foi campeão de uma Taça Oswaldo Cruz, comigo e o Ziza jogando juntos. Demos um *baile* no Paraguai, em pleno Maracanã.

Como não podia deixar de ser, nos tornamos grandes amigos. E fico orgulhoso do Zizinho ser o maior ídolo, o grande espelho do Pelé.

Quanto aos nossos estilos, costumo dizer que o Ziza levava o recado a domicílio, isto é: gostava de entregar a bola na boa, no pé do atacante. Já eu preferia mandar pelo correio, fazia o lançamento longo, de 40 metros.

Além do mais, sempre gostei de *pensar* mais o jogo, enquanto ele gostava de correr o campo todo, como um guerreiro. Mesmo sendo um gênio da bola. E que gênio!"

(Zizinho foi realmente o mais famoso jogador do país, entre a década de 1940 e meados da de 1950. Ídolo maior de Pelé, foi o gênio que levou o Flamengo ao primeiro tricampeonato de sua história (1942/43/44). Em 1957, já com 38 anos, Mestre Ziza cometeu a façanha de liquidar o Santos do discípulo Pelé, goleando-o por 6 a 2, em plena Vila Belmiro. Uma goleada que levou o seu time, o São Paulo, ao o título de campeão paulista, semanas depois.

Apesar da perda da Copa de 1950, Zizinho conseguiu levar o Brasil aos títulos de campeão do Sul-Americano do Rio (1949) e da Copa do Atlântico (1956). Também ganhou a Copa Rocca (contra a Argentina, em 1945) a Copa Rio Branco (contra o Uruguai, em 1950) e, por três vezes, a Taça Oswaldo Cruz (contra o Paraguai, em 1950, 1955 e 1956.)

**JAIR ROSA PINTO** – "O Jajá foi o primeiro grande lançador do futebol brasileiro. Com aquelas canelas finas e aquele pé de moça (calçava número 34), botava a bola aonde queria.

Quando comecei, praticamente acabei herdando a sua camisa no Madureira. E tinha nele o grande ponto de referência, pois o Jair também era do tipo que *pensava* o jogo.

Por ser um jogador tipicamente cerebral, muitas vezes dava a impressão de que não corria em campo. Mas bastava um lançamento ou um chute seu, pra que o jogo se decidisse.

Aliás, o Pelé deve muito ao Jajá. Logo no seu começo, o Santos foi campeão paulista (1958) com a jogada mais manjada do mundo. Era o *Crioulo* esbanjando saúde lá na frente e o Jair enfiando aquelas bolas açucaradas cá de trás. Só pro Pelé estufar as redes inimigas.

Outra característica que tínhamos em comum era o drible curto, que tirava o adversário do caminho sem muito esforço. Mas a diferença era na hora do chute. Eu preferia a *folha-seca*. Já o Jair tinha uma bomba no pé esquerdo. E fazia bom uso dela. Com aquele pezinho de moça, era o terror dos goleiros de sua época".

(Jair Rosa Pinto teve uma longa carreira, só pendurando as chuteiras aos 42 anos. Chamou a atenção no Madureira, ao lado de Lelé e Isaías. E, junto com os dois, foi campeão invicto pelo Vasco, em 1945. Já no Palmeiras, foi campeão paulista (1950), do Rio-São Paulo (1951) e da I Taça Rio (também em 1951). Mas um fato marcante em sua vida foi o de ter jogado ao lado de Pelé. Juntos, os dois foram campeões paulistas pelo Santos (1958, 1960 e 1961), ganhando ainda o Rio-São Paulo e a Taça Tereza Herrera, na Espanha (1959). Na Seleção Brasileira, Jair, que também jogou a Copa do Mundo de 1950, ganhou as Copas Rocca (1945), Rio Branco (1950), a Taça Oswaldo Cruz (1950) e o Sul-Americano de 1949, no Rio.)

**GÉRSON** – "Falador, respirando autoconfiança, era o tipo do craque que mandava no jogo. Chamava sempre a responsabilidade para si. Apesar da facilidade para o drible, só driblava o necessário. E quando lançava com aquele pé esquerdo... Que beleza! Além do mais, como chutava forte e colocado, fazia gols que definiam jogos, decidiam campeonatos.

Quando retornei da Espanha e vi aquele garoto abusado no time do Flamengo, falei cá comigo: 'Acabaram-se os problemas. Quando eu parar, está aí quem vai vestir a camisa 8'.

Logo depois, o Flamengo foi campeão do Rio-São Paulo, enfiando uma goleada de 5 a 1 no Santos de Pelé. Com aquele garoto de topete grande e calção arriado acabando com o jogo. Mandando em campo.

Por causa daquilo, o Gérson jogou comigo a Copa O'Higgins e a Taça Oswaldo Cruz, lá na casa deles. O Brasil ganhou as duas competições. E ele, jogando mais avançado, acabou, até, fazendo gols.

Porém, como ainda era garoto, não se firmou logo. Acabou brigando com o Flávio Costa, no Flamengo, vindo para o Botafogo justamente para me substituir. E quando se firmou não parou mais.

Líder inconteste da Seleção no tricampeonato de 70, o Gérson não foi só o meu sucessor. Foi o maior meia-armador do seu tempo, em que pese a bola redonda do Ademir da Guia, tantas vezes campeão pelo Palmeiras. E a quem rendo também as minhas homenagens, pelo belo craque que foi".

(Gérson de Oliveira Nunes, o *Gérson, Canhotinha de Ouro*, realmente começou na Gávea, no final de década de 50. E em 1961, ao lado de Dida, Henrique e Carlinhos, que com ele formava o meio de campo, levou o Flamengo ao título de campeão do Torneio Rio-São Paulo. Brigado com Flávio Costa, pois o técnico obrigou-o a marcar Garrincha, na decisão do Carioca de 1962, com o Botafogo sagrando-se bicampeão, Gérson deixou a Gávea e foi parar em General Severiano. No Botafogo, chegou a bicampeão carioca e da Taça Guanabara (1967/68), firmando-se de vez na Seleção Brasileira. Jogou ainda no São Paulo (bicampeão paulista em 1970/71), e no Fluminense (campeão carioca em 1973). Mas a sua maior façanha, foi a de ter se transformado no grande *maestro* do tri mundial do Brasil, nos gramados do México.)

**KOPA** – "Infelizmente, quando cheguei à Espanha ele estava de saída. Mas foi várias vezes campeão no Real Madrid, brilhando um bom tempo ao lado de Di Stefano, Puskas e Gento. Baixinho e veloz, de repente passava a cadenciar o ritmo. E como enxergava o jogo como poucos, sabia que desorientava o adversário com essa estratégia.

Lançava sempre com habilidade, além de chutar colocado, com precisão. Mas o que gostava mesmo era de procurar as tabelas e triangulações. Como driblava com grande facilidade, chegava rapidamente de uma área a outra, finalizando a gol ou servindo na boa ao Fontaine. Ou ao Di Stefano e ao Puskas, nos tempos do Real.

Grande maestro da França na Copa de 1958, foi escolhido com justiça o Maior Jogador da Europa naquele ano. Cracaço!

(Raymond Kopa foi três vezes campeão europeu e duas vezes campeão espanhol pelo Real Madrid. Já no Stade Reims, ganhou quatro títulos franceses. Mas o seu grande ano foi, sem dúvida, o de 1958. Terminou escolhido o segundo maior craque do Mundial da Suécia, atrás, apenas, do brasileiro Didi, escolhido o número um. E foi o líder daquela França espetacular, terceira colocada na competição. Na volta a Madrid, ainda foi campeão europeu e espanhol pelo Real. E terminou a temporada melhor ainda, recebendo a *Bola de Ouro* da revista "France Football". O motivo: acabara de ser eleito o *Maior Jogador* da Europa.)

## ATACANTES

**GARRINCHA** – "Pra começo de conversa, parto para uma afirmação que julgo definitiva: nunca houve, e jamais haverá, um jogador como o Mané. E digo mais, ainda: para a Seleção Brasileira, ele foi mais importante, e mais decisivo, que o próprio Pelé.

Em 1958, foi só a partir da sua entrada, contra a Rússia, que se abriu o caminho para a grande vitória final, em cima da Suécia. E em 1962, no Chile, nós apenas ajudamos.

Longe de mim, querer desmerecer alguém. Mas foi o Mané quem ganhou, quase sozinho, aquela Copa chilena para o Brasil.

Hoje, se ele estivesse por aí, garanto sem medo de errar: seria mais devastador ainda. Teria muito mais facilidades para furar os bloqueios adversários.

Lateral-esquerdo, hoje, quer é atacar. E beques com a habilidade do Nilton Santos, do Orlando Peçanha, do Santamaría ou do Bobby Moore, que sabiam como fazer uma cobertura perfeita, não existem mais. Quer dizer: o Mané ia deitar e rolar.

Ah, antes que me esqueça: foi o Garrincha quem inventou aquela história do *olé*, com que o Botafogo costumava "brindar" os adversários. A gente jogava todo dia, vivia morrendo de cansaço. Aí, a solução era fazer uma "roda de bobo". Tocar a bola de pé em pé, com os adversários tontos. Correndo pra lá e pra cá. Ou, então, simplificávamos a coisa: deixávamos tudo por conta do Mané. Que fazia o seu carnaval particular, botando o estádio inteiro pra delirar.

Não sei não, mas, até hoje, continuo achando que o Garrincha não existiu. "Foi apenas uma bela fantasia, um sonho encantado que passou por aqui...".

(Mané Garrincha apareceu em 1953. E, durante 12 anos, transformou o alvinegro de General Severiano em um dos maiores times do mundo. Pelo Botafogo, foi campeão carioca em 1957, ao lado de Didi e Nilton Santos. E bicampeão, em 1961/62. Ganhou o Torneio Rio-São Paulo duas vezes (1962 e 1964), transformando-se, depois, no fator decisivo para a conquista de títulos internacionais da importância do Pentagonal da Cidade do México (1962), Torneio de Paris (1963), Quadrangular Bodas de Ouro de La Paz (1964) e o Torneio Ibero-Americano da Argentina (também em 1964).

Já na Seleção Brasileira, faturou duas vezes as Taças Oswaldo Cruz (1961 e 1962) e Bernardo O'Higgins (1955 e 1961). E ganhou, também, a Taça Presidente Craveiro Lopes (1957). Mas a sua maior façanha foi mesmo o bi mundial. Em 1958, na Suécia, mudou a história da Copa, ao estrear contra a Rússia, no terceiro jogo. E em 1962, no Chile, jogando por ele e por Pelé, contundido, deu ao Brasil o bicampeonato mundial invicto.)

**JULINHO BOTELHO** – "Foi um ponta-direita extraordinário. O maior de todos, depois de Garrincha. Tinha físico de zagueiro. Mas o seu porte avantajado, escondia uma velocidade e habilidade incomuns. Driblava fácil, cruzava sempre na medida e era do tipo goleador. Um perigo, quando fechava em diagonal, vindo da ponta para o meio.

Em 1952, estreamos juntos na Seleção. Foi em Santiago do Chile. E, no final, ajudamos o Brasil a se sagrar campeão do I Pan-Americano de Futebol.

Pena que, logo depois, o Julinho tenha ido jogar na Itália. Quando voltou, ainda fez grandes partidas pela Seleção, inclusive ao meu lado. Mas, aí, já havia o Garrincha..."

(Julinho Botelho estourou na Portuguesa de Desportos, sagrando-se duas vezes campeão do Torneio Rio-São Paulo (1952 e 1955). Vendido para a Itália, transformou-se no maior ídolo da história da Fiorentina, pela qual foi campeão nacional (1956). De volta, jogou várias temporadas no Palmeiras, levantando três Campeonatos Paulistas (1959, 1963 e 1966), a Taça Brasil (1960) e o Torneio Rio-São Paulo (1965). Pelo Brasil, além de ganhar o Pan-Americano de 1952, Julinho também foi campeão da Copa Rocca diante da Argentina, jogando dentro de Buenos Aires (1960).)

**PELÉ** – "Naquele período de treinamentos para a Copa de 58, eu já previa que aquele crioulinho esperto ia dar o que falar. Comentavam que era muita responsabilidade; que ele não ia suportar o peso de um Mundial... Enfim, essas coisas todas. Mas eu levava muita fé. Via que ele, realmente, era diferente dos outros. Sentia que não se impressionava com a pressão, com nada que diziam dele por aí.

Quando finalmente entrou no time, no jogo contra a Rússia, o Pelé demonstrou um certo medo de voltar a sentir o joelho direito. Mas, como a gente o encorajava, o medo foi passando. E ele, aos poucos, acabou se soltando.

Recuperando a confiança, banindo de vez o fantasma da contusão que quase o afasta da Copa, aí então foi o que se viu. Gols lindos contra o País de Gales, a França e a Suécia. E a glória de ser o mais jovem campeão do mundo da história.

Lembrando de tudo aquilo, fico feliz por ter tido olho clínico em relação àquele crioulinho de apenas 17 anos.

O garoto que quase foi cortado aqui no Brasil, e que só seguiu para a Europa porque insistimos muito com o Doutor Paulo Machado, chefe da delegação. E porque o Dr. Hilton Gosling garantiu que ele se recuperaria.

De *Pelê*, virou Pelé. De esperança, um dia virou rei.

Tenho muito orgulho disso".

(Pelé foi campeão do mundo, na Suécia, exatamente aos 17 anos. Menor de idade, era proibido, até, de ver filmes de Brigitte Bardot, só para maiores de 18 anos. E ainda chamava Didi e Nilton Santos de "Tio". Mas, pouco depois, iria ganhar tudo o que se possa imaginar. Pelo Santos, foi bicampeão da Libertadores da América, do Mundial Interclubes e do Torneio de Paris. Sagrou-se pentacampeão da Taça Brasil e ganhou 10 vezes o Campeonato Paulista. Tricampeão mundial com a Seleção Brasileira, marcou 1.283 gols e acabou escolhido como o *Atleta do Século*, em 1981, numa enquete do mais famoso jornal esportivo da Europa: "L'Equipe", da França.)

**ADEMIR MENEZES** – "Ele foi o primeiro grande atacante com quem joguei na Seleção.

Era esguio, mas forte. E de boa estatura. Chutava violento e colocado com os dois pés, quase sempre na corrida, além de se mexer com inteligência para todos os lados. Mas o pior para os adversários, era a sua velocidade. Espantosa!

Naquela época, com aquele *rush*, o Ademir era o jogador mais veloz do mundo. Quando arrancava com a bola, era indomável. Ninguém conseguia segurar. Ainda mais porque possuía outra coisa fantástica: o faro do gol.

Apesar de ter sido um dos destaques, e o artilheiro da Copa de 1950, com 9 gols, guardava uma grande mágoa do Uruguai. Afinal, ele só deixara de ser campeão do mundo por causa do Obdúlio Varela, do Gigghia, do Schiaffino...

Mas, no Pan-Americano de 1952, ajudei o meu amigo *Queixada* a ir à forra. O Brasil foi campeão, com uma vitória de gala sobre os uruguaios (4 a 2). E, na decisão, metemos 3 a 0 no Chile. Fácil, fácil.

Aliás, os dois primeiros gols contra os chilenos foram papel carbono um do outro. Jamais vou me esquecer. Ele fazia o gesto, e eu o lançava em profundidade. Aí ele arrancava em alta velocidade, deixava os beques para trás e matava o goleiro Livingstone.

Acreditem: o Ademir era um gênio do gol. Um assombro!

Se jogasse hoje, seria um fenômeno. Maior, até, que o Romário. Ou o Van Basten".

(Ademir Marques de Menezes, o Ademir Queixada, chegou a ser o jogador mais popular do país na década de 1940. Pelo Vasco, foi campeão estadual quatro vezes (1945, 1949, 1950 e 1952), ganhando ainda o Torneio dos Campeões Sul-Americanos no Chile (1948). No Fluminense, foi supercampeão carioca em 1946, fazendo o gol do título – 1 a 0 no Botafogo. Já na Seleção Brasileira, superou o trauma da derrota na Copa de 50 com uma grande conquista. Em 1952, quase no fim da carreira, foi campeão do Pan-Americano do Chile. Mas, antes, havia conquistado o Campeonato Sul-Americano, no Rio (1949). Detalhe: naquele Sul-Americano, o Brasil só foi campeão após golear o Paraguai por 7 a 0, no Estádio de São Januário. Naquele jogo decisivo, Ademir marcou nada menos de quatro gols, definindo a conquista do título.)

**TOSTÃO** – "Infelizmente, por causa daquele problema no olho direito, teve uma carreira das mais curtas. Mas foi, na minha opinião, o primeiro gênio moderno do futebol brasileiro.

Para a imprensa europeia, aliás, foi o Maior Jogador da Copa de 1970. O grande nome do tricampeonato mundial do Brasil. Mas foi mais, muito mais.

O Tostão tinha a capacidade de unir o seu enorme talento a uma inteligência poucas vezes vista em um jogador de futebol. Jogava de cabeça em pé, como reza a cartilha dos grandes craques. E antevia a jogada bem antes que os zagueiros adversários e os próprios companheiros de time. Aliás, pela facilidade em fazer do futebol a arte da simplicidade, também tinha uma enorme vocação para o gol. Tocava a bola em velocidade e corria para receber na frente. Sabia como tirar dos goleiros qualquer chance de defesa. Por conta disso, foi artilheiro várias vezes em Minas. Deu títulos sem conta ao Cruzeiro. Botou o futebol de Minas no mapa.

Sabendo driblar como sabia, mas só driblando o necessário, e tocando a bola com aquela facilidade toda, o Tostão fazia o difícil parecer fácil.

Teria orgulho em ter jogado com ele. Ou em tê-lo, algum dia, como meu jogador.

Aliás, não preciso dizer mais nada. Quem matou o meu time, o Peru, na Copa de 1970, foi ele, com aqueles dois gols".

(Tostão estourou logo no início da *Era do Mineirão.* Tendo como parceiros Dirceu Lopes, Piazza, Natal, Zé Carlos, Evaldo e o goleiro Raul, acabou por formar a base de um Cruzeiro que entraria para a história. Primeiro, conquistando a Taça Brasil com duas impressionantes vitórias sobre o Santos de Pelé (6 a 2, no Mineirão; e 3 a 2, no Pacaembu). Depois, chegando ao pentacampeonato estadual (1965/66/67/68/69).

Na Seleção Brasileira, estreou em 1966, na malfadada Copa da Inglaterra. No México, na inesquecível campanha do tricampeonato mundial, Tostão brilhou a tal ponto que foi considerado como o Maior Jogador da competição pela crítica europeia. Devido a problemas no olho direito (teve um grave deslocamento da retina), foi obrigado a parar com o futebol em 1973. Um ano antes, porém, deu adeus à Seleção conquistando o seu último título importante: a Copa do Sesquicentenário da Independência, ou Mini-Copa. Na decisão, com o Maracanã lotado, o Brasil foi campeão com uma grande festa, ganhando de Portugal por 1 a 0.)

**ZICO** – "Chegar a maior ídolo do Flamengo, não é para qualquer um. E Zico chegou lá!

O seu único drama – e o de sua geração – foi o mesmo da geração do Zizinho e do Ademir: não ter dado ao Brasil um título de campeão mundial.

No mais, o que dizer sobre o Galinho que não sejam elogios?

Acho que, na sua época, o Zico era tão bom que não era só o maior dos artilheiros. Mas, também, o maior atacante do mundo.

Oportunista e com rara visão do jogo, tanto podia estar na área marcando gols como servindo ao companheiro em melhores condições de finalizar.

Como era um jogador completo, também fazia lançamentos primorosos. E as suas cobranças de falta eram um capítulo especial. Um pesadelo para os goleiros. Se fossem de frente pro gol, ali na entrada da área, a torcida já podia preparar a comemoração.

Vários jogadores têm estátua por aí. A maioria sem merecer. Sugiro ao Flamengo, então, que mande fazer uma do Zico. Urgente!

Só os títulos que ele deu ao clube (o Mundial e a Libertadores, principalmente), já justificariam a homenagem. Mas o seu amor às cores e às causas rubro-negras conta muito mais. E o que dizer da sua identificação com a massa rubro-negra?"

(Zico praticamente nasceu no Flamengo, pois chegou à Gávea ainda menino, com 13 anos. E cedo começou a sua escalada rumo ao sucesso. Em 1971/72 foi bicampeão juvenil, ganhando o primeiro título entre os profissionais em 72. Em 1974 repetiu a dose. E outras 34 vezes ergueu taças de campeão com a camisa rubro-negra, incluindo-se aí as de um tetracampeonato brasileiro, um tri estadual, a da Libertadores da América e a do Mundial Interclubes, no Japão, em 1981. Pela Seleção, estreou em 1976. E sua estreia não podia ter sido melhor, já que o Brasil foi campeão do Torneio Bicentenário da Independência dos Estados Unidos. Infelizmente, não deu sorte nas três Copas que disputou.)

**ROMÁRIO** – "Refinado nas finalizações, o Romário sempre foi de enlouquecer qualquer defesa.

Aliás, ali dentro da área, a sua frieza e precisão sempre me fizeram lembrar o Coutinho, companheiro do Pelé na melhor fase do Santos. Bons tempos aqueles, em que o mundo podia desabar que o Couto não estava nem ali.

Tabelava com o Pelé uma, duas vezes, sempre em alta velocidade. Matava o zagueiro com um drible curto e escolhia o canto. Aí tocava pras redes, sem nem olhar pro goleiro. E o Santos seguia a sua vidinha. Campeão um dia, sim; no outro, também.

Pois o Romário sempre teve muito isso do Coutinho.

E por ser altamente inteligente e bom malandro, sempre soube economizar as suas energias. Vejam bem, como ele se coloca naquele espaço imprevisto pelo beque. Aí, como conhece como poucos os segredos da grande área, não tem a menor dificuldade em colocar a *criança* pra dormir nas redes.

Parece fácil, não é? Mas só é fácil porque ele é o Romário. E ponto final!"

(Romário sempre foi goleador por onde passou. Aqui e lá fora. Na Espanha, com 30 gols, se consagrou com o principal artilheiro da temporada de 1993/94, quando deu o título de campeão nacional ao Barcelona. Já na Holanda, foi quatro vezes o artilheiro do Campeonato, ganhando três títulos nacionais e uma Copa da Holanda pelo PSV Eidhoven. Pelo Flamengo, Romário ganhou três Taças Guanabara, dois Campeonatos Estaduais e uma Copa Mercosul, enquanto que pelo Vasco levantou dois estaduais, uma Mercosul, três Taças Guanabara e a Copa João Havelange. Com a Seleção Brasileira, já havia sido campeão da Copa América de 1989, marcando o gol do título contra o Uruguai (Brasil 1 a 0). Mas o seu maior brilho foi mesmo nos Estados Unidos, em 1994. Lá, acabou transformando-se no grande artífice do time. Tanto que o Brasil só foi tetracampeão mundial, graças aos cinco gols marcados por ele - todos, decisivos. Com a inconfundível *marca Romário*.)

**CRUYFF** - "Pouca gente se lembra, mas bem antes de o *Carrossel Holandês* fazer furor na Copa de 1974, o Ajax já brilhava e muito! Esse time foi tricampeão holandês, tricampeão da Europa. E, para coroar, campeão Mundial de Clubes. E quem fazia o carrossel do Ajax girar, se não o Cruyff?

Vi aquele Ajax jogar e fiquei de queixo caído. Aquele era o futebol dos meus sonhos. E o Cruyff o jogador que mais queria ter no meu time. O mais moderno de todos. O cara que jogava e fazia jogar. Por isso, o Ajax era campeão de tudo o que disputava.

Talvez, ele tenha sido o primeiro grande jogador a ter consciência de que, usando a inteligência e a habilidade, poderia explorar todos os espaços do campo.

Como era um superdotado, imprimiu qualidade e rotatividade ao jogo. Estava na entrada da sua área e, de repente, podia ser visto tabelando com o Neeskens e marcando os seus gols. Nessa época, o Cruyff podia tudo. Foi capaz de grandes proezas. Com o Ajax, e até mesmo com o Barcelona, fazendo-o campeão da Espanha, depois de 14 anos na fila.

Pena que, no auge, tenha se desiludido com a violência dos campos espanhóis. Aí, foi ganhar dinheiro nos Estados Unidos, deixando de lado, até, a Seleção da Holanda.

Teria muito ainda a ensinar, de tudo o que inventou".

(Johan Cruyff começou no Ajax, onde foi tricampeão holandês e da Europa, no início dos anos 70. Depois, chegou a campeão do Mundial Interclubes (1972), saindo em seguida para a Espanha. Lá, deu o título de campeão nacional (1974) e da Copa da Espanha (1978) ao Barcelona. Mas a sua grande façanha, foi liderar a revolucionária Holanda na Copa do Mundo de 1974. A "Laranja Mecânica" perdeu o título para a Alemanha de Beckenbauer (2 a 1 na decisão), mas Cruyff saiu consagrado como o Maior Jogador da competição. Tal qual havia sido em 1971, 1973 e 1974, quando recebeu a "Bola de Ouro" da revista "France Football", como o Maior Jogador da Europa.)

**PUSKAS** - "O Pancho foi outro fenômeno do futebol. No início da década de 1950, só dava ele na Europa, e o Zizinho por aqui. Eram os maiores jogadores da época.

Quando foi para a Espanha, procurou ser amistoso com todo mundo. Parecia, até, que estava usando a malandragem brasileira. Era amigo do Di Stefano e do Kopa. E meu amigo também. Resultado: jogou mais tempo que o Di Stefano, sendo o artilheiro do Campeonato Espanhol quatro temporadas seguidas.

Capaz de enxergar o jogo como poucos, sabia enfiar passes que pegavam os companheiros na cara do gol. E surpreendia na ligeireza das tabelas e na penetração na área inimiga, já que era do tipo gordinho, meio atarracado até.

Como driblava fácil, mais fácil ainda era o caminho do chute. E aí, amigo, sai de baixo, pois o Puskas tinha um verdadeiro canhão no pé esquerdo. Tão poderoso, e mais preciso, que o do Pepe, ponta-esquerda do Santos.

Foi um prazer jogar e conviver com o Pancho. Ah, bons tempos aqueles..."

(Puskas jogou ao lado de Didi na temporada de 1959/60, quando foram campeões do famoso Torneio Ramon de Carranza com o Real Madrid. Mas sua carreira já havia decolado bem antes. Foram 32 jogos invictos, um recorde que permanece até hoje, e a medalha de ouro com a Hungria, nas Olimpíadas de Helsinki, Finlândia (1952). Mas no caminho havia uma surpresa sem tamanho: a perda da Copa de 1954, na Suíça, para a Alemanha Ocidental.

Porém, ao chegar ao Real Madrid, o antigo *Major Galopante* logo se refez, chegando ao pentacampeonato nacional, do qual foi o artilheiro quatro vezes, 1960/61/62/63. Também foi decisivo no pentacampeonato da Europa e no I Mundial de Clubes, conquistados pelo Real na temporada de 1960. Um dos maiores artilheiros da história, Ferenc Puskas chegou aos 1.176 gols, marca só superada por dois brasileiros: Pelé e Arthur Friedenreich. Mas em termos de Seleção, é ele o recordista: 84 gols pela Hungria, em 83 jogos.)

**DI STEFANO** – "Soube que ele guardou alguns elogios para mim, quando do lançamento do seu livro, lá na Espanha. E, pra falar a verdade, o que passou, passou. Tudo aquilo que ocorreu entre nós foi há muito tempo. Não dá pra guardar ressentimentos a vida inteira.

Quanto ao Di Stefano jogador, o mínimo que posso dizer é que era extraordinário. E que, por estar no Real há muito tempo, era uma espécie de dono do time.

Dotado de um indomável espírito guerreiro, assim como o Zizinho, gostava de estar em várias partes do campo. Era, também, um senhor artilheiro. Mas parecia irresistível mesmo quando partia com a bola de trás, dominada, pois tinha um arranque e um raio de visão da área fantásticos.

Nessa hora, fazia jus ao apelido de *Saeta Rubia*. Merecidamente. Afinal, o Real só começou a ser campeão, quando ele chegou lá. Ali por volta do início da década de 1950".

(Don Alfredo Di Stefano disse em seu livro, *Gracias, Vieja*, que "Didi era um craque extraordinário, verdadeiramente fantástico". Complementando: "Jamais vi alguém chutar como ele. Tentei imitá-lo várias vezes. Jamais consegui. Chute e passe eram puro efeito. E o que dizer dos lançamentos longos? Parecia que a bola sairia reta, mas, subitamente, mudava de direção e enganava, até, a todos nós, companheiros de time. Era inacreditável!"

Vencedor por duas vezes da Bola de Ouro, como o "Maior Jogador" da Europa (1957 e 1959), Di Stefano chegou a ganhar oito títulos espanhóis pelo Real Madrid. Foi artilheiro do Campeonato Nacional cinco vezes. E, entre 1956 e 1960, levou o Real à façanha do inédito pentacampeonato da Europa. Ainda em 1960, conduziu o seu time ao título de campeão do primeiro Mundial Interclubes da história. Em toda a carreira, marcou 766 gols.)

**SÍVORI** – "Era um azougue! O seu chute de canhota era puro veneno. Chutava forte e colocado. E, dentro da área, sabia se mexer para todos os lados. Como possuía uma grande habilidade, os beques raramente conseguiam tomar-lhe a bola. Tinham de apelar!

Foi o Sívori que acabou com o nosso time, naquele Sul-Americano de Lima. A Argentina só foi campeã, porque apostou todas as fichas no seu ataque. Um ataque irresistível. Mas o melhor de todos era o Sívori. Diabólico!

Pouco depois, iria virar rei na Itália. Foi campeão várias vezes na Juventus, passando a ser considerado o maior jogador europeu. Achavam, inclusive, que o Sívori era uma espécie de *Pelé Branco*. Fez fama e fortuna por lá. Com justiça!"

(Com apenas 21 anos, Henrique Omar Sívori já brilhava no River Plate, pelo qual seria tricampeão nacional. Mas, ao ser convocado pelo técnico Guillermo Stábile, jurou que não iria fazer por menos. Virou a maior estrela do Sul-Americano de Lima, em 1957, levando a Argentina ao título de campeã. Vendido um mês depois, a peso de ouro, foi brilhar na Juventus de Turim, pela qual se sagrou campeão outras três vezes. No ano de 1961, o seu brilho era tanto que ganhou a Bola de Ouro da revista "France Football", como o *Maior Jogador* da Europa. Foi aí que viu jornalistas da Itália e de todo o Velho Mundo, creditarem-lhe o bicampeonato nacional da Juventus. Um entusiasmo que chegou às raias do delírio, a ponto de muitos começarem a considerá-lo uma espécie de *Pelé Branco* – quem sabe, melhor até que o original.)

**VAN BASTEN** – "Conheci-o muito novo ainda, já campeão e artilheiro no Ajax de Amsterdã. Alto, boa postura física, possuía grande domínio de bola, finalizando com perfeição com os dois pés. Também era eficiente nas cabeçadas. E possuía o principal: um apurado faro de gol. Não podia ficar mesmo na Holanda, tanto que foi logo para a Itália.

Mas o importante é que deu tudo ao Milan. Campeonatos italianos, europeus, mundiais... E levou a Holanda a se sagrar campeã da Europa. Aí começaram os problemas, pois passaram a pará-lo à base da pancada. Criminosamente!

Assim, em pleno auge da carreira, a maior vocação de artilheiro que conheci depois do Ademir Meneses, estava inutilizado. As seguidas operações, infelizmente de nada adiantaram. Ironicamente, ele e o Tostão deixaram o futebol órfão de tanto talento com a mesma idade. Os dois tinham, apenas, 27 anos.

Quanta lástima!"

(Marco Van Basten já havia recebido duas vezes a Bola de Ouro (1986 e 1989), como o *Maior Jogador da Europa*, quando foi obrigado a parar. As graves contusões nos tornozelos, particularmente o direito, não foram curadas nem com sofisticadas cirurgias. Ficou o saldo, porém, de três Copas da Europa, dois Mundiais e dois Campeonatos Italianos com o Milan. Três Campeonatos nacionais com o Ajax, de Amsterdã. E a Copa da Europa de Seleções, em 1988, com a Holanda, quando Van Basten fez os gols decisivos, contra a Alemanha Ocidental e a União Soviética.)

**MARADONA** – "A Argentina tem o saudável hábito – e, nisso, precisamos aprender com eles – de reverenciar os seus ídolos, seus grandes heróis. Lá no pedestal máximo estão a Evita Perón, o Carlos Gardel e o Diego Maradona.

É uma pena que o Dieguito tenha se envolvido, cedo, com as drogas. Aquela sua canhota, sem dúvida, era mágica. E foi com ela que ele escreveu jogadas antológicas pelos campos do mundo.

Aliás, o Maradona era tão fora de série, que antevia tudo antes que a bola chegasse nele. Sabia, já, para quem enfiar o passe. Ou se o melhor era partir pra decidir tudo sozinho, no mano a mano.

Com o domínio de bola fantástico que tinha, bastava estar no seu dia para desequilibrar jogos, decidir campeonatos.

Foi o que fez na Copa do Mundo de 1986, lá no México. Um negócio de estarrecer! Comparável àquilo, só o que o Garrincha fez no Chile, em 1962.

Seus gols na Inglaterra e na Bélgica, ficaram como uma marca registrada. Uma espécie de carimbo definitivo, do que um gênio pode fazer. E um gênio pode tudo, fiquem certos disso. Até ganhar uma Copa sozinho, como ele ganhou para a Argentina.

Repito: foi uma pena o Dieguito ter acabado tão cedo. Sem ele, o futebol acabou virando um jogo chato, monótono. Sem imaginação.

Com o Maradona, foram-se embora a arte e a alegria; a magia dos campos..."

(Maradona foi descoberto, ainda menino, pelo Argentinos Juniors. Porém, só em 1981 o jovem Diego Armando Maradona pôde, enfim, curtir uma de suas maiores alegrias: ser campeão pelo clube de sua paixão, o Boca Juniors, de Buenos Aires. Transferido para a Espanha, conseguiu ser campeão da Copa do Rei com o Barcelona, em 1983. Mas foi no Nápoli, da Itália, que chegou ao máximo. Lá, jogando ao lado do brasileiro Careca, "El Pibe de Oro" ganhou o primeiro Campeonato nacional da história do clube, em 86. E, em pleno auge, chegou ao México pronto para levar a Argentina ao seu segundo título mundial. De volta, fez questão de dar mais um Campeonato italiano, uma Copa da Itália e a Copa da UEFA ao Nápoli, da vibrante cidade de Nápolis, onde, até hoje, é reverenciado como um deus.)

Vários jogadores excepcionais, e outros de elevado nível técnico, receberam referências altamente elogiosas de Didi. A lista poderia, facilmente, chegar a mais de 150 nomes. Mas o velho mestre optou por limitar as suas observações, fixando-se em 30 personagens. Mesmo fazendo questão de frisar:

– Talvez esteja cometendo grandes injustiças. Certamente, estarei deixando de fora jogadores extraordinários no seu tempo. Mas, se escolhi 30 craques, que fiquemos com os meus 30 escolhidos.

Os outros grandes craques, citados por Didi na confecção da lista, são:

Goleiros: Barbosa, Oberdã, Oswaldo Baliza e Manga (brasileiros). Garcia (paraguaio), Máspoli (uruguaio), Carrizo (argentino), Grocsis (húngaro), Yashin (russo), Ramallets (espanhol), Schroiff (tcheco), Gordon Banks (inglês) e Sepp Maier (alemão).

Defensores: Mauro Ramos de Oliveira, Zózimo, Bellini, Brandãozinho, Píndaro, Pinheiro, Hélvio, Calvet, Djalma Dias, Jadir,Rildo, Leandro e Júnior (brasileiros). Rodrigues Andrade e Mathias Gonzalez (uruguaios),

Delacha e Ramos Delgado (argentinos), Breitner e Brehme (alemães), Billy Wright (inglês), Figueroa (chileno) e Baresi (italiano).

Meio-campistas: Zito, Dino Sani, Rivelino, Clodoaldo, Paulo César Caju, Wilson Piazza, Falcão, Dirceu Lopes, Paulo César Carperggiani, Zé Carlos, Danilo Alvim, Roberto Belangero, Formiga, Pampolini, Ayrton, Dequinha, Carlinhos, Nelsinho, Rubens, Maneca, Geninho, Walter Marciano, Luisinho "Pequeno Polegar", Chinezinho, Lima e Mengálvio (brasileiros).

Nestor Rossi, Rattin, Labruna e Maschio (argentinos), Julio Perez, Obdúlio Varela e Pedro Rocha (uruguaios), Masopoust (tcheco), Bobby Charlton (inglês), Luisito Suárez (espanhol), Coluna (português) e Zidane (francês).

Atacantes: Vavá, Mazzola, Amarildo, Quarentinha, Paulinho Valentim, Dida, Evaristo, Índio, Coutinho, Pagão, Pepe, Dorval, Tite, Zagalo, Canhoteiro, Maurinho, Telê, Sabará, Joel, Paulinho Almeida, Canário, Tesourinha, Ipojucan, Heleno de Freitas, Otávio, Pirilo, Baltazar, Pinga, Rodrigues, Carlyle, Orlando "Pingo de Ouro", Waldo, Delém, Almir Pernambuquinho, Silva, Sócrates, Reinaldo, Roberto Dinamite, Rivaldo, Bebeto, Ronaldo e Ronaldinho Gaúcho (brasileiros).

Kocsis, Hidegkuti, Czibor e Kubala (húngaros), Schiaffino, Miguez, Ambróis e Sasia (uruguaios), Grillo, Angelilo e Sanfillipo (argentinos), Fontaine, Piantoni e Platini (franceses), Eusébio, Águas e Simões (portugueses), Gento e Villaverde (espanhóis), Benitez e Romerito I (paraguaios), Cubillas e Gallardo (peruanos), Tommy Taylor (inglês), Gerd Muller (alemão) e George Best (irlandês).

(Observação: A lista de Didi sobre os grandes craques que viu atuar, foi confeccionada em novembro de 2000. Seis meses, portanto, antes do seu falecimento.)

## CAPÍTULO QUINZE

# COMO FOLHA DE OUTONO QUE DESCAI, UM GÊNIO DIZ ADEUS

"Muitos sequer se recordam. Os mais jovens nem sabem. Mas o *Maior Jogador* da Copa de 1958 – aquela do Brasil campeão lá na Suécia, lembram-se? –, não foi Pelé. Nem Garrincha. O eleito pela comunidade internacional do futebol foi Didi. Esse mesmo que Gérson, seu sucessor, chama de Mestre Didi. E se põe de pé, ao pronunciar o seu nome. Agora vocês imaginem, o quanto precisa jogar um cidadão, para, ao lado de Pelé, Garrincha, Nilton e Djalma Santos, ser chamado de Mr. *Football*. Pois Didi foi!"

*(Fernando Calazans, de "O Globo". O mais lido dos cronistas esportivos do jornalismo carioca. Fã incondicional da eterna arte de Didi.)*

Durante quase 20 anos, aquela passada cadenciada encantou as plateias dos estádios internacionais. O porte ereto e elegante, às vezes gingado, dava-lhe definitivamente um aspecto nobre. Capaz, até, de intimidar ao adversário sem tocar na bola. Mas era quando tinha-a junto ao pé direito, docemente submissa, que o destino de um jogo começava a mudar.

Dotado de uma inacreditável visão do campo, Mestre Didi tanto podia descobrir um companheiro de ataque e lançar-lhe um inesperado passe de curva de 30 a 40 metros, colocando-o na cara do gol, como era capaz de perceber um imprudente goleiro adiantado. E, de lá da intermediária mesmo, cobri-lo com um fatal chute de efeito. Uma *folha-seca* no melhor estilo.

Cerebral sempre, um típico pensador durante os 90 minutos de uma partida, a imagem que mais costumava passar era a de um filósofo/cientista. A reger, imperturbável, o compasso das emoções dos próprios companheiros e das arquibancadas em festa.

Artista completo, porém, eis que o seu repertório parecia inesgotável. Os dribles curtos e descadeirantes eram uma espécie de artifício, a tirar do caminho um incômodo e persistente marcador. Mas, não raro, era utilizando-se deles que desmoralizava àqueles que apelavam para a violência. Ou falavam demais durante a semana, cantando vitória antes do tempo. Às vezes, prometendo pará-lo no peito e na raça.

Já a inacreditável visão do campo de jogo, os serpenteantes passes de 30 a 40 metros, os chutes de *folha-seca*, os lances de pura criatividade... faziam parte do programa de um refinado recital. Cujo palco preferido, era o gramado do Maracanã. Domingo após domingo.

Por tudo isso é que, por onde passou, Mestre Didi deixou a marca do fascínio de um futebol de pura exceção. O Botafogo e o Fluminense, aos quais deu títulos da maior importância, que o digam.

Mas a glória maior estava reservada mesmo para a Suécia. Foi lá que, enquanto um time de rapazes morenos e de estilo artístico encantava o mundo, ele se superava em sua grandiosidade. E tocava, enfim, o céu com as mãos. Tanto que, com o Brasil já campeão, era ele, Mestre Didi, que se consagrava como o *Maior Jogador* daquela Copa histórica.

Passadas quase cinco décadas daquelas inesquecíveis tardes escandinavas, e depois de ter andado meio mundo, como um autêntico missionário do futebol, ensinando-o, pacientemente, onde quer que os seus conhecimentos fossem requisitados, Didi era um homem recheado de muitas histórias. Um velho mestre, pleno de sabedoria. Que adorava contar,sempre em voz baixa, pausada, aquelas e outras deliciosas histórias.

Ah, como era prazeroso ouvir o velho mestre a contar as suas histórias...

---

Gozando, a caminho dos 73 anos de idade, da cômoda situação financeira acumulada em quase 60 anos de carreira, 18 deles como jogador, mesmo assim Didi continuava ansiando por realizar coisas novas. E, por viver projetando um futuro diferente para o futebol, é que andava cheio de planos. Pelo menos, naquele início de 2001.

Morava numa confortável casa na Ilha do Governador, construída pelo arquiteto Carlos Borges, o antigo lateral-direito Cacá. Bicampeão com ele, Garrincha e Nilton Santos, no inesquecível Botafogo do início da década de 1960. E, lá, tinha a inseparável companhia da mulher, Guiomar, de uma das filhas, Lia Hebe, do marido desta, o italiano Luigi Di Mitta e da filha do casal: sua neta Janaína, na época com 11 anos.

Mas, sempre antenado com tudo o que ocorria no mundo da bola, um dos prazeres do velho mestre era viajar constantemente à Europa, nos últimos anos. Aí, aproveitava para rever os muitos amigos. E, de quebra, se inteirava de vez sobre as últimas novidades. Inclusive, assistindo de perto a vários grandes jogos dos Campeonatos do Velho Mundo. Mas, quando a saudade batia mais forte, esticava a viagem até o Canadá. Ia até lá, só para fazer festa nos seis netos da filha mais velha, Rebeca, que por lá reside há vários anos.

Só que, o que gostava mesmo, era do clima tropical do Rio de Janeiro, bem mais generoso para com o seu delicado problema de coluna. Era quando aproveitava a oportunidade para se desmanchar em elogios à *Cidade Maravilhosa*, que curtia apaixonadamente. Paixão tamanha, que o levava a definir o Rio como "a mais linda metrópole do mundo. E olha que conheço muita coisa bonita por aí! Mas, aqui, é o único grande lugar onde podemos sentir bem de perto, aquele toque divino. Mar, montanhas, o verde... E o Cristo lá em cima, de braços abertos a nos abençoar..."

Apesar desse vai e vem entre o Brasil, a Europa e o Canadá, às vezes, dando um pulinho até os Estados Unidos, o México ou o Peru, o velho mestre não abria mão de alguns velhos desejos. Seguia sonhando com o que viria. Com projetos que acalentava ver tornarem-se realidade. Mas, foi aí que um grande acontecimento deu o ar da graça. Transformando-se, de repente, em um marco em sua vida.

É que Didi se viu agraciado com uma pomposa homenagem em Bruxelas (Bélgica), no dia 24 de janeiro de 2000. A partir dali, passava a fazer parte, ainda em vida, do ambicionado *Hall da Fama* da Fifa. Um grupo mais que seleto, do qual fazem parte, apenas, *monstros sagrados* do futebol em todos os tempos. Dentre eles, os brasileiros Pelé, Garrincha e Zico, o húngaro Puskas, o holandês Cruyff e o argentino naturalizado espanhol Alfredo Di Stefano.

E foi aquela homenagem histórica, que fez com que o velho mestre vivesse, em plena capital belga, um momento de rara emoção. Que se intensificaria ainda mais, ao perceber que receberia uma bandeja, toda lavrada em prata, das mãos de um amigo querido. O presidente de honra da própria Fifa, o brasileiro João Havelange.

Porém, ao ver passar em um telão alguns dos maiores lances de sua carreira, foi que Didi confessou ter sentido aquele frio na espinha:

– Na hora da cerimônia, não há como fugir. A gente sente uma inquietação estranha. Uma coisa que vem lá de dentro. O tão comentado friozinho na espinha... Não sabemos nem em quê pensar. É que fica aquela sensação do dever cumprido, o prazer do reconhecimento em vida. Mas que dá uma tremenda nostalgia, dá! É que a gente vê que são só imagens; que aquilo tudo já passou. Que a gente só está lá, através das imagens na tela...

Mesmo assim, procurando dar uma vigorosa espanada na nostalgia, o majestoso bicampeão mundial curtiu intensamente o grande momento. Só não pôde evitar as lágrimas (nem ele, nem Havelange), no momento do abraço solene. Era como se, ali, revivesse aquela lágrima furtiva, rolando pelo seu rosto vencedor, após a final da Copa da Suécia.

Alguns dias depois, já de volta ao Rio de Janeiro, uma renovada obsessão, a construção do Centro Internacional de Futebol, tomava-lhe boa parte do tempo. A sua ideia era contar com antigos craques como Gérson, Carlos Alberto Torres, Jairzinho, Paulo César Caju, Brito, Leônidas, Silva e Afonsinho como parceiros. E o grande mercado seria a África, onde andara proferindo seguidas conferências. Porém, também pensara na Arábia Saudita e na Ásia. Quanto ao mercado brasileiro, estaria inteiramente franqueado. De graça!

Ao mesmo tempo em que planejava em detalhes o "*Centro Internacional Mr. Football*", voltara a realizar as suas palestras. E passara, também, a fazer parte da equipe de analistas do programa "Enquanto a Bola não Rola", aos domingos, na rádio Globo. Um programa líder absoluto em audiência. Do qual, Didi era a maior atração. Comandado por um velho amigo, o repórter Elso Venâncio, "Enquanto a Bola não Rola" tinha uma infinidade de atrações. Mas Elso procurava, sempre, cercar o *Gênio da Folha-Seca* de um verdadeiro escrete de celebridades.

Assim, craques inesquecíveis como Gérson, Tostão, Carlos Alberto Torres, Paulo César Caju e Jairzinho, expunham a visão de quem jogara. E figuras ilustres, como o mestre Armando Nogueira, João Máximo, Fernando Calazans e Luiz Mendes – além do escritor Ruy Castro –, mostravam a opinião da crônica esportiva. Um sucesso absoluto, nas tardes de domingo. O aperitivo ideal, antes do clássico do Maracanã, para onde todos seguiam, tão logo encerravam o programa.

Pois foi justamente quando vivia um momento tomado por várias atividades, curtindo o prazer de novas e diferentes emoções, sem contar as renovadas esperanças de ver antigos projetos saírem do papel, que a morte surpreendeu o velho mestre. Sem aviso prévio. Mais precisamente: em meados do ano de 2001. Quando o outono fazia, todo fim de tarde, folhas secas descaírem pelo ar.

Logo no começo, ao afirmar, placidamente, que sentia apenas um certo desconforto – "Ora, estou apenas um pouco indisposto", dizia –, pensou-se que fosse uma crise de apendicite. Nada incomum, afinal. Mas foi ela que acabou levando-o a ser internado no Hospital Pedro Ernesto, em Vila Isabel, no dia 26 de abril. Porém, com o agravamento da crise nos dias seguintes, as suspeitas de um câncer no cólon começara a ganhar contornos reais.

Sendo reexaminado por uma junta médica, esta optou, então, por uma delicada operação. Foi uma longa cirurgia, na qual retiraram-lhe parte dos intestinos e também do pâncreas. Como resultado imediato, Didi passou a mostrar uma visível melhora. O que fez com que os médicos chegassem, inclusive, a deixar que recebesse visitas. Nelas, o que predominava era um clima de animação e serenidade, tanto entre os parentes como junto aos amigos. O que permitia, até mesmo, espaço para uma certa dose de otimismo.

Porém, na tarde do dia 10, o seu estado mais uma vez se agravou. E, já em coma profundo, o eterno filósofo dos campos não resistiu mais. Acabou falecendo na manhã do dia 12 de maio, às 9 horas e 30 minutos, deixando no ar um vazio impreenchível. Uma sensação de profundo pesar, entre todos os que amavam o futebol jogado com arte.

Poucas horas depois, logo no início da tarde, o seu corpo já estava sendo velado no salão nobre da sede do Botafogo, em General Severiano. E foi lá, no famoso casarão em estilo colonial, que vários craques do passado estiveram presentes, prestando-lhe a última homenagem. Dentre eles, os bicampeões mundiais Vavá e Zagalo e os campeões mundiais Orlando Peçanha, Brito, Jairzinho e Paulo César Caju.

Também estiveram presentes os atacantes Silva e Roberto Dinamite, os meio-campistas Afonsinho e Pampolini e o goleiro Adalberto. E um quarteto todo especial de tricolores: Píndaro, Pinheiro, Orlando "Pingo de Ouro" e Jair Santana. Os quatro, campeões com Didi no Fluminense, em 1951.

No velório, todos relembravam com carinho das suas façanhas nos gramados do mundo inteiro. E até Pelé, que estava em Londres, fez questão de se despedir, enviando uma coroa de flores com a mensagem:

"Ao Mestre Didi, com eterno carinho e o meu adeus. Saudades! Pelé."

Entre os clubes cariocas, Flamengo, Vasco, América, Bangu, Madureira e Portuguesa se fizeram representar. Mas o Fluminense foi além, enviando um velho amigo: o ex-presidente e antigo campeão de natação, Sílvio Kelly dos Santos, que dizia:

"Estou por demais honrado, e profundamente emocionado, por ter convivido com uma figura humana extraordinária como Didi. E logo em um tempo de tantas glórias, vividas pelo nosso tricolor da rua Álvaro Chaves, lá no bairro das Laranjeiras".

– Naqueles anos, o Fluminense sempre brilhava. Gosto de recordar, que fomos campeões na mesma época – ele, no futebol; eu, na natação. Mas agora, sinto que as palavras me faltam", concluía, comovido, Sílvio Kelly dos Santos.

Sepultado numa manhã de outono – domingo, 13 de maio –, no cemitério São João Baptista, em Botafogo, o velho gênio da bola acabou indo fazer companhia a outras personalidades ilustres da vida brasileira, como Carmem Miranda, João Saldanha e Francisco Alves, o eterno "Rei da Voz". Todos eles, sepultados na mesma quadra,a poucos metros do seu mausoléu.

E, como se fosse obra do destino, quando Didi recebia as derradeiras homenagens, folhas secas se desprenderam das árvores, ganhando o espaço livre. Algumas foram descair perto de sua sepultura. Mas, uma delas, pousou justamente sobre o caixão. Uma espécie de homenagem divina, a quem tanto fez pelo futebol.

Aliás, homenagens é que não faltaram ao *Gênio da Folha-Seca*, tão logo correu a notícia de sua morte. O River Plate, presente ao velório, com um representante vindo de Buenos Aires e uma coroa de flores, decretou luto oficial. Mesma atitude adotada pelo Real Madrid, na Espanha e a Federação Peruana de Futebol.

Por sinal, o Real Madrid decretou luto oficial por três dias, além de jogar com uma tarja preta no uniforme, naquele domingo. O seu jogo pelo Campeonato Nacional, contra o Espanyol, teve, talvez, o chamado "minuto de silêncio" mais prolongado da história. Afinal, durante três minutos, pelo menos, foram exibidos em um telão, situado acima das tribunas de honra do Estádio Santiago Bernabeau, os maiores momentos de Didi, com a camisa branca do campeoníssimo espanhol.

Por sua vez, a imprensa de todo o mundo procurou exaltar o quanto ele havia sido um craque fora de série. Um jogador de exceção, na história do mais popular de todos os esportes.

Até o maior jornal argentino, *El Clarín*, não poupou-lhe elogios, afirmando que, "como jogador, poucos se igualaram a Didi. Um gênio dos campos. Um inspirado maestro, que, com a sua arte, conduziu o Brasil ao bicampeonato mundial. Em 1958, quando foi o melhor da Copa, e em 1962, nos campos do Chile".

Já como técnico, *El Clarín* lembrou que ele idealizou um trabalho que raros teriam a coragem de realizar. "Ao chegar ao River Plate, foi logo dispensando os medalhões, com suas estranhas manias e seus ricos salários. E, com o seu olho clínico, promoveu várias promessas. Jovens craques que, pouco depois, fariam o River campeão. Quebrando um longo jejum, de 18 anos sem títulos".

Já *The New York Times*, considerado o maior jornal do mundo, e pouco afeito ao noticiário sobre futebol, dedicou-lhe um espaço especial com fotos. Enfatizando ainda:

"Um dos mais criativos e elegantes jogadores da história, Didi defendia sempre a tese de que só as grandes jogadas é que decidiam as partidas; só elas ganhavam Campeonatos. Com seu estilo artístico e cerebral, vivia a desdenhar o contato físico, a correria desenfreada. Afirmando, com convicção: 'Quem tem de correr é a bola, não o jogador'."

O austero jornal norte-americano também entrevistou o professor Júlio Mazzei, que reside em Nova Iorque. Campeão nos anos 70 com o Cosmos, quando foi técnico de Pelé, Beckenbauer e Carlos Alberto Torres, Mazzei se dizia abalado. Fã confesso do craque brasileiro, lamentou profundamente a sua morte. Definindo-o desta maneira, para *The New York Times*:

– Poucos fizeram o que ele fez. O Didi foi o jogador mais valioso, o personagem mais importante da Copa de 1958, na Suécia, que consagrou o Brasil como campeão do mundo pela primeira vez. Foi ele quem exigiu a entrada do Garrincha no time. E tomou para si a missão de orientar um inseguro Pelé, apenas um menino de 17 anos naquela época.

*The New York Times* traçou, ainda, um perfil da carreira do extraordinário meia-armador, comentando as suas passagens pelo Fluminense e o Botafogo. Falou também do conturbado período de Didi no Real Madrid, "onde, apesar das brigas com o ciumento Di Stefano, provocou um rastro de admiração. Lá, também brilhou, sagrando-se campeão do prestigioso Torneio Ramon de Carranza (1959/60), tradicional disputa das radiosas temporadas de verão na Espanha".

Na própria Espanha, aliás, o jornal *Marca* foi outro que procurou lembrar a polêmica passagem de Didi no Real Madrid, redefinindo-o, afinal, "como um artista raro. Daqueles nos quais não conseguimos mais pôr os olhos hoje em dia". Opinião endossada pelo *Corriere delle Sport* italiano, que apenas sustentou:

"Felizes daqueles que viram jogar aquele negro esguio e elegante. Capaz de fazer com a bola o que bem quisesse e entendesse".

Visão não muito diferente, da manifestada pelo festejado *L'Equipe*, da França, conceituado, ainda hoje, como o maior jornal esportivo do mundo E que, sempre pronto a exaltar as virtudes do futebol brasileiro, se reportaria ao espanto do seu principal editor, Gabriel Hanot, ao se deparar com as artes de Didi na Copa do Mundo de 1958.

– Se o Brasil acaba de se consagrar como um majestoso campeão, é porque é merecedor como nenhum outro, nesta Copa disputada em campos suecos. Mas, mais merecedor ainda de todas as honrarias, é o seu camisa 8, *monsieur* Didi. O mais iluminado, dentre quantos tiveram o privilégio de participar deste VI Campeonato Mundial de Futebol. Um artista de raro quilate. Capaz de transformar em atos de pura magia, as jogadas mais simples, de puro efeito banal, se apressaria em sentenciar, maravilhado, Gabriel Hanot. O maior nome da crônica esportiva europeia nos anos 50.

Por outro lado, aqui no Brasil, o amigo de sempre Nilton Santos era dos que mais se mostravam comovidos com a morte de Didi. E recordava a longa convivência dos dois, a forte amizade que os unia e os títulos que ganharam com a Seleção Brasileira e o Botafogo.

Preso a uma forte emoção, a "Enciclopédia do Futebol" afirmava que, "não vai demorar muito, e estaremos juntos outra vez. Só pra curtir tudo de bom que vivemos aqui na terra".

Nilton Santos ainda fez questão de confessar que, "a cada 20 de janeiro, entro numa igreja, rezo, acendo uma vela com muita fé e converso bastante com o Garrincha. Gesto que, a cada 12 de maio, vou ter de repetir. Agora, por causa do Didi".

Já outro velho amigo, Zagalo, dizia que preferia lembrar do craque incomparável que Didi sempre foi. A ponto de afirmar, sem meias medidas, que, "graças ao que ele jogou, é que ganhamos aquela Copa de 1958, lá na Suécia".

Ainda segundo Zagalo, "o povo brasileiro jamais deveria esquecer que aquela foi uma conquista verdadeiramente heroica, pois, quando saímos daqui, poucos acreditavam na gente". E aproveitava para dissipar dúvidas, clareando o pensamento de quantos o ouviam:

– Foi naquele time que o Pelé e o Garrincha se projetaram. Que o Gilmar, o Vavá e os dois Santos, o Nilton e o Djalma, se glorificaram. E que eu me firmei de vez. Talvez por isso, aquele tenha sido o Brasil mais campeão de todos. E com o Didi sobrando na turma. Tanto que a imprensa internacional, convictamente, não pensou duas vezes. Escolheu-o o *Maior* da Copa, quase que por unanimidade.

Destaque da Copa de 1970, Gérson acabou sendo o sucessor natural de Didi na Seleção. E depois, já maduro, foi o grande maestro do Brasil, tricampeão nos gramados do México. Só que o próprio Didi havia feito tal previsão muito antes. Exatamente quando o "Canhotinha de Ouro" tinha apenas 19 anos de idade.

Grandes amigos, os dois sempre procuravam estar juntos, ainda mais aos domingos, por conta do "Enquanto a Bola não Rola", na rádio Globo. Daí a grande tristeza que tomou conta de Gérson, com a morte do *Gênio da Folha-Seca*:

– Para mim, Didi será sempre um daqueles personagens inesquecíveis. Como homem, era um *gentleman*. A elegância em pessoa. E como jogador, poucos chegaram perto. Enquanto jogou, foi absoluto na Seleção. Em 1958, por exemplo, foi considerado o maior nome da Copa. E conduziu o Brasil ao título de campeão. Acho que isso já diz tudo, em um momento de tanta tristeza como agora.

Também bastante consternado, o repórter Elso Venâncio não esquecia a figura principesca de Didi, chegando aos estúdios da Globo. "Aquele era o momento máximo do *Enquanto a Bola não Rola*", dizia Elso, coordenador e apresentador do programa.

– O astral da turma ia lá em cima, tão logo ele chegava. Por isso, procurava cercar o mestre Didi de personalidades do seu nível. Até o Armando Nogueira, o Tostão, o João Máximo e o Ruy Castro, que preferem se expor pouco, ficavam felizes. Iam estar com o Didi. A liderança de nossa audiência, chegava a triplicar. Infelizmente, tudo um dia chega ao fim – lamentava.

Entre os familiares do grande meia-armador, a filha mais nova, Lia, procurava exaltar "a figura amiga, o parceiro constante e compreensivo que ele sempre foi. Um grande conselheiro, que não vou ter mais perto de mim". E Rebeca, a filha mais velha, repetia sempre:

"A mais bela imagem que ele me deixa é a de campeão dos pais. Alguém que sempre lutou para nos dar o melhor. E que estendeu o seu gesto de grandeza às novas gerações. Aos netos, que ele tanto adorava".

Quem também não economizava palavras era o irmão Dodô, lembrando a infância, a vinda dos dois para o Madureira e a explosão de Didi. Dizia Dodô que tudo aquilo fora obra do destino, que o fez voltar para Campos, pouco depois. "Foi uma coisa de Deus, que logo em seguida o abençoou. Era ele o escolhido. Pôs a mão sobre a cabeça dele, transformando aquele garoto magro em um mago da bola".

A emoção de Dodô, um dos mais velhos, em uma família de sete irmãos, era tão profunda, que o fazia ter um lenço permanentemente às mãos, para enxugar as lágrimas. Mas nem isso o impedia de encontrar frases de raro efeito, como estas:

– Meu irmão era o maestro do Fluminense e do Botafogo. E foi como maestro, que regou o Brasil bicampeão mundial. Todos ficavam apaixonados com o que ele fazia, pois era lindo vê-lo jogar. Mas o Didi também era um bailarino do futebol. E era esse Didi que me encantava mais. Que me tirava do sério de vez.

Destaque em alto relevo na mídia brasileira, a morte de Didi acabou por merecer textos comovidos de vários cronistas de renome do país. Mestre Armando Nogueira, por exemplo, optou por transcrever a antológica "O Homem Que Passa", publicada em seu não menos antológico livro "Na Grande Área". Justamente onde, em determinado momento, procura situar Didi como um grande pensador. Mas, também, como um homem de fé.

"Na véspera da final com a Suécia, em 1958, Didi não dormiu um minuto sequer. Passou a noite inteira mentalizando a partida, como se fosse um jogador de xadrez. Na verdade, foi assim que jogou a Copa inteira. Com a clarividência de um enxadrista. Foi assim, que acabou levando o Brasil ao título de campeão. E ainda ficou com a palma de o melhor jogador da competição.

Porém, a aparente frieza com que surgia no campo escondia, apenas, um temperamento contido, que se consumia no jogo e na véspera do jogo; que rezava antes de entrar em campo e fazia juras fervorosas pela vitória. Tanto que, campeão pelo Botafogo, em 1957, foi do clube para casa andando a pé. Caminhou mais de quatro quilômetros para pagar uma promessa. E, dois dias depois, pegou um avião só para depositar na sala de milagres da Igreja de Nosso Senhor do Bonfim, na Bahia, o uniforme com que jogara a final contra o Fluminense".

Já o experiente João Aerosa, em sua crônica no jornal *Extra*, preferiu enveredar por atalhos místicos, em sua busca de definição sobre o lendário bicampeão do mundo. E disse:

"Hoje, o que sinto mesmo é saudade. Saudade daquele negro esguio, que de bola tudo sabia. E se Nilton Santos é a Enciclopédia, Didi é uma espécie de Bíblia do futebol. Não basta consultar. É preciso orar. E seguir-lhe fielmente os mandamentos".

Botafoguense confesso, o sempre elegante Cláudio Mello e Souza foi daqueles que acompanharam, ainda rapazinho, as vitoriosas campanhas alvinegras dos tempos de Didi, Garrincha e Nilton Santos. E fez questão de deixar registrado, um momento de rara beleza sobre a arte do velho craque.

"Lá se vai mais um outono, estação das folhas secas, obra do criador. E lá se vai o nosso Didi, criador da mais famosa de todas elas. Aquela folha em forma de bola que, pela primeira vez, secou de repente e caiu no chão de grama do goleiro peruano, que nada entendeu. Nem ele, nem outro qualquer mortal.

Jamais poderei me esquecer da delicadeza com que o meu querido Didi tratava a bola e da suavidade com que pisava a grama, leve como folhas de outono.

Juro que, às vezes, ele me dava a impressão de levitar. Tudo isso me leva a fazer um pastiche do epitáfio composto para um bailarino, por um grande escritor francês:

"Terra, que não peses sobre ele; ele jamais pesou sobre ti".

Mas se há um conceito direto, capaz de não deixar margem para dúvidas, é o do premiado escritor Carlos Heitor Cony, tricolor dos velhos tempos, que viu Didi ser campeão com o Fluminense, em 1951. Ou seja: com o famoso "Timinho" de Zezé Moreyra.

"Que Pelé, Garrincha, Jair Rosa Pinto, Nilton Santos, Zico, Rivelino, Gérson, Zizinho e Romário me perdoem. Mas o maior jogador que vi jogar foi Waldir Pereira, o Didi, que conheci ainda com a camisa do Madureira e, mais tarde, com a do meu Fluminense, por onde foi campeão e maestro.

Em 1958, na Suécia, brilhou Pelé. Em 1962, no Chile, o herói foi Garrincha. Mas, nas duas ocasiões, o inspirado maestro, o eixo sobre o qual girava o time do Brasil, era Didi.

Nunca houve um jogador elegante como ele. Tanto que, fascinado, Nelson Rodrigues criou-lhe a imagem definitiva: príncipe de rancho; o príncipe etíope, que desfilava arrastando um manto de arminho e púrpura.

Aliás, devo a Didi o meu afastamento da torcida em campo, pois quando o Fluminense vendeu o seu passe para o Botafogo, jurei nunca mais assistir a um jogo do meu time. Juramento que, com raríssimas exceções, venho procurando cumprir à risca.

Entrevistei-o uma vez. E percebi que ele não era elegante apenas em campo. Nunca entrevistei o Aleijadinho, nem o Machado de Assis. Mas acho que já entrevistei um artista genial".

Já Fernando Calazans, de O *Globo*, hoje, certamente o mais lido dos cronistas esportivos do Rio, preferiu um longo mergulho na história. Para de lá ressurgir, enfático:

– Sei que muitos sequer se recordam. Os mais jovens, nem sabem. Mas o *Maior Jogador* da Copa de 1958 – aquela do Brasil campeão lá na Suécia, lembram-se? –, não foi Pelé. Nem Garrincha. O eleito pela comunidade internacional do futebol foi Didi. Esse mesmo que Gérson, seu sucessor, chama de Mestre Didi. E se põe de pé, ao pronunciar o seu nome. Agora vocês imaginem, o quanto precisa jogar um cidadão para, ao lado de Pelé, Garrincha, Nilton e Djalma Santos, ser chamado de "Mr. Football." Pois Didi foi!

E Calazans concluiu, equilibrando-se entre a admiração e a emoção:

– A Didi, devo a descoberta do futebol refinado. O futebol inteligente, sofisticado. De estilo cerebral, mas elegante, fino. Praticado com requintes da mais pura arte. Um futebol que já se foi há muito tempo. E que, como Didi, virou apenas uma grande saudade.

Ah, saudades...

Daqueles tempos de Maracanãs superlotados. Jogadas de arrepiar, gols de levantar multidões. E, o melhor: de um Brasil bicampeão! A glória, conquistada aos pés dos Andes.

Ah, saudades dos tempos de Didi...

Já então, um Didi felino. Gestos e leveza de puma. Mas, ainda assim, o mesmo Didi, fiel a um velho e sagrado ritual. O de jamais amarrar as suas chuteiras, senão com um leve laço-nó de sapatos. Pura sutileza nos gestos, um ato de extremado amor ao futebol.

Ato só comparável à honraria de ter, em um museu no Peru, um par daquelas benditas chuteiras em lugar de destaque. E outro, modelado em gesso, em uma vitrine de troféus lá na Suécia.

A mesma Suécia que o viu sair reverenciado. Aclamado como o *Maior Jogador* da Copa do Mundo de 1958, definitivamente a mais inesquecível de todas as Copas. A primeira a glorificar o Brasil como campeão.

Um momento tão marcado pela eternidade, que o levou a guardar, intactas, as chuteiras daquela decisão: Brasil 5 x Suécia 2. Para descobrir tempos depois, em um instante de perdida saudade, que havia nascido uma folhinha de grama no barro fincado entre as suas travas.

Um Didi tão grandioso, afinal, que fez questão de deixar a mais bela imagem às multidões dos estádios. A do mestre de passadas cadenciadas, dribles esquivos. Chutes oblíquos e dissimulados. Como o olhar de Capitu.

## DONA GUIOMAR, UM CAPÍTULO À PARTE

Dois meses e meio após a morte de Didi, quem também acabou falecendo foi sua mulher, Guiomar Baptista Pereira, aos 68 anos de idade. Celebrizada pelo temperamento intempestivo, na verdade a bonita e geniosa Guiomar sempre foi a grande musa inspiradora do genial craque. E uma incansável guardiã de sua carreira.

Dada a súbitas reações, era capaz de decisões surpreendentes. Justamente quando aliava à inquebrantável determinação, uma admirável visão do jogo de interesses que cerca o mundo do futebol. Muito mais, a vida de suas maiores estrelas.

Com voz firme e decidida, costumava afirmar que os dirigente de futebol nunca foram muito diferentes. Mesmo em tantos anos de regime profissional – instaurado no longínquo ano de 1933. O que, em outras palavras, significava que visavam permanentemente os próprios interesses e os dos seus respectivos clubes. Raramente, olhando o lado do jogador.

– Se fosse deixar as decisões por conta deles, o Didi, coitado!, seria sempre ludibriado pela cartolagem do Fluminense. E, em algumas vezes, pela do Botafogo também. Se eu não resolvesse bater pé firme, nunca chegaríamos a lugar nenhum. Fosse na hora de renovar contratos ou na simples compra de um pequeno imóvel. Muitas vezes, até na troca de um automóvel..., garantia, convictamente.

Dizia *dona* Guiomar que, "graças a Deus, conseguimos juntar um bom patrimônio. Mas, conseguimos bem mais, depois que ele virou técnico. Como jogador, o que valeu mesmo foi a fama e o prestígio".

– Felizmente, um dia chegamos lá. Mas, só eu sei como isso foi doído. O Didi campeão no Fluminense, o Didi campeão no Botafogo, era um homem de carne e osso. Gente, como tanta gente. Que tinha alegrias, sim. Mas sofria, chorava como todo mundo. Isso, poucos queriam ver. Havia muita maldade no ar, muita especulação na imprensa, fazia questão de enfatizar.

Gostando mais de morar no Exterior que no Brasil nos últimos anos, *dona* Guiomar costumava dizer que, lá fora, havia menos violência, mais respeito aos direitos do cidadão. E, então, abria o verbo:

– De que adianta, afinal, termos o país mais lindo do mundo, um povo maravilhoso, se não há respeito por ninguém? Os políticos são uma lástima! As leis vão para o cesto do lixo, de uma hora para outra. Com a maior facilidade. Então, como viver em paz? – questionava sempre.

Outra mágoa, era em relação ao tratamento dispensado a Didi por parte da CBF, apesar de sua amizade pessoal com João Havelange. Jamais fora convidado, em qualquer época, a dirigir a Seleção Brasileira. Nem mesmo chegara a ser sondado para qualquer cargo, nas várias Comissões Técnicas que se formaram através dos anos.

– A vida inteira, sempre percebi que o Didi era muito mais respeitado lá fora do que aqui. Na Europa, o respeito virava reverência. E na Arábia e na África, só faltavam colocar um tapete vermelho para ele passar. Isso, sim, é reconhecimento. E Didi fez muito por merecer isso!

Por último, lembrava do primeiro grande contrato na Europa. Assinado com o Real Madrid, ainda nos tempos de jogador. E dizia abertamente, para quem quisesse ouvir:

– O Pelé e o Garrincha foram grandes, sim. Mas o Didi foi o primeiro a ser reconhecido lá fora. Ou todo mundo já esqueceu que, quando o Brasil foi campeão na Suécia, o maior jogador da Copa foi o Didi? Por isso mesmo, era normal ele ser valorizado primeiro, não?

Já as brigas com Di Stefano nunca mereceram maiores comentários. "O que ele tinha era ciúmes, isso sim!", dizia. Mas o prestígio de Didi na Espanha valia uma longa conversa. E era sempre uma orgulhosa *dona* Guiomar que detalhava:

– Fora e dentro do país, ninguém chamava mais atenção do público do que ele. Afinal, o Didi havia sido o *Maior Jogador da Copa*. Havia custado caro. E nunca um negro tinha vestido, antes, o uniforme do Real. E logo um negro famoso, com aquela elegância...

– Mesmo com o Di Stefano boicotando, o Didi acabou sendo fundamental em muitos jogos. Foi decisivo para o Real ser campeão do Torneio Ramon de Carranza, uma competição que eles, na época, davam muita importância por lá. Mas quando o clima ficou difícil e, depois, insuportável, decidimos que era hora de voltar.

Apesar de todas essas histórias, que não se pense, porém, que a senhora Waldir Pereira era só dureza nas palavras. Inteligente nas críticas, rápida no raciocínio, possuidora de uma memória prodigiosa, *dona* Guiomar era uma excelente contadora de histórias. E ria à vontade, quando falava das façanhas de Garrincha. Ou dos casos envolvendo Nilton Santos, Quarentinha, Paulinho Valentim ou Sabará. Todos eles, amigos bem próximos da família.

– O Sabará (ponta-direita do Vasco) sempre morou aqui na Ilha do Governador, perto da gente. E os demais, formavam uma grande família lá no Botafogo. Naquela época, sim, era gostoso demais viver aqui. Acho que o Rio daqueles tempos era a mais linda das cidades, a melhor pra se viver – costumava frisar *dona* Guiomar, com um ar que irradiava felicidade.

Uma felicidade, que a fazia contar mais histórias ainda:

Por volta de 1958, nunca vou me esquecer, o Vasco foi supercampeão carioca. E o Sabará, um dos destaques do time vascaíno, ganhou uma grande festa aqui em casa. Três anos depois, o Botafogo sapecou 4 a 0 neles, foi campeão antes da hora e veio todo mundo pra cá comemorar. O Sabará no meio da turma. Naquele tempo, havia um grande amor à camisa, sim. Mas muita amizade entre os jogadores, também.

E então, amaciando a voz, um sorriso de encanto ganhava o rosto de Guiomar Baptista Pereira. Personagem deveras singular, na história não menos singular de Didi. Tanto dentro, como fora dos campos.

(Observação:

*Dona* Guiomar morreu de complicações cardíacas e diabetes. A doença já a atormentava há algum tempo. Mas, como ela mesma confessaria, perdera de vez a vontade de lutar, depois da morte de Didi.

Em setembro de 2001, Didi e *dona* Guiomar iriam completar 50 anos de casados. E planejavam comemorar as bodas de ouro com estilo, reunindo a família e os amigos em uma grande festa no Rio de Janeiro.

Seria, sem dúvida, um marco e tanto para uma bela história de amor. Que inflou o coração daquela jovem e bonita baiana, no ano de 1951. E iria desafiar normas e fazer rever conceitos. Transcendendo, inclusive, a própria história e, quando não, o próprio tempo.)

# BIBLIOGRAFIA

LIVROS

ASSAF, Roberto; MARTINS, Clóvis. *Campeonato carioca: 96 anos de história (1902–1997)*. Rio de Janeiro: Irradiação Cultural, 1997.

CALAZANS, Fernando. *O nosso futebol*. Rio de Janeiro: Mauad, 1998.

CASTRO, Ruy. *Estrela solitára: um brasileiro chamado Garrincha*. São Paulo: Companhia das Letras, 1995.

DUARTE, Marcelo. *Guia dos Craques*. São Paulo: Abril, 2000.

FILHO, Mario. *O negro no futebol brasileiro*. Rio de Janeiro: Pongetti, 1947.

_____. *O sapo de Arubinha: os anos de sonho do futebol brasileiro*. Organização e seleção de textos de Ruy Castro. São Paulo: Companhia das Letras, 1994.

GALEANO, Eduardo. *Futebol ao sol e à sombra*. Tradução de Eric Nepomuceno e Maria do Carmo Brito. Porto Alegre: L & PM, 1995.

GOLDGRUB, Franklin. *Futebol: arte ou gerra?* Rio de Janeiro: Imago, 1990.

HENNINGSEN, Hans. *Os melhores jogadores sul-americanos do século XX*. Rio de Janeiro: Hans Henningsen, 2002.

JÚNIOR, Ilário Franco. *A dança dos deuses: futebol, sociedade e cultura*. São Paulo: Companhia das Letras, 2007.

MÁXIMO, João. *Maracanã: meio século de paixão*. São Paulo: DBA, 2000.

KAZ, Leonel; MÁXIMO, João. *Brasil – um século de futebol*. Arte e magia. Rio de Janeiro: Aprazível Edições, 2006.

NAPOLEÃO, Antonio Carlos. *Botafogo: história, conquistas e glórias no futebol*. Rio de Janeiro: Mauad, 2000.

_____. *Fluminense Football Club: história, conquistas e glórias no futebol*. Rio de Janeiro: Mauad, 2003.

_____; ASSAF, Roberto. *Seleção Brasileira – 90 anos (1914–2004)*. Rio de Janeiro: Mauad, 2004.

NETTO, Araújo; NOGUEIRA, Armando. *Drama e glória dos bicampeões*. Rio de Janeiro: Editora do Autor, 1962.

NOGUEIRA, Armando. *Na grande área*. Rio de Janeiro: Bloch Editores, 1966.

_____. *Bola na rede*. Rio de Janeiro: José Olympio, 1973.

_____. *A ginga e o jogo*. Rio de Janeiro: Objetiva, 2003.

PEDROSA, Mílton. *Gol de letra: o futebol na literatura brasileira*. Rio de Janeiro: Editora Gol, 1967.

PELÉ. *Pelé – A autobiografia*. Rio de Janeiro: Sextante, 2006.

PORTO, Roberto. *Botafogo: 101 anos de histórias, mitos e superstições*. Rio de Janeiro: Revan, 2005.

PROENÇA, Ivan Cavalcanti. *Futebol e palavra*. Rio de Janeiro: José Olympio, 1981.

RIBEIRO, André. *Fio de esperança: a biografia de Telê Santana*. Rio de Janeiro: Gryphus, 2000.

RITO, Lúcia; SOUZA, Jair de; LEITÃO, Sérgio Sá. *Futebol – arte: a cultura e o jeito brasileiro de jogar*. São Paulo: Empresa das Artes, 1998.

RODRIGUES, Nelson. *À sombra das chuteiras imortais*. Organização e seleção de textos de Ruy Castro. São Paulo: Companhia das Letras, 1994.

SALDANHA, João. *Meus amigos*. Rio de Janeiro: Mitavaí, 1987.

_____. *Histórias do futebol*. Rio de Janeiro: Revan, 2001.

SANTOS, Joaquim Ferreira dos. *Feliz 1958: o ano que não devia terminar*. Rio de Janeiro: Record, 1998.

SANTOS, Nilton. *Minha bola, minha vida*. Rio de Janeiro: Gryphus, 1998.

SECRETARIA do Estado de Esporte e Lazer. *Zizinho: o Mestre Ziza*. Rio de Janeiro: Edições Maracanã, 1985.

SIQUEIRA, André Iki. *João Saldanha – Uma vida em jogo*. São Paulo: Companhia Editora Nacional, 2007.

SOTER, Ivan. *Enciclopédia da Seleção: as Seleções Brasileiras de Futebol (1914–2002)*. Rio de Janeiro: Folha Seca, 2002.

TOUGUINHÓ, Oldemário; VERAS, Marcus. *As Copas que eu vivi*. Rio de Janeiro: Relume Dumará, 1994.

UNZELTE, Celso. *O livro de ouro do futebol*. São Paulo: Ediouro, 2002.

WISNIK, José Miguel. *Veneno remédio: o futebol e o Brasil*. São Paulo: Companhia das Letras, 2008.

JORNAIS

A Bola (Portugal)
A Gazeta Esportiva
A Noite
As (Espanha)
Clarín (Argentina)
Correio da Manhã
Corriere dello Sport (Itália)
Dagens Nyheter (Suécia)
Daily Mirror (Inglaterra)
Diário da Noite
El Comercio (Peru)
El Mercurio (Chile)
El País (Uruguai)
Expressen (Suécia)
Folha de São Paulo
Jornal da Tarde
Jornal do Brasil
Jornal dos Sports
L'Equipe (França)
La Gazzetta dello Sport (Itália)
La Nación (Argentina)
La República (Peru)
Lance!
Marca (Espanha)
Mundo Deportivo (Espanha)
O Dia
O Estado de São Paulo
O Globo
O Jornal
Svenska Dagen (Suécia)
Última Hora
World Sports (Inglaterra)

REVISTAS

A Gazeta Esportiva Ilustrada
Almanaque "100 anos de República"
Almanaque "Desportos de todo o mundo"
Anuário "Copa do Mundo 1958"(Waldir Amaral)
Bundas
Dom Balón (Espanha)
El Gráfico (Argentina)
Esporte Ilustrado
France Football (França)
Manchete
Manchete Esportiva
O Cruzeiro
O Globo Esportivo
Placar
Revista do Esporte
Vida do Crack


* À família de Didi, um especial agradecimento pela sessão do arquivo particular do meia-armador bicampeão mundial.

Este livro foi composto na tipologia Gouldy Old Style, em corpo 12/14,
e impresso pela Gráfica Edelbra, em papel offset 75 g/m²
e a capa em papel cartão supremo 250 g/m².